学前儿童数学教育活动指导

李 娟 主编

国家开放大学出版社·北京

图书在版编目（CIP）数据

学前儿童数学教育活动指导/李娟主编．——北京：
国家开放大学出版社，2022.1（2024.6重印）

ISBN 978-7-304-11020-8

Ⅰ.①学… Ⅱ.①李… Ⅲ.①学前教育-数学课-教学活动-开放教育-教材 Ⅳ.①G613.4

中国版本图书馆 CIP 数据核字（2021）第 218197 号

版权所有，翻印必究。

学前儿童数学教育活动指导
XUEQIAN ERTONG SHUXUE JIAOYU HUODONG ZHIDAO

李　娟　主编

出版·发行：国家开放大学出版社	
电话：营销中心 010-68180820	总编室 010-68182524
网址：http://www.crtvup.com.cn	
地址：北京市海淀区西四环中路 45 号	邮编：100039
经销：新华书店北京发行所	
策划编辑：杜建伟	版式设计：何智杰
责任编辑：邹伯夏	责任校对：张　娜
责任印制：武　鹏　马　严	
印刷：唐山嘉德印刷有限公司	
版本：2022 年 1 月第 1 版	2024 年 6 月第 3 次印刷
开本：787mm×1092mm　1/16	印张：15.5　字数：329 千字

书号：ISBN 978-7-304-11020-8
定价：36.00 元

（如有缺页或倒装，本社负责退换）
意见及建议：OUCP_KFJY@ouchn.edu.cn

Preface 前 言

学前儿童数学教育是将学前儿童探索周围世界的数量关系、空间形式等自发需求纳入有目标、有计划的教育程序，通过学前儿童自身的操作和建构活动，促进他们在认知、情感、态度、习惯等方面整体、和谐发展的教育。通过学前儿童数学教育，我们希望能够促进学前儿童数学学习品质的发展，让学前儿童获得一些基本的数学概念，并养成基本的数学过程性能力。

本教材遵循"数学概念发展特点——数学概念教育支持"这一思路，围绕"感知集合、模式、数概念与数运算、几何图形、空间方位、量的比较与测量"几大模块撰写。同时，本教材融入了多年科学研究和教学研究成果；本教材基于幼儿园实践，有丰富的案例贯穿始终；本教材符合学前教育改革的方向，直指学前儿童数学素养的形成。

本教材的内容框架是在全体编写成员多次讨论基础上形成的，各参编者的撰写分工如下：第一单元、第九单元由李娟编写，第三单元由胡娟编写，第二单元、第八单元由王琰楠编写，第四单元、第五单元、第六单元由代晓彤、李娟编写，第七单元由马凤辊编写，最后由李娟进行统整定稿。韩玉娟在教材撰写过程中承担了组织协调工作。

本教材是国家开放大学学前教育（专科）专业的专业核心课"学前儿童数学教育活动指导"的教材，主要针对全国就读学前教育专业的学生编写，也可以作为学前教育工作者继续教育的教材或学习参考资料。

本教材在教学大纲、课程多媒体教学资源一体化设计方案、书稿的撰写和审定及出版过程中，得到了浙江开放大学的高度重视与大力支持，同时，从构思到最终出版，得到了编写团队、出版社和编辑的大力支持，在此一并表示感谢！本教材还是全国教育科学"十三五"规划课题——"利益相关者视角下我国幼儿园'小学化'治理研究"（BHA180143）的阶段性研究成果。

由于编者能力有限，本教材定有不成熟的地方，敬请大家批评指正！

《学前儿童数学教育活动指导》编写组

2021 年 8 月

Contents 目 录

第一单元　学前儿童数学教育概述 ·········· 1

第二单元　学前儿童数学教育的目标与内容 ·········· 14
　第一节　学前儿童数学教育的具体目标 ·········· 16
　第二节　学前儿童数学教育的内容 ·········· 25

第三单元　学前儿童数学教育的途径和方法 ·········· 41
　第一节　学前儿童数学教育的途径 ·········· 43
　第二节　学前儿童数学教育的方法 ·········· 69
　第三节　学前儿童数学玩教具 ·········· 76

第四单元　学前儿童感知集合的发展与教育 ·········· 91
　第一节　学前儿童感知集合的发展 ·········· 93
　第二节　学前儿童感知集合与分类的教育 ·········· 101

第五单元　学前儿童模式能力的发展与教育 ·········· 109
　第一节　学前儿童模式能力的发展 ·········· 111
　第二节　发展学前儿童模式能力的教育 ·········· 116

第六单元　学前儿童数概念和数运算的发展与教育 ·········· 124
　第一节　学前儿童数数能力的发展 ·········· 126
　第二节　学前儿童数量集合比较能力的发展 ·········· 132
　第三节　学前儿童加减运算能力的发展 ·········· 139
　第四节　学前儿童数学符号能力的发展与教育 ·········· 146

第七单元　学前儿童几何图形的发展与教育 …………………………… 155
  第一节　学前儿童认识几何图形的发展与教育 ………………………… 157
  第二节　学前儿童几何图形组合的发展与教育 ………………………… 171

第八单元　学前儿童空间方位的发展与教育 …………………………… 187
  第一节　学前儿童空间方位的发展 ……………………………………… 189
  第二节　学前儿童空间方位的教育 ……………………………………… 198

第九单元　学前儿童量的比较与测量的发展与教育 …………………… 215
  第一节　学前儿童量的比较——核心经验 ……………………………… 217
  第二节　学前儿童量的比较——发展特点 ……………………………… 219
  第三节　学前儿童测量——核心经验 …………………………………… 223
  第四节　学前儿童测量——发展特点 …………………………………… 226
  第五节　学前儿童量的比较与测量的教育 ……………………………… 228

参考文献 …………………………………………………………………… 236

数字资源目录

序号	资源名称	单元	页码
1	视频：抽象性	1	3
2	微课：数学教育生活化	1	7
3	视频：生活中的数学	1	7
4	视频：一一对应原则	2	28
5	视频：目测数	2	29
6	视频：案例——运算	2	37
7	视频："大战新冠病毒"	3	68
8	视频："数字高楼"	3	78
9	视频："水果牌1"	3	79
10	视频："水果牌2"	3	79
11	视频："相邻数格子棋"	3	81
12	视频："鹰眼小神探"（彩色）	3	82
13	视频："鹰眼小神探"（黑白）	3	83
14	视频："小小魔术手"	3	85
15	视频："兔子越野赛"	3	86
16	视频："小兔回家——颜色模式棋"	3	86
17	视频："小兔回家——数字模式棋"	3	87
18	视频：分类	4	102
19	微课：学前儿童多元表征模式能力的发展	5	119
20	文本：富森划分的五个阶段	6	127
21	文本：格拉泽斯菲尔德及其同行提出了5种具有不同抽象水平的可数实体	6	127
22	文本：儿童加减运算能力的发展阶段	6	139
23	微课：绘本中蕴含的数学因素	7	166

序号	资源名称	单元	页码
24	视频：三角形变式	7	166
25	文本：有关图形的绘本	7	167
26	视频：幼儿的旋转与翻转	7	173
27	视频：不需要旋转与翻转	7	180
28	视频：无分割线的图形组合	7	181
29	视频：母鸡萝丝去散步——方位语言学习及空间表征	8	192
30	视频：吹炮筒	9	224
31	微课：数学入学准备课程	9	234

第一单元 学前儿童数学教育概述

导 言

数学到底是什么？数学有什么特性？学前儿童学习数学的意义和目标是什么？当下学前儿童数学教育存在的问题有哪些？在主题背景下，我们又该如何实施数学教育？除了数学集体教学活动外，还有哪些渗透数学概念的活动方式？目前的师资状况如何，是否能够胜任学前儿童数学教育的开展？本章将就这些问题展开讨论。

学习目标

1. 了解数学的特性。
2. 理解学前儿童数学教育的目标。
3. 掌握学前儿童数学教育的原则。
4. 了解当下学前儿童数学教育面对的挑战。

思维导图

- 学前儿童数学教育概述
  - 数学的特性
    - 抽象性
    - 逻辑性
    - 应用性
  - 学前儿童数学教育的基本含义
  - 学前儿童数学教育的目标
    - 促进学前儿童数学学习品质的发展
    - 促进学前儿童获取基本的数学概念
    - 促进学前儿童养成数学过程性能力
  - 学前儿童数学教育的原则
    - 关注学前儿童的非正式数学经验
    - 要给学前儿童提供自主数学探究的机会
    - 坚持游戏化的数学教育原则
  - 当下学前儿童数学教育面对的挑战
    - 师资水平的加强
    - 主题背景下幼儿园数学教育的实施

一、数学的特性

（一）抽象性

数学是反映空间形式和数量关系的科学。数学虽然来自现实生活，但其是对现实生活中的数量关系和空间形式的高度概括和抽象。例如，数字 5 是抽象的，它可以代表 5 个人、5 个苹果、5 张桌子等。又如，学前儿童可能会计算"你有 2 块糖，再给你 1 块，现在你一共有多少块糖？"这样的情境性问题，但是如果直接问 2＋1 这种抽象的问题，学前儿童可能会回答不上来。因此，从这个角度来说，数学对学前儿童来说具有抽象性特点。

抽象性

（二）逻辑性

逻辑是客观世界的存在和发展规律，数学就是揭示客观世界逻辑关系的一门学科，数学本身也是具有严密的逻辑性的。

以"集合"概念为例，其包含子集和总集的关系，涉及并列、包含、交叉等关系。以"数"概念为例，学前儿童在数物体时，数到最后一个数词的时候，会发现最后一个数词就是这个集合的总数。学前儿童在认识形状的时候，通过对比长方形和正方形发现，正方形的四条边长度相等，而长方形只有对边长度相等，通过比较分析，从而得出正方形和长方形的独有属性特征。以"模式"为例，学前儿童通过接触不同的规律会发现，模式具有一定的预测性，通过前面几组重复单元，就能预测后面的排列顺序如何。

（三）应用性

数学虽然具有抽象性，但是它的很多概念都是从现实中抽取出来的，并且在生活和各个学科中有广泛的应用，数学定理是很多学科的基础，物理、化学、生物、建筑、信息技术等各式各样的学科都需要数学知识的支撑。例如，物理定律和原理都需要数学语言来描述，物理中的加速度这一概念从表象上来说就是一个导数，解决运动学问题会用到微积分的概念，等等。

数学知识还能应用于人们的日常生活中，如加减运算的知识帮助人们购物，统计的知识帮助人们预测，分类的知识帮助人们整理物品，形状的知识帮助人们设计生活用品，测量的知识帮助人们比较、制作生活中的用品。同时，学前儿童要想获得数学概念，也必须从生活中体验和积累这些概念，因为数学的抽象性特点对学前儿童来说是有挑战性的。

二、学前儿童数学教育的基本含义

在数学的发展过程中,不同时期的人们对数学的本质(研究对象、研究方法)有不同的认识,数学的定义也随之发生变化。现在,人们一般认为,数学是研究空间形式和数量关系的科学,是刻画自然规律和社会规律的科学语言和有效工具。

数学教育是一种社会文化现象,是一种有目的的、有计划的教育活动。从广义上看,数学教育是一种文化的传输过程,是一种理性的、思维方式层面的文化教育,其教育的主要目的是实现文化的传承和对现实世界的理解。从狭义上看,数学教育则注重纯粹的数学思想、数学方法和数学能力的培养,通过这种对人们的数学素养和技能的培养,使人们更好地适应生产生活的需要。

学前儿童数学教育是指在主客体的影响下,对3~6岁、7岁的学前儿童实施数学启蒙教育,旨在通过学前儿童自身的活动,借助一定的材料,让学前儿童感知、发现、操作和主动探索客观世界的数量关系和空间形式;旨在帮助学前儿童主动建构初步的数学概念,发展初步的思维能力;旨在激发学前儿童学习的兴趣,培养其良好的学习习惯。学前儿童数学教育本质上是一种教的过程,也是一种学的过程。[1]

学前儿童数学教育是研究学前儿童初步数概念形成发展及教育规律的科学,是学前儿童全面发展教育的一个重要组成部分。具体来说,学前儿童数学教育是将学前儿童探索周围世界的数量关系、空间形式等自发需求纳入有目标、有计划的教育程序,通过学前儿童自身的操作和建构活动,促进他们在认知、情感、态度、习惯等方面整体、和谐发展的教育。[2]

三、学前儿童数学教育的目标

在学前阶段,不管是以正式的,还是以非正式的形式,学前儿童都要接受数学方面的教育,那么通过学前儿童数学教育,我们希望学前儿童能够收获什么呢?

(一)促进学前儿童数学学习品质的发展

学习品质能够预测学前儿童的能力和学业成就。学习品质的好坏对学前儿童能否在学业上取得成功起重要的作用。人们逐渐认识到,评判学前儿童学习与发展的标准不仅是知识、技能的获得,还应该包括学习的态度、兴趣、能力等学习品质的

---

[1] 周端云,蔡迎旗,段志勇.幼儿数学教育与活动指导[M].武汉:武汉大学出版社,2015:10.
[2] 杜林兰.幼儿数学教育[M].海口:南海出版公司,2009:8.

发展。

马里奥·希森（Marilou Hyson）将学习品质划分为"热情"和"行动"两个基本维度。"热情指向"包括兴趣、快乐、学习动机，"行动指向"包括专注、坚持性、灵活性和自我调节。[①] 我国各个纲领性文件都提出了培养儿童数学学习品质的重要性，如《3—6岁儿童学习与发展指南》指出学前儿童要"初步感知生活中数学的有用和有趣"，《幼儿园教育指导纲要》强调培养儿童对数学的兴趣，让儿童学会如何运用数学知识来解决身边的实际问题。《美国学校数学教育的原则和标准》强调让儿童在各种探究、操作的情境中体验数学的有用，从而使其对数学产生兴趣和热情。

数学学习品质会直接影响学前儿童数学学习的效果，试想如果一名学前儿童对数学学习持有焦虑情绪，一接触数学就感到难过、紧张，这样怎么可能学好数学呢？所以我们一定要通过游戏化、生活化等方式，让学前儿童感知数学的有趣和有用，从而使其对数学产生积极的情感，愿意参与数学活动，这是数学教育的首要目标。

◎问题思考：

你能举例说明学习品质对儿童数学学习的影响吗？

（二）促进学前儿童获取基本的数学概念

《3—6岁儿童学习与发展指南》按照年龄段规定了学前儿童应该获得的基本的数学概念，包括数概念与运算、图形、感知集合、模式、空间方位、测量等，每一个模块又包含多种不同的概念，学前儿童数学教育要让学前儿童感知、积累、获得这些基本的数学概念。例如，掌握10以内的数字和运算，认识不同的图形并理解形状与物体功能之间的关系，认识一些常见的量，进行简单的比较和测量。学前儿童掌握的这些知识，一方面可以帮助其客观地认识周围的世界；另一方面也可以帮助他们解决生活中的实际问题，如有6块饼干时怎么均匀地分给3个小朋友，如何使用不同形状、不同高低的积木搭建自己想要的城堡，10块钱到底可以买多少物品，等等。

但是，学习这些数学概念的时候，一定要注重启蒙性、趣味性与应用性，不能对学前儿童进行训练，因为这些内容对学前儿童来说是基础性的、多侧面的，我们

---

① 希森. 热情投入的主动学习者：学前儿童的学习品质及其培养［M］. 霍力岩，房阳洋，孙蔷蔷，译. 北京：教育科学出版社，2016.

要让学前儿童在生活和游戏中感受数学的重要性和趣味性，并掌握相应的知识和概念，为其以后的学习打下良好的基础。

（三）促进学前儿童养成数学过程性能力

数学能力是一种特殊的心理能力，是顺利完成数学活动所必须具备的且直接影响其效率的一种个性心理特征，它是在数学活动过程中形成和发展起来的，并且在这类活动中表现出来比较稳定的心理特质[1]。过程性能力描述的则是如何学习、理解和应用数学。从其含义可以知道，过程性能力强调的是获得和运用数学知识的方法，因此是支持学前儿童获得数学学习内容的有力支撑。美国全国数学教师协会（National Council of Teacher of Mathematics，NCTM）根据数学教育实践对《美国学校数学课程与评价标准》进行了修订，于2000年颁布了《美国学校数学教育的原则和标准》，提出了数学过程性能力，其包括数学问题解决、数学推理与验证、数学交流、数学关联和数学表征。

虽然获得基本的数学概念是学前儿童数学教育的目标之一，但是越来越多的研究者已经达成了共识：数学过程性能力对学前儿童后续的学习有更深远的持续影响，且在培养学前儿童数学过程性能力时，会把数学知识非常自然地融入一节数学活动中。例如，教室里的桌布旧了需要换，那么小朋友们需要讨论协商选择什么样的花形，需要运用测量的知识确定买什么尺寸的布，还会涉及数学符号表征的知识，最重要的是要让学前儿童感受到自己运用数学知识解决实际问题的自信。

⊙学习活动：

请观察一名学前儿童的数学学习活动，分析其中蕴含的数学过程性能力，并基于此反思，教师如何支持能够促进学前儿童的数学过程性能力的发展。

四、学前儿童数学教育的原则

学前儿童心理发展的特点和数学的特性共同决定了学前儿童学习数学的特点，学前儿童学习数学的特点又决定了学前儿童数学教育的特点。学前儿童数学教育一方面要顺应学前儿童数学学习的特点，让学前儿童在已有的经验基础上，通过操作和自主探索获得数学概念；另一方面，成人也应该为学前儿童的数学学习提供能激

---

[1] 克鲁捷茨基. 中小学生数学能力心理学 [M]. 李伯黍，洪宝林，艾国英，等译. 上海：上海教育出版社，1983.

发其自主学习的环境和必要、及时的指导。

（一）关注学前儿童的非正式数学经验

由于学前儿童具有行动思维和具体形象思维的特点，故其获得抽象的数学概念都是基于形象丰富的生活情境的。年幼的学前儿童的数学概念的发展依赖于具体的生活经验，其在生活中接触的具体经验越丰富，就越有利于他们抽取出抽象的数学概念，也就是说具体的生活经验能够促进学前儿童的数学概念的形成。学前儿童在具体的情境中会获得有关的规则和技能，这些规则和技能会慢慢发展成更一般性的一体化的原则。①

数学教育生活化

学前儿童生活中的很多活动都是与数学有关系的。例如，学前儿童去熟悉的超市时，会第一时间奔向他喜爱的零食区或者玩具区，这说明其已经有了分类的初步概念，知道超市里的东西都是按照类别摆放的，也说明其头脑中已经有了超市的心理地图，并能够按照正确的方位找到特定的位置。又如，学前儿童跟着父母坐地铁、购票时会积累加减运算的经验，看箭头路线的时候会积累方位和数学符号的经验，在地铁上感知远近的时候，会涉及距离和时间的概念。这些数学经验是学前儿童进行正式数学学习的广泛基础。研究表明，儿童的家庭生活经验与他们进入小学时的数学技能之间有着密切的联系。②

基于此，一方面我们应该多引导学前儿童感知并运用生活中的数学知识；另一方面在开展数学教育时，我们也应该选取那些与学前儿童日常生活紧密相关的内容来开展。例如，我们可以给学前儿童呈现价钱、电话号码、身份证号码、保质期、生产日期、温度计的数字等，让其感知代表不同意义的数字，并尝试给不同情境表征正确的数学符号。开展模式活动时，也要向幼儿提供斑马线、理发店的三色柱、有规律的栏杆、条纹衣服、斑马、有规律的钟表等，让学前儿童识别生活中这些隐藏的规律，并能运用模式的相关知识，装饰相框、装饰教室、跳一段有规律的舞蹈等。

生活中的数学

小贴士

有研究认为，儿童日常数学能力与学校正式数学学习之间存在密切的关系。一方面，日常数学能力是在学校中进行更高级的相关数学活动和有意义地学习数学符号的坚实基础；另一方面，知识和学习是社会情境脉络的一部分，系统

---

① 周欣. 儿童数概念的早期发展［M］. 上海：华东师范大学出版社，2004：39.
② 周欣. 儿童数概念的早期发展［M］. 上海：华东师范大学出版社，2004：50.

的数学思想因其与日常情境的联系和贡献从而对日常数学问题的解决具有积极的意义。通过对巴西街头儿童商贩解决糖果销售中的算数问题与学校数学学习活动的研究发现：随着儿童在学校受教育时间的增加，他们解决日常糖果销售活动中算术问题的能力也逐渐提高，并能够将学校教授的运算规则与日常经验相结合，进而形成对实际问题更为有效的解决策略；同时，拥有糖果销售经验的儿童较缺乏相关经验的儿童在解决学校正式算术问题时更为成功，因为他们在进行纸笔运算时能够借鉴日常销售经验中的货币策略进行数量的重新分组，而非商贩儿童则只能按照运算法则进行运算。[①]

（二）要给学前儿童提供自主数学探究的机会

个体在认识世界的过程中，会通过一系列活动获取知识和应用知识，并对所获得的知识进行信息加工，这一系列的活动过程被称为认知。认知过程的开端是以身体感官为媒介的，如通过视觉、嗅觉和触觉等直接感知外界的信息。

学前儿童的思维具有具体性和行动性的特点，学前儿童感知实物都是从感知其外在属性特征开始的，行动是人的基本需求、人的存在方式，也是人类认识世界最开始的方式。让·皮亚杰（Jean Piaget）提出，动作是促进儿童认知发展的基石，他的认知发展理论认为，儿童心理发展是主体和客体相互影响而产生的结果，他尤其强调个体的主观能动性在发展过程中的地位。例如，学前儿童亲自摸一摸石头，才知道石头是硬的；亲自摸一摸放在太阳下的石头，才知道日晒能够让石头变烫这一逻辑梳理经验。

因此，我们在进行数学教育的时候，一定不能抽象地"教授"，而应该给学前儿童提供丰富的操作材料，激发其主动操作，在大量感性操作的基础上，促进其对抽象数学概念的获得。例如，学前儿童在拿积木的过程中发现，不管是先拿2块后拿3块，还是先拿3块后拿2块，结果都是一样的，从而抽象出"2+3=3+2"这一规律。学前儿童对数学知识的抽象就是建立在一个个体验活动之上的，作为成人应该给予学前儿童大量操作探究的机会，不要急于让其获得抽象的知识。一项学前儿童数学学习困难的研究中，研究者对一名学前儿童的加减法能力进行干预，与这名学前儿童开展了一个学期的买卖游戏，刚开始的时候，这名学前儿童必须利用所

---

① 孙瑾. 儿童非正式数学能力发展研究进展［J］. 学前教育研究, 2003（10）: 7-11.

有雪花片当作代币,从头数才知道一共要花多少钱;后来,可以不用数第一个物体的价格,而直接接数;再后来,可以直接说出购买商品的总数。学前儿童的优势智能是不同的,对于那些数学是其优势智能的学前儿童来说,从具体操作过渡到抽象的时间会稍微短一些;对于那些数学是其劣势智能的学前儿童来说,从具体操作过渡到抽象的时间便会更长一些。但不管时间长短,学前儿童都要经历这样一个抽象的过程。也就是说,我们都要顺应学前儿童的学习发展特点,给学前儿童提供足够的、丰富的操作材料,让其累积丰富的数学经验。

但是操作并不等于探究,教育实践中存在大量数学材料只是让学前儿童操作,并不符合学前儿童发展规律,进而没有促进其探究能力发展的案例。例如,类似图1-1的教具,表面看是需要学前儿童进行操作的,但其只是把纸质的作业单,变成了立体的材料,其实质还是"做题"。

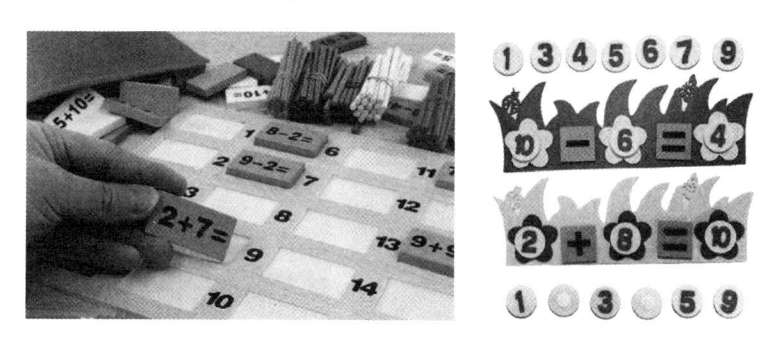

图1-1 不符合学前儿童发展规律的操作材料

◉问题思考:

你能再举例说明什么样的活动只是让儿童操作而没有促进儿童探究吗?

(三)坚持游戏化的数学教育原则

学前儿童着迷于游戏,其在游戏中表现出来的全神贯注、想象力和创造性令无数教育家惊叹和着迷。也正因为此,《幼儿园教育指导纲要(试行)》提出,幼儿园应以游戏为基本活动,也就是我们要把游戏活动的主体精神与有社会文化内容的教学因素结合起来,让学前儿童在游戏中和在游戏化的活动中积极主动、愉悦地学习和发展。

学前儿童在各类游戏中都能得到丰富的数学学习机会。例如,在角色游戏"小超市""小银行"中会涉及钱币,教师可以根据班级里学前儿童加减运算的不同水平提供各种钱币,可以给加减运算水平较低的学前儿童提供雪花片代币,可以给加减运算水平高的学前儿童提供模拟的人民币。又如，学前儿童在积木游戏中，可以积累图形、空间等方面的数学经验；在沙水游戏中，可以积累量的守恒等方面的经验。

　　游戏化的数学教育原则包括两个方面，一方面是数学教育活动应该游戏化，也就是说数学教育活动以游戏的形式开展。例如，我们想让学前儿童获得数的分解这一核心经验，不能只是枯燥地让其拿小木棒分一分，然后记录。我们可以创设"找朋友"的游戏情境，如图1-2所示，教师出示6个点子的卡片，拿着4个点子和2个点子的学前儿童就可以抱一抱，凑成6。教师出示8个点子的卡片，则拿着2个、3个、1个、2个点子的学前儿童就可以抱在一起……学前儿童喜欢动起来，喜欢跟同伴拥抱，在找朋友游戏中，可以愉快地练习将一个集合分成2个或多个子集。

图1-2　"找朋友"——数的分解游戏

　　另一方面是教师应设计儿童区域或者自主数学游戏。例如，教师在益智区投放了拓印、钉板等游戏材料，学前儿童在操作过程中认识了各种形状，进行了形状的组合，如图1-3所示。

图1-3　图形游戏材料

又如，教师投放了"德国心脏病"游戏的材料，同一种水果数量加起来等于一定数量即可拍铃，谁先拍，谁就可以收走桌面上的纸牌，最后谁的纸牌多，谁就获胜，如图1-4所示。学前儿童在这一游戏中，注意力高度集中，大脑高速运转。

图1-4 "德国心脏病"游戏

在以游戏为主的教育活动设计实施中，教师要准备丰富的游戏材料，提供给学前儿童充足的空间和时间，不要有过多的不必要的规则限制学前儿童的游戏体验，在游戏过程中应该充分满足学前儿童的主体地位并在合适的时机给予适宜的支持。

五、当下学前儿童数学教育面对的挑战

（一）师资水平的加强

热爱学前儿童、业务精良的幼儿师资队伍对提高学前教育的质量至关重要，《国务院关于当前发展学前教育的若干意见》强调，我们要"多种途径加强幼儿教师队伍建设。加快建设一支师德高尚、热爱儿童、业务精良、结构合理的幼儿教师队伍。完善学前教育师资培养培训体系"。但是职前幼儿园教师和职后幼儿园教师在学前儿童数学教育领域的专业能力如何呢？有研究者采用问卷调查法和访谈法分别以职后幼儿园教师和职前幼儿园教师为研究对象，考察他们的数学教学知识（Mathematics Pedagogical Content Knowledge，MPCK）[1][2]，研究结果显示，老师们的数学教学知识大体上处于笼统的感知阶段，这也就是说，教师不是十分清楚幼儿园数学教育的核心经验、教学方法和学前儿童数学学习的规律，要想顺利实施幼儿园数学教育，我们需要加强师资水平。

（二）主题背景下幼儿园数学教育的实施

随着学科课程的发展与成熟，细致的学科划分及相对固化的学科体系的弊端日

---

[1] 李萌薇. 对学前教育专业学生MPCK水平以及受教育情况的考察[D]. 河北大学，2018.
[2] 黄俊. 幼儿园教师数学学科教学知识及其影响因素的研究[D]. 华东师范大学，2012.

益凸显，学科间横向联系的壁垒割裂了人们对事物整体性的认识，这种现象促使人们开始反思。基于跨学科的主题（现象）教学、项目教学、合科教学等日渐成为芬兰、法国等多个国家课程改革及课堂教学的关注热点。[①]学前儿童眼中的世界是整体的，不是割裂的，学前儿童的生活经验也是整合的，其认识世界万物是通过多感官通道的，所以以主题为载体把各个学科的内容整合起来开展教育是符合学前儿童的认知特点的。

但是，主题背景下的数学教育实施起来稍显困难，不如其他领域容易与主题结合，所以有一些教材干脆就把数学教育的内容独立开来，如浙江省省编教材《幼儿园完整儿童活动课程》的内容主要包括主题活动、游戏活动、数学活动和日常健康活动，其中数学活动是单独的，依据数学教育的逻辑线索展开。其实，数学也是能够很好地与主题相结合的，包括主题活动背景下的融合。例如，在"过年啦"这一主题下，属相的内容可以让学前儿童获得时间循环的概念；购买年货可以让学前儿童获得加减运算的概念；装饰过年的场景，可以渗透模式的概念。又如，在"春天"这一主题下，设计春游的路线可以渗透测量、统计等概念；购买春游所带的食物可以渗透加减运算的概念。但是与主题整合的数学教育并不容易，需要教师非常清楚学前儿童数学教育的内容都有哪些，然后再找到其与主题的契合点。

除了与主题相关的数学教育内容外，教师还应该注意渗透在一日生活中的数学教育。但是有研究者通过观察记录幼儿园教师一日生活中渗透的数学教育内容发现，教师在一日生活中渗透的数学概念少之又少，即便有渗透，很多时候也属于无意识状态。例如，教师说："赶紧把你们的作品贴到外面的墙上，然后我们就要去户外活动啦！"这样的数学语言并非教师有意使用，而是为了顺利过渡到下一个环节。因此，对于教师培训者而言，我们应该考虑如何帮助教师建立生活中实施数学教育的理念和能力。

单 元 回 顾

⊙ 单元小结

首先，本章阐述了数学的三个特性，即抽象性、逻辑性和应用性；在呈现学前儿童数学教育的基本含义的基础上，提出了学前儿童数学教育的目标：促进学前儿童数学学习品质的发展、获取基本的数学概念、养成数学过程性能力。其次，本章

---

① 纪德奎，乔虹. 主题教学的本质、实施现状及改进路径［J］. 教育理论与实践，2021（1）：55-59.

论述了学前儿童数学教育的原则，即学前儿童数学教育要关注学前儿童的非正式数学经验、要给学前儿童提供自主数学探究的机会。最后，本章探讨了当下学前儿童数学教育面对的挑战：师资水平的加强，不管是职前教师还是职后教师的数学教学知识都处于中低水平，即数学教学知识处于笼统的模糊水平；主题背景下幼儿园数学教育，与主题的融合存在不足，生活中的数学渗透较为缺乏。

⊙ 拓展阅读

1. 孙汀兰. 学前儿童数学教育理论与实践 [M]. 北京：科学出版社，2009：3-29.

2. 赵振国. 学前儿童数学教育与活动设计 [M]. 北京：北京大学出版社，2016.

3. 黄瑾. 学前儿童数学学习与发展核心经验 [M]. 南京：南京师范大学出版社，2015.

4. 黄瑾. 幼儿园数学教育与活动设计 [M]. 北京：高等教育出版社，2010：1-40，86-121.

5. 李萌薇. 对学前教育专业学生 MPCK 水平以及受教育情况的考察 [D]. 河北大学，2018.

6. 黄俊. 幼儿园教师数学学科教学知识及其影响因素的研究 [D]. 华东师范大学，2012.

⊙ 思考与练习

简答题

1. 学前儿童数学教育的基本原则有哪些，为什么要坚持这些原则？

2. 列举一些促进学前儿童自主探究的数学玩、教具。

3. 请画一张"学前儿童数学教育"的概念图，了解一下自己所掌握的"学前儿童数学教育的内容知识"水平。

4. 思考如何在主题中整合数学教育，比如"秋天"这一主题，或者"我上小学啦"这一主题。

第二单元 学前儿童数学教育的目标与内容

导言

我们经常会在网上看到小朋友掰着手指头做数学题说:"太难了。"背乘法口诀表背不出来哭着说:"太难了。"为什么在大人眼中特别简单的事情在小朋友看来会那么难呢?学前阶段的数学教育应该给学前儿童哪些核心概念?让学前儿童获得哪些方面的发展?学前阶段的数学学习的路径又是怎样的呢?

学习目标

1. 了解我国文件中关于学前儿童数学领域的教育目标。
2. 掌握学前儿童数学教育的内容。
3. 理解学前儿童数学教育内容选择的原则。

思维导图

- 学前儿童数学教育的目标与内容
  - 学前儿童数学教育的具体目标
    - 《幼儿园教育指导纲要（试行）》中的数学领域目标
    - 《3—6岁儿童学习与发展指南》中的数学领域目标
    - 学前儿童数学教育活动的目标
  - 学前儿童数学教育的内容
    - 学前儿童数学教育内容选择的原则
    - 学前儿童数学教育具体内容
    - 学前儿童各年龄阶段数学教育内容

第一节 学前儿童数学教育的具体目标

数学学习一直是教学活动中的关键领域，也是学前儿童学习过程中的重难点。学前儿童学什么，怎么学？教师教什么，怎么教？搞清楚这些问题是我们做好数学教育活动的基础。

一、《幼儿园教育指导纲要（试行）》中的数学领域目标

2001年教育部颁布《幼儿园教育指导纲要（试行）》（以下简称《纲要》），其在科学领域中的目标是使幼儿：

（1）对周围的事物、现象感兴趣，有好奇心和求知欲。

（2）能运用各种感官，动手动脑，探究问题。

（3）能用适当的方式表达、交流探索的过程和结果。

（4）能从生活和游戏中感受事物的数量关系并体验到数学的重要和有趣。

（5）爱护动植物，关心周围环境，亲近大自然，珍惜自然资源，有初步的环保意识。

在此领域中的内容与要求指出：

（1）引导幼儿对身边常见事物和现象的特点、变化规律产生兴趣和探究的欲望。

（2）为幼儿的探究活动创造宽松的环境，让每个幼儿都有机会参与尝试，支持、鼓励他们大胆提出问题，发表不同意见，学会尊重别人的观点和经验。

（3）提供丰富的可操作的材料，为每个幼儿都能运用多种感官、多种方式进行探索提供活动的条件。

（4）通过引导幼儿积极参加小组讨论、探索等方式，培养幼儿合作学习的意识和能力，学习用多种方式表现、交流、分享探索的过程和结果。

（5）引导幼儿对周围环境中的数、量、形、时间和空间等现象产生兴趣，建构初步的数概念，并学习用简单的数学方法解决生活和游戏中某些简单的问题。

（6）从生活或媒体中幼儿熟悉的科技成果入手，引导幼儿感受科学技术对生活的影响，培养他们对科学的兴趣和对科学家的崇敬。

（7）在幼儿生活经验的基础上，帮助幼儿了解自然、环境与人类生活的关系。从身边的小事入手，培养初步的环保意识和行为。

科学领域目标中的（1）到（4）都和数学教育有关。这些目标及要求表示：

（1）强调幼儿对数学学习的兴趣和求知欲的培养。将幼儿的兴趣、求知欲和探究的欲望放到了首位，真正体会到数学的"有用"和"有趣"。

（2）关注学习过程。强调幼儿在数学学习过程中的交流方式、表达能力和解决问题的能力。

（3）重视生活中的学习。数学学习无处不在，从日常生活入手让幼儿学习数、量、形、时间等更能让幼儿理解数学的"有用"。

二、《3—6岁儿童学习与发展指南》中的数学领域目标

2012年教育部颁布《3—6岁儿童学习与发展指南》（以下简称《指南》），将"数学认知"作为科学领域的一个子领域，其目标明确指出以下三点。

（一）初步感知生活中数学的有用和有趣

初步感知生活中数学的有用和有趣的具体内容见表2-1。

表2-1 初步感知生活中数学的有用和有趣

3~4岁	4~5岁	5~6岁
1. 感知和发现周围物体的形状是多种多样的，对不同的形状感兴趣	1. 在指导下，感知和体会有些事物可以用形状来描述	1. 能发现事物简单的排列规律，并尝试创造新的排列规律
2. 体验和发现生活中很多地方都用到数	2. 在指导下，感知和体会有些事物可以用数来描述，对环境中各种数字的含义有进一步探究的兴趣	2. 能发现生活中许多问题都可以用数学的方法来解决，体验解决问题的乐趣

⊙教育建议：

（1）引导幼儿注意事物的形状特征，尝试用表示形状的词来描述事物，体会描述的生动形象性和趣味性。如：

① 参观游览后，和幼儿一起谈论所看到的事物的形状，鼓励幼儿产生联想，并用自己的语言进行描述，如熊猫的身体圆圆的，全身好像是一个个的圆形组成的。

② 和幼儿交谈或读书讲故事时，适当地运用一些有关形状的词汇来描述事物，如看图片时，和幼儿讨论奥运会场馆的形状，体会为什么有的场馆叫"水立方"，有的叫"鸟巢"。

（2）引导幼儿感知和体会生活中很多地方都用到数，关注周围与自己生活密切相关的数的信息，体会数可以代表不同的意义。如：

① 和幼儿一起寻找发现生活中用数字作标识的事物，如电话号码、时钟、日历和商品的价签等。

② 引导幼儿了解和感受数用在不同的地方，表示的意义是不一样的。如天气预报中表示气温的数代表冷热状况；钟表上的数表示时间的早晚等。

③ 鼓励幼儿尝试使用数的信息进行一些简单的推理。如知道今天是星期五，能推断明天是星期六，爸爸妈妈休息。

（3）引导幼儿观察发现按照一定规律排列的事物，体会其中的排列特点与规律，并尝试自己创造出新的排列规律。如：

① 和幼儿一起发现和体会按一定顺序排列的队形整齐有序。

② 提供具有重复性旋律和词语的音乐、儿歌和故事，或利用环境中有序排列的图案（如按颜色间隔排列的瓷砖、按形状间隔排列的珠帘等），鼓励幼儿发现和感受其中的规律。

③ 鼓励幼儿尝试自己设计有规律的花边图案、创编有一定规律的动作，或者按某种规律进行搭建活动。

④ 引导幼儿体会生活中很多事情都是有一定顺序和规律的，如一周七天的顺序是从周一到周日，一年四季按照春夏秋冬轮回等。

（4）鼓励和支持幼儿发现、尝试解决日常生活中需要用到数学的问题，体会数学的用处。如：

① 拍球、跳绳、跳远或投沙包时，可通过数数、测量的方法确定名次。

② 讨论春游去哪里玩时，让幼儿商量想去哪里玩？每个想去的地方有多少人？根据统计结果做出决定。

③ 滑滑梯时，按照"先来先玩"的规则有序地排队玩。

（二）感知和理解数、量及数量关系

感知和理解数、量及数量关系的具体内容见表2-2。

表 2-2　感知和理解数、量及数量关系

3~4 岁	4~5 岁	5~6 岁
1. 能感知和区分物体的大小、多少、高矮长短等量方面的特点，并能用相应的词表示	1. 能感知和区分物体的粗细、厚薄、轻重等量方面的特点，并能用相应的词语描述	1. 初步理解量的相对性
2. 能通过一一对应的方法比较两组物体的多少	2. 能通过数数比较两组物体的多少	2. 借助实际情境和操作（如合并或拿取）理解"加"和"减"的实际意义
3. 能手口一致地点数 5 个以内的物体，并能说出总数。能按数取物	3. 能通过实际操作理解数与数之间的关系，如 5 比 4 多 1；2 和 3 合在一起是 5	3. 能通过实物操作或其他方法进行 10 以内的加减运算
4. 能用数词描述事物或动作。如我有 4 本图书	4. 会用数词描述事物的排列顺序和位置	4. 能用简单的记录表、统计图等表示简单的数量关系

⊙ 教育建议：

（1）引导幼儿感知和理解事物"量"的特征。如：

① 感知常见事物的大小、多少、高矮、粗细等量的特征，学习使用相应的词汇描述这些特征。

② 结合具体事物让幼儿通过多次比较逐渐理解"量"是相对的。如小亮比小明高，但比小强矮。

③ 收拾物品时，根据情况，鼓励幼儿按照物体量的特征分类整理。如整理图书时按照大小摆放。

（2）结合日常生活，指导幼儿学习通过对应或数数的方式比较物体的多少。如：

① 鼓励幼儿在一对一配对的过程中发现两组物体的多少。如在给桌子上的每个碗配上勺子时，发现碗和勺多少的不同。

② 鼓励幼儿通过数数比较两样东西的多少。如数一数有多少个苹果、多少个梨，判断苹果和梨哪个多，哪个少。

（3）利用生活和游戏中的实际情境，引导幼儿理解数概念。如：

① 结合生活需要，和幼儿一起手口一致地点数物体，得出物体的总数。

② 通过点数的方式让幼儿体会物体的数量不会因排列形式、空间位置的不同而发生变化。如鼓励幼儿将一定数量的扣子以不同的形式摆放，体会扣子的数量是不变的。

③ 结合日常生活，为幼儿提供"按数取物"的机会，如游戏时，请幼儿按要求拿出几个球。

（4）通过实物操作引导幼儿理解数与数之间的关系，并用"加"或"减"的办法解决问题。如：

① 游戏中遇到让 4 个小动物住进两间房子的问题，或生活中遇到将 5 块饼干分给两个小朋友的问题时，让幼儿尝试不同的分法。

② 鼓励幼儿尝试自己解决生活中的数学问题。如家里来了 5 位客人，桌子上只有 3 个杯子，还需要几个杯子等。

③ 购买少量物品时，有意识地鼓励幼儿参与计算和付款的过程等。

（三）感知形状与空间的关系

感知形状与空间的关系的具体内容见表 2-3。

表 2-3 感知形状与空间的关系

3~4 岁	4~5 岁	5~6 岁
1. 能注意物体较明显的形状特征，并能用自己的语言描述	1. 能感知物体的形体结构特征，画出或拼搭出该物体的造型	1. 能用常见的几何形体有创意地拼搭和画出物体的造型
2. 能感知物体基本的空间位置与方位，理解上下、前后、里外等方位词	2. 能感知和发现常见几何图形的基本特征，并能进行分类	2. 能按语言指示或根据简单示意图正确取放物品
	3. 能使用上下、前后、里外、中间、旁边等方位词描述物体的位置和运动方向	3. 能辨别自己的左右

⊙ 教育建议：

（1）用多种方法帮助幼儿在物体与几何形体之间建立联系。如：

① 引导幼儿感受生活中各种物品的形状特征，并尝试识别和描述。如感受和识别盘子、桌子、车轮、地砖等物品的形状特征。

② 鼓励和支持幼儿用积木、纸盒、拼板等各种形状材料进行建构游戏或制作活动。如用长方形的纸盒加两个圆形瓶盖制作"汽车"。

③ 收拾整理积木时，引导幼儿体验图形之间的转换。如两个三角形可组合成一个正方形，两个正方形可组合成一个长方形。

④ 引导幼儿注意观察生活物品的图形特征，鼓励他们按形状分类整理物品。

（2）丰富幼儿空间方位识别的经验，引导幼儿运用空间方位经验解决问题。如：

① 请幼儿取放物体时，使用他们能够理解的方位词，如把桌子下面的东西放到窗台上，把花盆放在大树旁边等。

② 和幼儿一起识别熟悉场所的位置。如超市在家的旁边，邮局在幼儿园的前面。

③ 在体育、音乐和舞蹈活动中，引导幼儿感受空间方位和运动方向。

④ 和幼儿玩按指令找宝的游戏。对年龄小的幼儿要求他们按语言指令寻找，对年龄大些的幼儿可要求按照简单的示意图寻找。

不难发现，《指南》和《纲要》的精神是一致的，它们都强调将培养数学学习的兴趣作为首要目标，也强调数学学习的过程及与生活的联系。

三、学前儿童数学教育活动的目标

根据《纲要》和《指南》中的教育目标及美国数学教师协会的教育思想，学前儿童数学教育活动目标总共可以分为三大类：学习品质、数学知识及数学过程性能力。

（一）学习品质

学习品质是指学习态度、学习行为和习惯等与学习密切相关的基本素质，是在幼儿期开始出现与发展，并对幼儿现在与将来的学习都具有重要影响的基本素质，[1] 是幼儿数学学习的基础和首要目标。

《指南》明确指出："幼儿在活动过程中表现出的积极态度和良好行为倾向是终身学习与发展所必需的宝贵品质。要充分尊重和保护幼儿的好奇心和学习兴趣，帮助幼儿逐步养成积极主动、认真专注、不怕困难、敢于探究和尝试、乐于想象和创造等良好学习品质。"具体来说包括数学学习态度及数学学习行为两大方面。

（1）数学学习态度，即对周围环境中的数学现象和问题感兴趣，并且运用数学的过程中体验到数学的有用和有趣，喜欢参加数学活动和游戏。数学学习态度的获得需要教师引导学前儿童注意到数学在日常生活中的运用，让学前儿童感受到生活

---

[1] 李季湄，冯晓霞.《3—6岁儿童学习与发展指南》解读［M］.北京：人民教育出版社，2013：50.

中数学的有用和有趣。

（2）数学学习行为，有良好的学习习惯。具体表现为具有任务意识和规则意识；能积极主动、认真专注地参与活动；能够坚持尝试和探索，完成操作活动；能细心有计划地进行操作；会检查和反思自己的操作；能与他人合作进行活动。[1]

学前儿童数学学习的兴趣和行为培养应该体现在每一个数学教育活动当中，贯穿于学前儿童数学教育的全过程，只有让学前儿童喜欢数学、学会学习才能为当前和未来的学习与发展奠定良好的学习品质基础。

（二）数学知识

根据《指南》和《纲要》的指示，幼儿早期数学内容包括：集合与模式、数概念与数运算、图形与空间、比较与测量四大部分。

1. 集合与模式

集合是指具有某种属性特征的事物的总体。分类是指将一组事物按照特定的标准加以区分，并进行归类的过程。[2] 具体包括：属性、分类的多样性、集合比较和函数。

模式就是在物理、几何或数里可发现的所有具有预见性的序列，它反映的是客观事物和现象之间本质、稳定、反复出现的关系，模式认知就是对事物和对象的具有隐蔽性、抽象性的规律特征的认识。[3] 具体包括：模式、模式的多样性、模式能力的发展。

2. 数概念与数运算

数概念与数运算包括数数、数量集合比较、数符号表征、数运算。

（1）数数。数数是指数事物个数的过程，就是将具体集合的元素与自然数列里从"1"开始的自然数之间建立一一对应的关系，使数词和要数的单位物体之间一一对应，结果用数字表示。[4] 具体包括：数数的基本原则、数数的形式、基数、序数、命名数、参照数等概念。

（2）数量集合比较。数量集合比较是指学前儿童通过使用一定的方法对两个集合中的物体数量进行比较，以判断多少的过程。[5]

---

[1] 张俊. 幼儿园数学领域教育精要：关键经验与活动指导［M］. 北京：教育科学出版社，2015：27－28.
[2] 黄瑾. 学前儿童数学学习与发展核心经验［M］. 南京：南京师范大学出版社，2015：19－20.
[3] 黄瑾. 学前儿童数学学习与发展核心经验［M］. 南京：南京师范大学出版社，2015：59.
[4] 黄瑾. 学前儿童数学学习与发展核心经验［M］. 南京：南京师范大学出版社，2015：91.
[5] 魏晓虹. 如何有效支持幼儿运用数数进行集合比较［J］. 教育导刊（下半月），2014（2）：36－39.

（3）数符号表征。符号指任何可以用来代表其他事物的东西，如一种标记、图案、声音或物体等。[①] 数学符号指表示数概念、数学关系的符号和记号。学前儿童也需要学习如何用数学符号表示数学概念和数学关系。

（4）数运算。学前儿童的数运算一般是指 10 以内数的加减运算、平分和倍数，包括分解组合与数量变化。

3. 图形与空间

图形也被称为形体，是对客观物体形状的抽象和概括，具有普遍性和典型性。如果我们仅抽取物体的形状、大小，而略去物体的其他特征，这样的物体就称为图形。[②]

空间是指对二维、三维空间图形及其特征、图形间的相互关系和图形变化过程的内部感受和直觉，也就是指个人对周围环境及环境中物体的一种直觉。空间是客观世界运动着的物质存在的基本形式，也就是物体的空间方位关系，具体包括：数学与方位、图形与周围世界、图形特征、图形分解与组合、图形变换、视觉图像、视角与图形及对称。

4. 比较与测量

比较是指根据某些具体特征或属性在两个或两组物品间建立关系。[③]

测量就是把一个待测定的量与一个标准的同类量进行比较，[④] 具体包括：直接比较和间接比较、确立属性特征、属性特征排序、量的守恒、测量属性特征、测量的原则、测量工具的选择、测量单位的关系、测量和估算、估算参考标准。

（三）数学过程性能力

美国幼教协会指出学习数学不仅要积极地掌握相关的数学内容，也要在数学学习的过程中发展相关的能力，具体包括：解决问题的能力、数学表征的能力、推理和证明的能力、交流和表达的能力、联系数学与生活的能力。

1. 解决问题的能力

解决问题是指能够发现问题、提出问题、提出不同的解决方案，以及运用数学思维来解决问题的能力。[⑤] 教师可以设计解决问题的方式，如当我手上的点心不够

[①] 周欣. 儿童数概念的早期发展［M］. 上海：华东师范大学出版社，2004：225.
[②] 张俊. 幼儿园数学领域教育精要：关键经验与活动指导. 北京：教育科学出版社，2015：186.
[③] 黄瑾. 学前儿童数学学习与发展核心经验［M］. 南京：南京师范大学出版社，2015：203.
[④] 黄瑾. 学前儿童数学学习与发展核心经验［M］. 南京：南京师范大学出版社，2015：241.
[⑤] 陈杰琦，黄瑾. i 思考 数学核心经验资源包：教师用书［M］. 南京：南京师范大学出版社，2013：6.

分配给 5 个小朋友时怎么办呢？在解决问题的过程中，学前儿童会先运用已有的经验进行尝试，之后再进行探索，在此过程中学前儿童的数学经验得到扩展和提升，解决问题的能力也得到了发展。

2. 数学表征的能力

数学表征是指能用多种形式表达数学问题或思维的能力。[1] 脑科学研究表明，在学前儿童认知发展的过程中，接触到的表现形式越多，学习就会越深入，努力帮助学前儿童通过眼、耳、手、脚并用去学习数学，能够更加有效地促进学前儿童内化相关的数学概念。例如，在帮助学前儿童建立数概念 5 时，让其表示出什么是 5，画 5 个点是 5，拿 5 块糖是 5，除此之外还可以通过手指、符号标记和语言等进行表征。

3. 推理和证明的能力

推理和证明能力是指用数学方式来思考和回答，如"你是怎么知道的""为什么"这类问题的能力。[2] 除此之外，还能发现数学当中的规律并进行推断，如我们在学习模式时，给学前儿童出示"A，B，A，B，A，B，A……"，让其猜出下一个出现的应该是什么？并问为什么。

4. 交流和表达的能力

交流和表达的能力是指能够条理清楚地与同伴或教师分享数学经验和想法的能力。[3] 非正式语言的交流和表达是学习正式数学语言和符号的基础。教师可以通过提问鼓励学前儿童分享策略、说明想法、互相倾听，让其与同伴、教师及他人共同参与数学对话。数学交流过程也是学前儿童学习社会约定的数学语言和符号的过程，是成人和学前儿童共同活动的内化过程，还是学前儿童社会化的过程，对学前儿童数学能力的提高也有很大的帮助。

5. 联系数学与生活的能力

联系数学与生活的能力是指学前儿童能够将数学概念与日常生活相联系，并能有意识地把不同的数学概念联系起来的能力。[4] 研究表明，学前儿童早期数学知识的学习是和许多具体情境有关的，但是学前儿童最初在不同的情境中对数的理解不会融会贯通，要经过很长的时间才能逐步整合起来。教师可以帮助学前儿童发现生活中的数学。例如，过马路的时候观察红绿灯的"倒数"，穿条纹 T 恤的小朋友衣

---

[1] 陈杰琦，黄瑾. i思考 数学核心经验资源包：教师用书［M］. 南京：南京师范大学出版社，2013：6.
[2] 陈杰琦，黄瑾. i思考 数学核心经验资源包：教师用书［M］. 南京：南京师范大学出版社，2013：6.
[3] 陈杰琦，黄瑾. i思考 数学核心经验资源包：教师用书［M］. 南京：南京师范大学出版社，2013：6.
[4] 陈杰琦，黄瑾. i思考 数学核心经验资源包：教师用书［M］. 南京：南京师范大学出版社，2013：6.

服上的"模式",吃饭摆碗筷的"配对",相同的数学知识和概念在不同的情境中会反复出现,教师可以引导学前儿童把新学习的数学概念应用于不同的实践活动和其他的学习活动中。

上述能力可以将各种不同的具体问题转变为抽象的数学问题,能够帮助学前儿童理解数学的实际意义。

> **小贴士**
>
> 特殊过程性能力:具体包括发现和创造单位、分解与组合、比较与排序、发现模式与结构和组织信息5个方面。这些能力在介绍数学知识目标的过程中已经涉及,它们是将多个数学概念联系起来的"贯通性概念",能帮助学前儿童发现不同数学内容之间的联系和共同的本质特征。
>
> (资料来源:张俊. 幼儿园数学领域教育精要:关键经验与活动指导 [M]. 北京:教育科学出版社,2015:32-33.)

第二节 学前儿童数学教育的内容

一、学前儿童数学教育内容选择的原则

学前儿童数学教育内容选择的原则是指在对学前儿童开展数学教育时应遵守的一些基本原则。根据数学的特性及学前儿童身心发展特点,首先应该了解学前儿童数学学习的核心经验,明确早期数学学习与发展的目标,知道应该"教什么";其次是聚焦数学教育多方面的内容,对学前儿童数学学习的领域有整体的把握;再次是以密切联系生活为基础促进学前儿童数学知识的获得和思维的发展,重视学前儿童的动手操作和语言表达能力;最后教师还需要关注学前儿童发展的个别差异性。

（一）关注核心经验原则

古人云：师者，学之根也。教师的素质决定人才培养的质量，决定教育的质量。在幼儿园阶段，学前儿童的心智发展尚不成熟，其发展水平受与学前儿童相伴的教师的影响深远。有研究表明，教师的发展水平在一定程度上能够预测学前儿童的学习水平与发展水平，但现阶段，大部分教师对数学核心经验点的内容理解较为笼统、有限，处于中等偏下水平。[1] 教师对学前儿童究竟是如何理解数学概念及如何评价和促进学前儿童数学学习缺乏足够的认识。因此，教师一定要明确学前儿童应该"学什么"，自己应该"教什么"。核心经验就是学前儿童在这一年龄阶段可以获得的最基础、最关键的数学概念和能力。[2]

本教材的后面会从集合与模式、数概念与数运算、图形与空间、比较与测量4个方面入手，具体分析学前儿童数学学习的核心经验，教师会从中领略学前儿童各阶段学习的要点，加深对数学的理解，以此来明确"教什么""怎么教"。

（二）聚焦数学教育多方面内容

对于"数学是什么"这个问题，大多数人的回答是"数学""计算"。这表明大家对数学学习的认识较为狭隘。传统的早期数学课程大多也是以数字和形状为主，并且认为这就是学前儿童数学学习的全部。其实，学前儿童的数学学习除此之外还有更多的内容，如空间思维、集合、模式和测量等，只有接触更多的数学内容才能为日后的数学学习打下良好的基础。

另外，除了完整的数学内容知识，我们还要关注数学过程性能力方面的内容，要选择那些促进学前儿童解决问题、数学表征、推理和证明、交流和表达、联系数学与生活能力发展的数学教育内容。

（三）密切联系生活的原则

《纲要》明确指出：引导幼儿对周围环境中的数、量、形、时间和空间等现象产生兴趣，建构初步的数概念，并学习用简单的数学方法解决生活和游戏中某些简单的问题。生活是数学学习的源泉，学前儿童所学的数学知识和现实生活密不可分。例如，和小朋友比身高会涉及比较，说到年龄会涉及数概念，玩积木会涉及图形和

---

[1] 刘红. 教师数学领域教学知识（MPCK）与幼儿数学学习关系的研究 [D]. 华东师范大学，2016：67.

[2] 黄瑾. 学前儿童数学学习与发展核心经验 [M]. 南京：南京师范大学出版社，2015：7.

空间，等等。

数学教育需要从学前儿童的生活中选择教育内容。例如，在教数运算的时候，可以引入学前儿童日常生活中分东西的场景。总共有 10 个草莓，如果爸爸吃掉了 6 个，那么还剩下几个呢？这样他们就会比较熟悉，而且也比较容易接受加减的含义。数学教育还需要注意引导学前儿童学会观察生活中的数学问题。例如，每天在幼儿园签到，来多少个小朋友，几个小朋友请假，等等。此外，数学教育的内容不仅要联系学前儿童的生活，还要引导学前儿童运用数学。例如，如果家里要买一块地毯，需要买多大的，应该怎么测量，应该付多少钱，是不是需要找钱。通过这些计算让学前儿童切实感受到数学真的是有用的。

学前儿童的社会与文化生活是与他们数学理解能力的发展交织在一起的，在日常生活中感受事物的数量关系可以体会到数学的"有用"和"有趣"，使学前儿童以最轻松、最愉快的状态学习。此外，借助日常生活场景，学前儿童能够在情境和问题解决的过程中进一步感知和增强对数的意识、促进数的思维、加深对数知识与概念的理解。例如，在家里吃饭的时候，让学前儿童根据人数取碗筷，不仅涉及了按数取物，也会涉及倍数问题；学前儿童喜欢看动画片，在商量看动画片的时间时又会涉及时间概念；学前儿童选择自己想穿的袜子时会涉及配对等。

⊙问题思考：

你能举一个儿童在生活中学习运用数学的例子吗？

（四）个别差异性原则

根据学前儿童发展特点的个别差异性，教师在数学教学过程中选择的教育内容也需要遵循个别差异性原则。学前儿童数学学习的个别差异性主要表现在思维发展水平的差异、发展速度的差异和学习风格的差异方面。即便是在学习上有困难的学前儿童，他们的困难也不一样，有的是缺乏抽象概括能力，有的是缺乏学习的经验。

基于学前儿童的个别差异，教师在为学前儿童提供操作活动时，需要提供不同难度的活动，在材料投放中也需要投放难易程度不同的材料。对于抽象概括能力欠缺的学前儿童，教师需要引导其进行总结概括，并进行启发。而面对经验不足的学前儿童则需要提供一些操作练习的机会，增加其学习经验。

二、学前儿童数学教育具体内容

学前儿童数学学习既要考虑学前儿童数学学习的年龄特点及学习路径，又要考虑学前儿童阶段所学的数学学科内容及逻辑关系。由于数学内容知识是进行数学教育的载体，数学过程性知识会基于数学内容知识渗透，所以不特别呈现数学过程性能力。总体上说，数学教育知识分为四大部分：集合与模式、数概念与数运算、图形与空间、比较与测量。

（一）集合与模式

1. 集合与分类

集合与分类的内容包括：属性、分类的多样性、集合的关系。

（1）属性：物体的属性可用来对物体进行匹配、分类、组成不同的集合。例如，可以按照颜色、大小、形状等作为物体的属性进行分类。

（2）分类的多样性：同样的一组物体可以按照不同的方式进行分类。例如，一些球，既可以按照颜色进行分类（红色、蓝色、绿色），也可以按照大小进行分类（大的、小的）。

（3）集合的关系：集合之间存在什么关系。例如，青蛙既属于水里的动物，又属于陆地上的动物，可以让学前儿童体会"交集"的概念；班里包括男孩子和女孩子，女孩子和男孩子合起来就是全班，可以让学前儿童体会总集和子集的关系。

2. 模式和规律

模式和规律的内容包括：模式、模式的多样性、模式能力的发展。

（1）模式：模式是按照一定规则排成的序列，如重复或者递增模式。春夏秋冬一年四季就是重复模式。1，2，3，4，5，6……一个数字加1就得到了后面的一个数字就是递增模式。

（2）模式的多样性：同一模式可以用不同的方式来表现，在不同的形式中也可以发现相同的模式。例如，AB模式，既可以用动作表示——拍手、拍脚、拍手、拍脚、拍手、拍脚；也可以用声音来表示——强、弱、强、弱、强、弱。

（3）模式能力的发展：模式能力包括识别、复制、扩展、创造、转换及描述。

一一对应原则

（二）数概念与数运算

1. 数数

数数的内容包括：数数的基本原则和数数的形式。数数的基本原则包括一一对应原则、固定顺序原则、顺序无关原则、基数原则和抽象原则。数数的形式包括唱数、点数、目测数、按群数数。

（1）数数的基本原则：

① 一一对应原则：一个集中的物体必须且只能点数一次。例如，有 8 个小朋友要糖果，应该给每个小朋友一个，在数数的时候每个小朋友都要数到，并且只能数一次。

② 固定顺序原则：点数物体的数词是有顺序且始终一样的。例如，我们数数的时候，"1，6，4"是不正确的数法；"1，2，3，6，7"也不是正确的数法。

③ 顺序无关原则：集合的总数与点数这个集合中物体的顺序无关。例如，图 2-1 所示的两种点数方法都是正确的，所数的第 3 个和第 4 个物体并不是唯一可以作为 3 和 4 的物体。

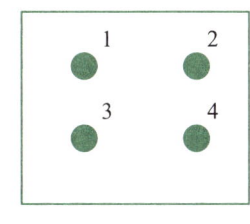

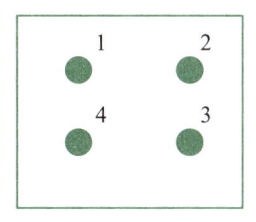

图 2-1 点数集合中物体的顺序

④ 基数原则：最后一个数词代表集合的总数。学前儿童能数数和能正确回答出有多少个是不一样的。例如，六六数图 2-1 卡片的点："1，2，3，4。"老师问："一共有多少个？"六六又从头开始数："1，2，3，4。"这说明六六目前还不知道最后的数字"4"代表卡片上总共有"4"个点。

⑤ 抽象原则：以上四个原则可以用于任何可数实体的集合。

（2）数数的形式（学习路径）：

① 唱数：凭着记忆背诵自然数的名称和顺序，未必真正认识数量的意义，包括顺着数、倒着数、跳着数。例如，文文在走路的时候边走边说："1，2，3，4，5，6。"或者"10，20，30，40，50。"

② 点数：能用手逐一指点物体，同时有顺序地逐个说出数词，使说出的每一个数词与手点的每一个物体一一对应，并最后说出总数。例如，李一点数桌子上的糖，指一块数一个（没有重复）："1，2，3，4，5，6，一共 6 块糖。"

③ 目测数：不通过点数，而采用目测的方式直接计数并说出物体的数量。例如，然然看着桌子上的糖果，没有进行点数直接说出："桌子上有 6 块糖。"

目测数

④ 按群数数：不依赖于一一点数的方式，而是以数群为单位，如 2 个、2 个地数或者 5 个、5 个地数。

2. 数字的用途

数字可以有多种不同的用途，具体包括基数、序数、命名数、参照数。

① 基数：基数表示数量。例如，我有5本书，宝宝今年5岁了。

② 序数：确定在序列中的位置。例如，期末考试成绩排名，阳阳第一名，璐璐第二名，我第三名。

③ 命名数：给一个集合中的元素命名。例如，篮球运动衫上的数字，电话号码的数字。

④ 参照数：用来作为共享的衡量标准。例如，体温超过37 ℃，一般会认为发热了。

3. 数运算

数运算之间遵循一定的原则，具体包括分解与组合、数量变化、均分和倍数。

① 分解与组合：一定数量的物体可以分成几个部分，这几个部分又可以合成一个整体。例如，7可以分成2和5或者3和4，还可以用 7 = 2 + 5 = 3 + 4 表示。

② 数量变化：给一个集合里添加物体能使集合变大，而拿走一些则使集合变小。例如，原来房间里有3个人，又来了2个人，现在一共多少人？可以分为两种情况，一种是变化未知，如"2 + ? = 6" "6 - ? = 2"；另一种是起始未知，如"? + 4 = 6" "? - 6 = 2"。

③ 均分：一定数量的物体（整体）可以分为几个相等的部分。例如，6块饼干给2个小朋友，每人可以得到几块？答案是 6 ÷ 2 = 3。

④ 倍数：有关乘法运算的初级形式是我们在日常生活中遇到的许多对1的情境，这里的许多指有若干个物体，即若干个物体分配给一个人的情境。[①] 例如，一个小朋友有2块糖，那么两个小朋友有几块糖呢？当然，学前儿童在做倍数类题目的时候，往往用的是加法，即 2 + 2 = 4。

（三）图形与空间

图形与空间具体包括：位置与方向、图形、视觉图像与空间推理。

1. 位置与方向

位置与方向涵盖了数学与方位、方位语言两个部分。

（1）数学与方位：方位可以帮助我们准确、详细地表明方向、路线和位置等。例如，我的前面是桌子，后面是椅子；在问路的时候说，再往前走500米右拐就

---

① 周欣. 儿童数概念的早期发展[M]. 上海：华东师范大学出版社，2004：217.

到了。

（2）方位语言：描述方位的数学语言。《指南》指出，3~4岁幼儿要能够理解方位词，4~5岁能够使用方位词，5~6岁能够按照方位语言的指示或者方位书面语言（示意图）正确取放物品。

2. 图形

图形是一种数学语言或几何语言，可以帮助我们理解和分析周围的世界，具体包括图形与周围世界、图形特征、图形分解与组合、图形变换。

（1）图形与周围世界：在生活中可以利用二维和三维的空间图形来表征和理解周围世界。例如，学前儿童在画画的时候可以用三角形和方形组合起来表示房子，可以用圆形表示足球和篮球。

（2）图形特征：对图形特征的分析和比较可以帮助我们对图形进行定义和分类。正方形是由四条相等的边和四个角构成的图形，三角形是由三条边和三个角构成的图形。

（3）图形分解与组合：不同的图形可以组合成一个新的图形（组合），也可以分割成其他图形（分解）。例如，两个正方形可以组合成一个长方形，一个圆形可以分割成两个半圆形。

（4）图形变换：图形变换包括移动、翻转、旋转等。图形变换会经常发生在学前儿童完成拼图或者搭建积木的时候，其常常需要移动、翻转各种图形或积木。

3. 视觉图像与空间推理

视觉图像与空间推理是一种重要的数学能力，包括视觉图像、视角与图形和对称。

（1）视觉图像：大脑中的视觉图像可以用来表述和操作图形、方向和位置等。例如，我们可以将打乱的卡片拼成完整的图案。

（2）视角与图形：从不同的角度看物体，它的形状可能是不同的，物体的真实图形要靠空间推理来解决。例如，我们从侧面看杯子是长方形，但是从上面看就是圆形。

（3）对称：对称可以分为镜像对称和辐射对称。例如，蝴蝶大多是镜像对称，雪花是辐射对称。

（四）比较与测量

比较是测量的基础。

1. 比较

比较的内容具体包括直接比较和间接比较、确立属性特征、属性特征排序、量的守恒。

（1）直接比较和间接比较：物体之间可以进行直接比较，如两个人直接背对背比高矮。而当无法进行直接比较时可以使用测量工具，也就是间接比较，如我们想要知道两间房子的宽度，就需要用到测量工具。

（2）确立属性特征：确立所要比较物体的属性特征是进行比较的重要前提。例如，我们想比较两个水桶，是比较它们的高度呢，还是比较粗细呢？

（3）属性特征排序：在物体属性比较的基础上，可以按照其量的差异特征进行排序。例如，4个小朋友要比较高矮，那就需要按照从高到矮的顺序给他们排成序列。

（4）量的守恒：在量的比较过程中，能不受外部因素的干扰。例如，把同样多的两杯水分别倒入高高细细的瓶子和粗粗矮矮的瓶子，学前儿童不受瓶子外表的影响，能判断出两个瓶子里的水是一样多的。

2. 测量

测量的内容包括测量的属性特征、测量的原则、测量工具的选择、测量单位的关系。

（1）测量的属性特征：我们可以对同一物体的不同属性特征进行测量，测量前需要确定到底是测量哪个属性。例如，一个水杯，我们既可以测量其容积，也可以测量其高度、质量、周长和表面积等，所以测量前首先要确定测量的属性特征。

（2）测量的原则：测量必须是"均等"的，即计量单位必须相等，且必须是不间断或没有重叠的，测量的时候必须从物体的顶端开始。例如，阳阳和然然用手掌测量桌子的宽度，阳阳说是4个手掌长，而然然说是6个手掌长，这是为什么？这里也许存在着两个小朋友手掌长度的不同，但即便手掌长度不同也不会相差2个手掌。最主要的原因是在测量过程中，阳阳没有遵守"不间断"的原则，手掌和手掌之间留了较大空隙。

（3）测量工具的选择：选择正确的测量工具，需要确立所要测量的物体的属性，并根据估算选择正确的测量单位，测量工具要适合被测物体物理特征上的限制。例如，测量长度可以选择吸管等物体或以厘米为单位的卷尺，测量面积可以用小正方形，测量容积可以用水、小米，也可以用量杯。

（4）测量单位的关系：测量单位的大小与测量出的单位数量之间是一种反函数关系，测量单位越小，测量的物体中包含的单位数量就越多。例如，测量同一长度的物体，其可能是30个曲别针的长度或者是6个吸管的长度，这里面就蕴含了"一个曲别针比较短，所以需要很多个曲别针""一个吸管比曲别针长多了，所以只需要6个就行了"，从而让学前儿童感知这种反函数关系。

3. 估算

估算的内容包括测量和估算的关系、估算参照标准。

（1）测量和估算的关系：所有的测量结果都是近似结果，所有的测量只可能是更准确，不可能完全准确。即便是我国研发的当今世界上最精准的钟——铯原子喷泉钟也有误差。估算是测量的基础，有时还需要用估算来检验测量的合理性。

（2）估算参照标准：我们经常会说"我现在出发到你那里大概需要半个小时""这条路大概有500米长吧"。那么我们如何做出这样的估算？估算的时候，我们的头脑中其实是有一个参照标准的，如我们去过跟这个地点差不多的地方，当时就用了半个小时左右，所以我们以那个地点为参照物，做出了半个小时的估算。

三、学前儿童各年龄阶段数学教育内容[1]

（一）集合与模式

集合与模式各年龄段的数学教育内容见表2-4。

表2-4 集合与模式各年龄段的数学教育内容

项目	各年龄阶段的学习与发展目标		
	3~4岁	4~5岁	5~6岁
集合与分类	1. 根据物体的某一外部属性特征进行匹配。 2. 按照物体的某一外部属性特征进行分类（颜色、大小、形状等）	1. 按功用给生活中常见的物体分类，如玩具和文具等。 2. 从不同角度给同样的物体进行分类。 3. 尝试说出分类的理由。 4. 理解生活中简单的函数关系，如同样的筐子，放的积木块越大，那么放里面的积木数量就越少	1. 按照给定的标准（概念水平）给熟悉的物体分类。如蔬菜和水果分类。 2. 按照物体的两种及两种以上的属性特征给物体分类。 3. 按照某一特征的肯定与否定进行分类。 4. 在分类的基础上用统计的方法解决常见的生活问题。如选择两本故事书，大家举手选择，少数服从多数

---

[1] 陈杰琦，黄瑾.i思考 数学核心经验资源包4：教师用书[M].南京：南京师范大学出版社，2013：14-18.

续表

项目	各年龄阶段的学习与发展目标		
	3~4岁	4~5岁	5~6岁
模式和规律	1. 识别所提供物体的排列模式如"AB, AB, AB"模式, 或者"AABB, AABB, AABB"模式。 2. 对所提供的简单模式进行填空、复制与扩展	1. 识别相对复杂的排列模式, 如"ABC, ABC, ABC"模式、"ABB, ABB, ABB"模式或者"AAB, AAB, AAB"模式。 2. 对所提供的相对复杂的模式进行复制、扩展与创造。 3. 发现并说出环境中事物排列的简单规律。如衣服上的条纹是"蓝白蓝白蓝白"的规律	1. 认识构成模式的单元,如出示"AABB, AABB, AABB"的模式,可以说出该模式的核心单元是"AABB"。 2. 运用不同的方式和材料来表现和创造出有规律的模式排列,如通过画画或动作等

（二）数概念与数运算

数概念与数运算各年龄段的数学教育内容见表2-5。

表2-5 数概念与数运算各年龄段的数学教育内容

项目	各年龄阶段的学习与发展目标		
	3~4岁	4~5岁	5~6岁
数数	1. 进行20以内的唱数。 2. 通过点数说出10以内物体的数量。 3. 采用目测的方式直接说出3以内物体的数量。 4. 根据所出示物体的数量从一堆物体中拿出相等的物体（5个以内）	1. 进行50以内的唱数。 2. 进行10以内的倒着数、接着往下数。 3. 通过点数说出20以内物体的数量	1. 进行100以内的唱数（1个1个地向下数或者10个10个地向下数）。 2. 不受物体形式的影响,通过点数说出20以内物体的数量。 3. 按群计数,如通过2个2个数或者5个5个数的方式计数20以内的物体
数符号表征	1. 认识10以内的数字。 2. 运用图画或符号表示10以内的数量。 3. 指出一排物体中任意一个物体是第几个（5以内）	1. 理解15以内基数的含义,会按物取数和按数取物。 2. 运用图画或其他符号表示15以内的数量。 3. 指出一排物体（15以内）中任意一个物体是第几个。 4. 理解日常生活中常见的数字符号所表达的意义,如门牌号、星期几等	1. 用书面数字符号正确表示10以内的数量。 2. 认识20以内的单数、双数和相邻数。 3. 理解日常生活中数字符号所表达的不同意义,如年月日、温度计、钱币等

续表

项目	各年龄阶段的学习与发展目标		
	3~4岁	4~5岁	5~6岁
数量集合比较	对数量相差明显的集合进行多少的比较	能运用一一对应或者数数的策略对10以内两个集合的多少进行比较	能运用数数的策略对10以内两个集合的多少进行比较
数运算	1. 知道拿走物体，原来的数量会减少。 2. 知道添加物体，原来的数量会增多	1. 进行5以内数的分解与组合。 2. 借助实物或情境理解10以内集合的数量变化	1. 进行10以内数的分解与组合。 2. 用算式来表示生活中遇到的数量变化和加减问题，如3个草莓和5个草莓放在一起可以用 3+5=8 来表示

（三）图形与空间

图形与空间各年龄段的数学教育内容见表2-6。

表2-6　图形与空间各年龄段的数学教育内容

项目	各年龄阶段的学习与发展目标		
	3~4岁	4~5岁	5~6岁
位置与方向	1. 正确区分上下、前后、里外的方位。 2. 按方位语言指令行动（上下、前后、里外）	1. 区分远近、中间、旁边的方位。 2. 按远近、中间、旁边的指令行动。 3. 用简单的方位语言描述位置。例如，我在然然的前面，我把书放到了抽屉里面	1. 以自身为中心区分左右的方位。 2. 学习用方位语言描述简单的路径。例如，向前走，路过一个红绿灯，穿过红绿灯再向前走500米，右拐就到肯德基了
图形	1. 认识并区分圆形、方形和三角形。 2. 在提供一种几何形状轮廓图的情况下，用至少3块几何形状拼板拼出这个简单图形。 3. 用不同的图形组合成一个新的图形	1. 认识并区分长方形、椭圆形、半圆形、梯形。 2. 借助几何形状组合范例图，用拼板拼出这个组合图形。 3. 在提供一种几何形状轮廓图的情况下，用至少5块几何形状拼板拼出这个简单图形。 4. 辨认简单图形，改变方位后还是一种图形（如长方形、三角形、梯形等）	1. 认识并区分球体、正方体、长方体和圆柱体。 2. 认识并找出平面图形和立体图形之间的关系，如圆形和圆柱体。 3. 用小几何图形拼成一个大几何图形。 4. 对一个图形进行等分，如二等分或四等分

续表

项目	各年龄阶段的学习与发展目标		
	3~4岁	4~5岁	5~6岁
视觉图像与空间推理	1. 完成个数在4~6块之间的拼图。 2. 在水平或垂直方向上搭建积木	1. 完成个数在6~9块之间的拼图。 2. 尝试拼搭简单的镜像对称图形。 3. 同时在水平和垂直方向上搭建积木	1. 尝试拼搭简单的辐射式对称图形，如五角星。 2. 有目的地将2~3个积木组成一个更复杂的实物模型。例如，将搭建好的滑梯、旋转木马组成一个游乐场。 3. 知道自己的角度和他人的角度看到的物体可能不一样，例如，可以分辨出从不同于自己的角度拍摄的同一物体的照片。 4. 在简单示意图中指出特定事物所对应的符号。例如，根据幼儿园的简单示意图找到具体的教室位置

（四）比较与测量

比较与测量各年龄段的数学教育内容见表2-7。

表2-7 比较与测量各年龄段的数学教育内容

项目	各年龄阶段的学习与发展目标		
	3~4岁	4~5岁	5~6岁
比较	1. 会用直接比较的方法判断两个物体的大小、长短、高矮。 2. 在比较的基础上给3~4个物体按照量的差异特征排序（如大小、高矮、长短）	1. 会用直接比较的方法判断物体的粗细、轻重、厚薄、宽窄等。 2. 在比较的基础上给5~6个物体按照量的差异特征排序	1. 在比较的基础上给7~8个物体按照量的差异特征排序。 2. 在比较过程中体验量的相对性。例如，桌子比凳子高，比柜子矮。 3. 在比较过程中体验量的守恒。例如，橡皮泥不管是长条还是方形其质量不变
测量			1. 会用生活中的物体作为工具进行简单的测量。例如，用绳子、手掌、木棒等作为量具测量桌子的长度。 2. 会用间接比较的方法测量物体的容积、面积。 3. 了解生活中常见的测量工具的用途，如尺子可以量长度，温度计可以测温度，秤可以测重量。 4. 在测量活动中，学习体验并理解测量单位的大小和测量出的结果数量之间的反向关系
估算			1. 在有参照物的条件下，对熟悉物体的数量或属性进行估测。如以一勺为参照估计锅里的米饭有几勺

> **小贴士**

　　学前儿童数学学习的心理特点：学前儿童对数学概念的学习需要借助具体的事物和形象，在学习的过程中还需要摆脱具体事物的影响，使那些和具体事物相联系的知识能够内化于大脑，成为具有一定概括意义的数学知识。学前儿童学习数学的心理特点可概括为以下几点：

1. 学前儿童学习数学开始于动作。
2. 学前儿童数学知识的内化需要借助于表象的作用。
3. 学前儿童对数学知识的理解要建立在多样化的经验和体验基础上。
4. 学前儿童抽象数学知识的获得，符号和语言起关键作用。
5. 学前儿童数学知识的巩固有赖于练习和应用活动。

（资料来源：张俊. 幼儿园数学领域教育精要：关键经验与活动指导[M]. 北京：教育科学出版社，2015：9-12.）

⊙ 案例2-1：学前儿童数学教育内容举例——数运算

老师对小朋友的数学运算能力做了一次测评，来看一看小朋友都是怎么进行算数的呢？

【1】一个小女孩数："8。"

老师："怎么得出来的呢？"

小女孩说："手指头。"

老师问："哪个是5呀？"

她伸出了左手。

案例——运算

老师问："3呢？"，

她伸出了右手的3个手指头。

【2】"那3加5等于几呢？"老师又问。

小女孩说："还是等于8。"

老师问："为什么呢？"

小女孩说："因为它们两个不管怎么着都是等于8。"

老师问："什么叫不管怎么着都是等于8呀？"

小女孩说："因为它们两个都是5和3组成的呀。"

【3】"5+2等于几呢？"老师问。

一个小男孩说是7。

老师问："你怎么知道的呢？"

他回答说:"5加2后面有两个,就是6和7呀。"

【4】老师又问:"2加5呢?"

小男孩说:"是7,一模一样。"

老师问:"为什么呢?"

小男孩说:"就是两个数字反过来说了一遍,但是数字到底是多少还是没换。我算了一下,2加5是一样,5加2还是一样啊。"

【5】"3+7呢?"老师又问。

小男孩说:"我想一想……,嗯……,10。"

老师问:"怎么算的呢?"

小男孩说:"我想了一下,肯定7完了是8,8完了是9,9完了就是10,这不是三个数吗?"

【6】老师问:"4+5呢?"

小女孩回答:"9。"

老师问:"为什么呢?"

小女孩说:"因为5加5是10,少了一个,是9。"

案例评析:数学运算的策略有很多种,【1】【3】【5】【6】是不同的策略。【1】在进行数运算的时候需要事物的辅助(手指头),是学前儿童在运算初期常用的策略。【3】和【5】策略的使用,一是要明白数序,二是要明白加了几个。例如"5+2",5后面加了两个数,5后面是6和7,6、7就是要加的那两个数;"3+7",7后面要加3个数,7后面是8、9、10,正好是三个,最后结果就是10,不能再往后数了。【6】是程度较高的数学运算策略,利用已有的口诀来进行运算,如4+4=8,4+5就是4+4+1=9。【2】和【4】是关于加法交换律和数的分解的概念。当学前儿童明白$a+b=b+a$时,就理解了两数相加,交换位置,结果不变。在数学运算的学习过程中,3+5要比5+3难一些,有些小朋友学会了5+3等于8,却并不一定知道3+5也等于8。

单元回顾

⊙ 单元小结

本单元主要讨论了两个方面的问题:

1. 学前儿童数学教育的目标。
2. 学前儿童数学教育的内容。

本章首先阐述了《幼儿园教育指导纲要（试行）》中科学领域的教育目标，其中（1）～（4）条目标都和数学教育有关，接着对《3—6岁儿童学习与发展指南》进行了论述，其目标有：初步感知生活中数学的有用和有趣，感知和理解数、量及数量关系，感知形状与空间的关系。

学前儿童数学教育活动的目标可以分为三大类：学习品质、数学知识和数学过程性能力。学习品质包括数学学习态度、数学学习行为。数学知识包括集合与模式、数概念与数运算、图形与空间、比较与测量。数学过程性能力包括解决问题的能力、数学表征的能力、推理和证明的能力、交流和表达的能力和联系数学与生活的能力。

第二节中对学前儿童数学教育内容选择的原则、学前儿童数学教育具体内容及各年龄阶段数学教育内容做了具体的解释。我们在进行数学教育内容选择时首先应该关注学前儿童的核心经验，其次应该聚焦多样化的数学教育内容，最后就是密切联系生活以及关注学前儿童个体发展的差异性。

⊙ 拓展阅读

1. 中华人民共和国教育部. 教育部关于印发《3—6岁儿童学习与发展指南》的通知［EB/OL］.（2012-10-09）［2012-10-11］. http：//www.moe.gov.cn/srcsite/A06/s3327/201210/t20121009_143254.html.

2. 中华人民共和国教育部. 教育部关于印发《幼儿园教育指导纲要（试行）》的通知［EB/OL］.（2001-07-02）［2001-07-05］. http：//www.moe.gov.cn/srcsite/A06/s3327/200107/t20010702_81984.html.

3. 孙汀兰. 学前儿童数学教育理论与实践［M］. 2版. 北京：科学出版社，2018.

4. 赵振国. 学前儿童数学教育与活动设计［M］. 北京：北京大学出版社，2016.

5. 黄瑾. 学前儿童数学学习与发展核心经验［M］. 南京：南京师范大学出版社，2015.

6. 黄瑾. 幼儿园数学教育与活动设计［M］. 北京：高等教育出版社，2010：86-121.

⊙ 思考与练习

一、简答题

1.《3—6岁儿童学习与发展指南》中数学领域的目标是什么？

2. 数学过程性能力具体包括什么？

二、论述题

1. 学前儿童数学教育活动的目标有哪些？请展开论述。
2. 学前儿童数学教育活动内容选择的原则有哪些？
3. 请论述培养学前儿童数学过程性能力的重要性。

第三单元 学前儿童数学教育的途径和方法

导 言

迎着晨间的阳光,孩子们陆续入园了,涵涵来到活动室门口,先找到自己组的签到本,看了看墙上的日历,然后在自己的签到表上找到3月2日,签上自己的姓名,跟老师问好之后就自然地进入了数学区,快速加入了硕硕和州州的相邻数格子棋游戏:"硕硕,今天我一定要赢了你!"之后就迅速地转动转盘,目不转睛地盯着珠子停在了数字6上,赶紧说:"我要走6步,我还可以继续走到7和9共同的相邻数……"

幼儿园的一日生活就这样开启了,数学学习也就这样在不知不觉间发生了。学前儿童的数学教育到底有哪些途径和方法?如何设计各种类型的数学教育活动支持学前儿童的学习和发展?优质的数学玩教具是什么样子的?

学习目标

1. 理解学前儿童数学教育的途径和特征,以及学前儿童数学教育的方法。
2. 能运用所学知识设计不同类型的学前儿童数学教育活动。
3. 掌握优质学前儿童数学玩教具的特征。

思维导图

学前儿童数学教育的途径和方法
- 学前儿童数学教育的途径
  - 数学集体教学活动
  - 数学区角活动
  - 生活中的数学活动
  - 家庭数学活动
- 学前儿童数学教育的方法
  - 操作法
  - 游戏法
  - 讨论法
  - 启发法
- 学前儿童数学玩教具
  - 数学玩教具的重要性
  - 优质数学玩教具的特征
  - 优质数学玩教具举例

第一节 学前儿童数学教育的途径

一、数学集体教学活动

（一）概述

数学集体教学活动是指教师有目的、有计划地组织全体学前儿童，通过学前儿童参与活动，初步掌握数概念并发展儿童思维的一种专项数学活动。[1] 这是我国幼儿园常见的重要的教学活动组织形式，它能围绕教学目标，在短时间内向全体学前儿童传授系统的数学知识和信息，培养学前儿童的数学兴趣、数学思维和数学能力，让学前儿童学习掌握教师预设的系统性的知识技能，养成良好的数学学习习惯，具有效率高和系统性强的优势，还可以学习倾听和表达，遵守集体活动规则，对于做好入学准备具有积极的意义。[2]

（二）设计与组织

1. 制定活动目标

活动目标是集体教学活动的灵魂和统帅，是通过集体教学活动过程要完成的教学任务或者是要预期达成的结果。它既是教育活动的方向，又引导教育活动的设计，还是教育活动的评价依据。活动目标一般分为三个维度：

（1）认知目标：就是在本次活动中应该掌握的知识或学习的内容，立足于让学前儿童"学会"。

（2）能力目标：在活动中学前儿童提升的数学能力、解决问题的能力及其他发

---

[1] 黄瑾. 学前儿童数学教育与活动指导 [M]. 3版. 上海：华东师范大学出版社，2014：59.
[2] 刘焱. 幼儿园游戏与指导 [M]. 北京：高等教育出版社，2012：201-202.

展能力等，与认知目标相辅相成。

（3）情感目标：是学前儿童对活动的内心体验和心理反应，如情绪、体验、态度等，立足于让学前儿童"乐学"。

这三个维度的活动目标[1]是一体的，它们相互依赖、相互促进，是不可分割的有机整体。

如何制定活动目标：

（1）必须依据《指南》、数学核心经验，基于学前儿童的年龄特点、生活经验、数学学习特点和规律，并综合把握数学学科的逻辑体系与特点。

（2）活动目标的难易程度要恰当，与施教学前儿童的能力相匹配，符合大部分学前儿童的最近发展区，既有一定的挑战性，又通过努力可以做到。

（3）活动目标的制定要具体，不能大而空，即在本次活动中能够具体实现的，不能是数学领域普遍存在的泛泛的目标。

如何表述活动目标：

活动目标描述的是学前儿童的学习行为而不是教师的教育行为，所以目标表述的主体应该是学前儿童，从学前儿童学习发展的角度提出，可以运用以下词语，如学习、学会、能、认识、理解、了解、懂得、区分、感受、尝试、体会、体验、发现、探讨、喜欢、乐于、敢于、欣赏、愿意、养成等。

2. 选择活动内容

陶行知先生曾说过"生活即教育"，《指南》要求学习内容要贴近幼儿的生活和经验，让幼儿初步感知数学的有用和有趣。《纲要》明确指出，要让幼儿能从生活和游戏中体验到数学的重要和有趣，引导幼儿对环境中关于数学的现象产生兴趣，并学习用数学方法解决某些问题。因此，教师在选择教育内容时，要尽量贴近学前儿童的生活经验和兴趣；或者为学前儿童创设贴近生活的情境；或者将抽象的数学问题融入学前儿童真实的生活情境中去，鼓励引导学前儿童通过已有经验去解决问题，这样学前儿童建构起来的数学知识才是有效的。同时活动内容又要有助于拓展学前儿童的经验和视野，利于学前儿童的长远发展。

3. 设计活动过程

活动过程是活动设计的主体部分，主要体现活动目标的实施过程和步骤，首先需要架构主要的教学环节。对于一节优质的数学集体活动，如果说活动目标定位是方向，那么环节设计就是实现活动目标的载体。它就像一张行进中的路线图，如果

---

[1] 参照 https://www.docin.com/p-2085533688.html。

环节设计合理自然，就能在教师的教和学前儿童的学之间架设一座桥梁，顺利地推动学前儿童在活动中的学习发展，轻松完成活动目标。

数学集体教学活动主要包括开始、基本、结束三个部分。

开始部分也叫导入环节，它的主要任务是集中学前儿童的注意力，引发学前儿童对将要开始的数学集体教学活动的兴趣。俗话说：好的开端是成功的一半。这个环节虽然用时较短，约占整个活动的1/6，也不是主体环节，但其作用却是至关重要的。常用的导入方式有儿歌导入法、谜语导入法、故事导入法、游戏导入法、回忆导入法、直接导入法、悬念导入法等。教师只有站在学前儿童的角度，立足于学前儿童的年龄特点和已有经验，结合教学内容和活动目标，才能设计出妙趣横生且富有创意的导入方式，迅速吸引学前儿童的目光，使其全身心地投入活动中。

基本部分是集体教学活动的主体部分。在这一部分，教师引导学前儿童主动学习，积极探索操作，帮助学前儿童理解和掌握一定的知识和技能，实现活动目标；可以综合运用讲解演示法、操作法、游戏法、讨论法、启发法、比较法等多种教学方法，巧妙构思组织形式，围绕活动目标循序渐进地开展活动，用时约占整个活动的2/3。

结束部分是集体教学活动的归纳整理环节，教师可以总结本次活动中学前儿童的学习情况；也可以提出生活中的延伸问题及要求；或者请学前儿童展示自己或小组的作品，分享经验；或者采用自然结束的方式直接结束活动等，可以根据活动内容的不同选择不同的结束方式，用时约占整个活动的1/6。

在设计活动过程时要尽量做到：环节架构详略得当，重点突出；环节推进层次分明，思路清晰；环节衔接自然流畅，过渡无痕。

4. 数学集体教学活动的写作格式

（1）活动名称：活动名称要简洁明了，能概括活动主题，富有童趣，尽量从学前儿童的视角表述，还要注明适合的年龄班。

（2）活动目标：以对全体学前儿童相关数学核心经验和发展水平的了解分析为依据，制定恰当、明确、合理的活动目标。

（3）活动准备：既包括学前儿童已有相关经验的准备，又包括活动所需场地、环境和材料的准备说明。

（4）活动过程：活动设计的环节说明，包括每个环节的主要任务、关键性的提问、标准的数学语言、教师小结等重要的内容。

（5）活动延伸：在区域活动、生活活动或家庭活动中进一步延伸拓展的活动内容。

5. 活动组织与实施

活动组织与实施直接决定教学成效，在活动组织与实施过程中，要注意以下几方面：

（1）灵活使用集体讲解演示讨论、小组合作、个别分享等不同的形式。对待不同个性、不同发展水平的学前儿童要使用不同的策略，不仅要关注与集体的互动，也要关注与个体的互动，让活动中的所有学前儿童都能在原有的水平上获得发展。

（2）运用数学语言及追问策略。数学语言是能体现或隐含一定的数学概念与知识，有助于学前儿童进行逻辑思考的语言。克里比若夫提出："学前教师所使用的与数学有关的数学语言，与儿童今后在学校里数学知识的增长有显著关系。"[1] 教师不仅自己要说数学语言，还要有意识地引导学前儿童也使用数学语言。在与学前儿童互动时，也要注意运用追问策略，以帮助学前儿童更深入地思考、更好地理解数学概念，促进学前儿童数学语言表达及数学思维能力的发展。

（3）多层次投放材料，以更好地支持不同发展水平的学前儿童，弥补数学集体教学活动中不容易顾及的学前儿童个别化的发展。

6. 活动评价与反思

活动评价与反思是集体教学活动结束后，教师针对目标达成、重点难点突破、幼儿参与活动情况、幼儿的发展水平分析、下一步的支持策略以及执教过程中的教育智慧、不足、改进建议等所做的反思或总结。波斯纳曾提出教师的成长公式："经验＋反思＝成长。"所以这是教师实现自我成长的重要途径，是专业教师必备的教育能力之一。

⊙案例 3-1：兑换游戏开始啦！（大班）[2]

活动目标：

（1）理解函数关系的意义，了解多种做标记的方式。

（2）能运用简单的函数关系进行兑换游戏。

（3）体验兑换游戏和买卖游戏的乐趣。

活动准备：

玩教具材料：不同印章数量的银行卡、1 元玩具钱币若干、水彩笔等。

环境创设：布置好的超市场景和银行场景，如图 3-1 所示。

---

[1] https://wenku.baidu.com/view/e422b468dc36a32d7375a417866fb84ae45cc3b7.html。

[2] 设计者：胡娟，保定市青年路幼儿园。

图 3-1　超市场景和银行场景

学前儿童的兴趣和前期经验：

(1) 从学前儿童日常谈论的话题中发现，他们对超市购物很感兴趣。

结合学前儿童的兴趣点，同时也为了鼓励学前儿童养成良好的生活习惯和学习习惯，提高他们主动学习、自主解决问题的能力，以及激发学前儿童参与益智区活动的兴趣，并立足于为学前儿童提供真实的生活体验，我班将游戏与生活情境相融合，开设了"获取小印章"—"去银行兑换钱币"—"去超市购物"等一系列活动，深受学前儿童喜爱。

每名学前儿童都有一张属于自己的银行卡（太阳卡或月亮卡），用于记录日常活动中自我评价的印章奖励。当学前儿童积攒了一定数量的小印章时，就定期开展去银行兑换钱币，并去超市购物的活动。学前儿童在日常生活中会绞尽脑汁想方设法获得小印章，期待着超市开放的那一天把自己喜欢的商品买回家。

(2) 学前儿童有实物兑换经验，对函数关系有初步的理解。

在银行兑换游戏之前，我们开展了糖果游戏，如图 3-2 所示，学前儿童也非常喜欢。游戏规则：2 个奶糖可以换取 1 个棒棒糖，学前儿童抓一把奶糖，尝试算出可以兑换几个棒棒糖。大部分学前儿童能很好地运用 2 个摆一份的策略，来换取相应数量的棒棒糖，而且知道多出来的 1 个不够换取。

游戏规则和玩法：2 个小印章可以兑换 1 元钱币，学前儿童用自己的方式算出

图3-2 糖果游戏

自己的小印章可以兑换多少元钱币，去银行兑换相应数量的钱币后，去超市购物。

活动过程：

一、介绍兑换规则

（1）出示印章和1元游戏钱币，向学前儿童介绍游戏规则：2个印章可以兑换1元钱币，如图3-3所示。

图3-3 兑换规则提示图

（2）请学前儿童思考要换1元钱币，需要几个印章？

（3）某某小朋友有4个印章，可以换几元钱币？

二、讨论不同的印章卡如何兑换钱币，尝试用多种方法做标记帮助正确兑换

（1）出示有7个规则排列的印章卡，如图3-4所示。

图3-4 规则排列印章卡

请学前儿童讨论如何兑换？多余的怎么办？并请学前儿童尝试。

学前儿童A："3个。"

学前儿童B："4个。"

教师："你来试一试好吗？"

学前儿童 A 先将 1 个钱币压在两个印章中间，又选了 2 个钱币分别压在另外 4 个印章中间。

学前儿童 C："不够 4 个。"

教师："那怎样才能够 4 个？"

学前儿童 C："再攒 1 个。"

教师："那 7 个印章到底能换几个钱币？"

学前儿童一致同意是 3 个，多出来的 1 个先留着。

（2）出示有 9 个不规则排列的印章卡，讨论如何兑换，如图 3-5 所示。

图 3-5 不规则排列印章卡

学前儿童 E："换 4 个。"

学前儿童 F："8 个。"

讨论为什么两个人数的不一样，到底谁的对？

学前儿童 F："这两个是 1 个，这两个是 1 个……"

教师："一共几个？"

学前儿童 F："忘了。"

教师："怎么才能不忘呢？"

学前儿童 G："我帮你记着。"

教师："怎么记？你来试试看。"

学前儿童 F 用中指和食指同时指着两个小印章，学前儿童 G 就数 1 个，再指两个就再数 1 个……但最终还是乱了，指过的和数过的不能完全对应。

教师："这个数过了吗？"（指着其中 1 个小印章）

学前儿童 A："数过了。"

学前儿童 G："好像没有吧。"

他们的眼睛又看向了老师。

教师："这样指来指去好像还是不能确定哪个数过了，哪个没有数过，还有什么其他的办法吗？"

孩子们沉默了一会儿，也没有想到更好的办法。

教师："我这里有一支笔，看看它能不能帮上忙呢？"

突然学前儿童C说:"可以打钩。"

学前儿童H紧随其后说:"打叉。"

学前儿童D:"我不会打钩。"

教师:"不会打钩,那还能怎么办?"

学前儿童C:"画一个圆圈。"(并用手比划着)

教师:"圈一个小印章够换吗?"

学前儿童C:"不够,把两个都圈上。"

教师:"这个办法挺好!你来给大家展示一下。"

学前儿童C很快就把小印章两个一组地圈好了,这样大家一数圆圈觉得简单多了。很明显是换4个钱币再剩下一个小印章。

激发学前儿童讨论其他不一样的做记号的方法。

教师:"谁还有其他不一样的方法?"

学前儿童B:"画三角形。"

学前儿童G:"画正方形。"

教师:"正方形能圈两个吗?"

学前儿童G马上反应过来说:"是长方形。"

学前儿童E:"画1个'8'形。"

学前儿童H:"爱心形。"

教师:"那我有一个问题,如果是小朋友玩游戏,需要两个人一组,而且一眼就能让别人看出来你们俩是一组,应该怎么办呢?"

几名学前儿童几乎是同时说出了:"手拉手。"

教师:"如果是小印章怎么表现手拉手呢?"

学前儿童I:"连上呗。"

教师:"咱们小朋友真是厉害,想了这么多做记号的办法!"

(3)请学前儿童取出自己的印章卡,用自己的方式做好记号,数好自己能兑换多少钱,如图3-6所示。

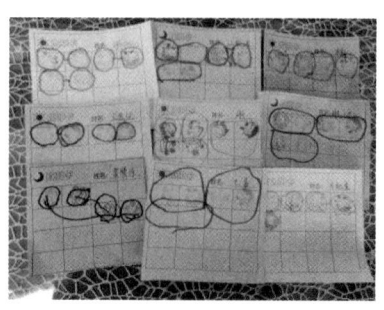

图3-6 幼儿做好记号的印章卡

三、去银行取钱，然后进入超市购物

学前儿童去银行取钱和购物的场景，如图3-7所示。

图3-7 学前儿童去银行取钱和购物的场景

以下是一组小朋友的游戏活动的记录：

镜头一：银行卡做记号，数好能换多少钱。

媽媽把银行卡上的小印章2个一组画上圈，画了5组，还剩下1个没有画。

为了激发媽媽的数学语言表达能力，我帮其将相关经验表达出来。

教师："媽媽，你有几个小印章呢？"

她一一点数后回答："11个。"

教师："你有11个小印章，那你能换几块钱呢？"

她一组一组点数后回答："5块。"

教师："还剩几个小印章啊？"

她回答："还剩1个。"

教师："还剩1个小印章能换吗？"

她摇摇头说："不能。"

镜头二：银行兑换钱币。

媽媽拿着银行卡来到了小银行，银行职员优优接过银行卡，在做好标记的印章上面一组一组打钩，然后一组一组点数："1、2、3、4、5。"刚要拿钱，愣了一下，又点数了一遍印章，然后拿起钱币一个一个数，数了5个钱币给媽媽。

优优还很认真地说："这样行吧！"又很热情地用手指向超市的方向，望了望超市的售货员，看媽媽拿着钱和卡去超市了，赶紧招呼："马×弛（幼儿姓名）！"（意思是赶紧接待顾客）

镜头三：超市购物。

超市的售货员（马×弛）热情地问："你要哪个糖啊？"

媽媽指了指棒棒糖："要这个。"同时拿出3块钱给了售货员。

她看了看手里:"猴子的行吗?"

妈妈说:"行。"就买了糖给了售货员2块钱。

为了提高妈妈的元认知能力,我即刻通过语言帮助其回顾梳理刚才的购物经验。

教师:"妈妈,采访你一下,你买了几块糖啊?"

妈妈:"两块。"

教师:"你买的什么糖啊?"

妈妈:"1个奶糖,1个棒棒糖。"

教师:"棒棒糖多少钱?"

妈妈:"3块。"

教师:"奶糖呢?"

妈妈:"两块。"

教师:"一共花了几块钱啊?"

妈妈想了几秒钟说:"5块。"

活动评价与反思:

1. 活动特点

(1) 游戏性强,把抽象的数学问题融入学前儿童实际的生活情境中,适合学前儿童的水平,贴切学前儿童的生活经验,让学前儿童感受到数学在生活中的有用和有趣,深受学前儿童喜爱。

(2) 体现了数学、语言、社会等多领域相融合的理念,在游戏中学前儿童可以发展多方面的能力。

(3) 真实体现了学前儿童游戏与学习的过程。

(4) 实现了区域互联。在超市里提供的多样化的商品,如图书、玩具、手工作品等,来自益智区、图书区、美工区等,角色区的学前儿童也会根据需要来超市里逛逛或购物。

2. 对学前儿童学习发展的价值

(1) 学前儿童积累了数运算的感性经验,为数运算能力的发展做了铺垫。函数是两个集合按照一定的规则联系起来的一种特殊关系。在这个过程中,学前儿童理解了简单的函数关系,并能在模拟的现实生活中正确运用函数关系来兑换钱币和购物,积累了大量数运算的经验。

(2) 学前儿童能很好地发展点数能力和计数能力。有些学前儿童处在"不可断数链"水平,有些处在"可断数链"水平,不管是哪一种水平,都能不同程度地发展点数能力和计数能力。

(3) 学前儿童不仅学会了以自己的方式做标记,还学习了更多其他同伴的标记方式。

（4）学前儿童发展了语言表达能力及与同伴和教师的交往能力。

（5）学前儿童对社会不同职业角色（超市售货员、银行职员、顾客）有了更深入的了解。

3. 反思教师的支持行为

（1）当学前儿童对同一问题出现不同的声音时，教师能紧紧抓住教育契机，通过语言和行为为学前儿童搭建鹰架支持，激发学前儿童深入思考，探索更好的解决办法。

（2）为学前儿童的同伴学习提供了支持。在探索做记号的环节，教师激发学前儿童打开了思路，想出了不一样的做记号的方式，孩子在做记号的过程中，不仅运用了自己想到的方式，还用了同伴的方式。如江×诺小朋友运用了"8"字形、连线、圆圈3种方式做了标记。

（3）为提高学前儿童的元认知能力提供了语言支持。如嫣嫣在兑换游戏中和购物后，教师都很及时地帮其回顾梳理了刚才的经验。

（4）给学前儿童自主游戏提供的相关经验支持不够丰富。

4. 可能生成的教育契机

（1）如何获得更多的小印章？

（2）如何做购物计划和购物清单？

（3）超市里的商品是如何分类摆放的？

5. 进一步的支持策略

根据学前儿童在活动中的不同水平和表现，应给学前儿童提供不同的支持策略。

（1）水平一：不能正确进行兑换。不理解两个印章换一个钱币的意义，或者理解兑换的意义，但能正确说出小数量的兑换，如4以内。

支持策略：

① 提供更多实物兑换游戏，如继续玩糖果游戏。

② 提供单个印章卡片和一元钱币，方便学前儿童操作，可以两个摆一组，再把一元钱币一一对应，最后数钱币的数量。

③ 提供小数量的印章兑换游戏。

（2）水平二：通过做记号的方式能正确兑换10以内的印章。10以内的印章数量，需要借助做标记的方式，如两个一组圈好后，通过点数正确得出兑换几个钱币。

支持策略：

① 继续玩糖果游戏等实物兑换游戏。

② 多次进行10以内的规则排列或不规则排列的印章兑换游戏。

③ 建议其尝试扮演银行职员和售货员的角色。

④ 建议家长在生活中给学前儿童提供更多真实的购买机会，如超市、便利店等，积累简单的真实钱币购买经验。

（3）水平三：不用做记号就能正确兑换 10 以内的印章。说出 10 以内的任何一个印章数量，就能正确算出可以兑换几个钱币。对于 10 个以上的数量，需要借助做记号的方式才能正确算出兑换几个钱币。

支持策略：

① 增加印章的数量到 15，让其进行兑换游戏。

② 变换兑换的规则，以增加难度，如 3 个小印章才可以兑换 1 个钱币。

③ 玩反函数游戏，如糖果游戏或银行兑换游戏还可以这样玩：

我想要两个棒棒糖，需要用几个奶糖换呢？

我想要买一个 3 元钱的手工作品，需要积攒多少个小印章呢？

④ 若能胜任银行职员和售货员的角色，建议多扮演银行职员和售货员。

数学集体教学活动虽然是我国数学教育的重要形式之一，但是其具有一定的局限性：教师在固定的时间内，组织全体学前儿童按同样的速度学习同样的数学内容，难以顾及学前儿童的个别差异和发展水平。即便如上述集体活动中，教师一定程度上提供了难易不同的材料，给予了学前儿童不同层次的支持，但是由于学前儿童数量较多，教师还是不容易关注到每一名学前儿童的实际学习效果的。因此，我们还需要关注其他的数学教育形式。

二、数学区角活动

（一）概述

数学区角活动是幼儿园的基本活动形式之一，是丰富学前儿童的数学经验、发展学前儿童的数学思维能力的重要途径，对学前儿童的数学学习具有不可替代的作用，可以很好地弥补数学集体教学活动的不足和局限性，更能体现学前儿童自由、自主、个性化的发展，具有低结构化、多层次性的特点。

（二）组织与实施

1. 区角计划与区角记录

在进行数学区角活动前，可以请学前儿童自己制订区角计划。一般中大班的学前儿童可以围绕"今天你想要玩哪个游戏材料？和谁一起玩？怎么玩？"等问题展开，可以在便贴纸上简单画下来，同时写上日期和姓名等。小班的学前儿童可以说一说或者直接插"进区卡"。

在数学区角活动中，根据活动材料的不同，有时学前儿童也需要做记录，如大班在数学角进行测量活动时，学前儿童需要对测量结果做记录，教师可以根据需要为学前儿童提供测量记录表。

在数学区角活动结束后，学前儿童可以自己做区角记录，以回顾和总结刚刚发生的学习和问题等。中大班学前儿童可以围绕以下问题做简单记录：今天你和谁一起玩的？玩的什么游戏或什么材料？发现了什么？遇到了什么困难或者问题？是怎么解决的？如果还没有解决，需要大家帮助吗？学前儿童在做区角记录的过程中自然地梳理回顾了今天的活动过程，有利于学前儿童总结经验提升能力，也有利于其表征能力和书写能力的提升。同时，学前儿童的区角记录还能以海报的形式或表格的形式展示在区角的环境里，如图3-8所示。

图3-8 区角记录

2. 游戏材料投放

数学区角活动中的游戏材料对学前儿童的数学学习有至关重要的作用。《指南》指出：要充分理解和尊重幼儿发展进程中的个别差异，支持和引导他们从原有水平向更高水平发展，按照自身的速度和方式到达《指南》所呈现的发展"阶梯"。区角活动是最能实现学前儿童自由自主发展的活动形式，教师能给予学前儿童最好的支持就是投放适合不同水平学前儿童的游戏材料，让班级里的每名学前儿童都能选择自己感兴趣的，愿意去探索、去游戏的材料，进而使每一名学前儿童都能在原有水平上有所提高。

首先，数学区角活动的游戏材料投放要结合数学核心经验、学前儿童的年龄特点及本班孩子近期的兴趣点。例如，点数是小班数学核心经验中重要的一部分，学前儿童能用手逐一指点5以内的数量的物体，同时有顺序地逐个说出数词，使说出的每一个数词与手点的每一个物体一一对应,并最后说出总数。① 因此,实践中我们利用"格子游戏"来促进小班学前儿童手口一致点数的能力和基数概念的形成。例如,孩子掷骰子,掷了几就在格子上走几步。这一游戏看似简单,实则是帮助学前儿童利用格子将物体和连串的数词链一一对应起来。又如,中班的学前儿童需要获得 10 以内集合数量比较方面的经验。在教育实践中,我们观察发现学前儿童非常喜欢用积木搭高楼,结合小班学前儿童喜欢独立游戏或平行游戏的特点,就可以为学前儿童设计并投放"数字高楼"的游戏材料,数字 5 上面要插 5 块积木,数字 10 上面要插 10 块积木,学前儿童在视觉上就能看出来 10 块积木比 5 块积木高,从而慢慢获得"数词越靠后,量越大"这一概念,进而慢慢可以发展到运用数数进行集合的数量比较,如图 3-9 所示。

图 3-9 数字高楼

其次,要分层次投放游戏材料。我们投放的游戏材料既要有横向的层次性,又要有纵向的层次性,即在同一时期既要满足不同水平学前儿童的发展需要,又要随着活动的推进、学前儿童的深入探究及水平的提高,游戏材料由简单到复杂,或者增加更多的辅助材料,以支持学前儿童更多样、更深入的探究和更高水平的游戏。

七巧板是大家熟知的经典益智玩具,可以帮助学前儿童识别图形和组合图形,感知和发现图形之间的关系,能有效地促进学前儿童图形空间等多方面的能力发展,如视觉图像与空间推理的能力,这是非常重要的数学能力,不仅可以发展学前儿童的数理逻辑能力,还能发展其高度创造性的艺术能力。在数学区角活动中可以根据学前儿童的发展水平分层次提供游戏材料,按学前儿童的学习轨迹给不同能力的学前儿童提供不同难度的参考图,或者进行数学区角活动时请学前儿童根据自己的能力水平选择适合自己的参考图,因为学前儿童是最了解自己的。教师应让每名学前儿童都能在自己的最近发展区找到适合自己的游戏材料。

---

① 陈杰琦,黄瑾.i 思考 数学核心经验资源包:教师用书[M].南京:南京师范大学出版社,2013:15.

根据学前儿童的发展水平可以提供以下层次的参考图,如图 3-10~图 3-15 所示。

图 3-10 有轮廓线和全部分割线的参考图 　　**图 3-11 1∶1 等比例同位或异位匹配参考图**

图 3-12 有轮廓线和部分分割线的参考图 　　**图 3-13 正面只有轮廓线,背面有关键性的 1~2 条分割线的参考图**

上述提供的七巧板材料,是由易到难的层次,不同水平的学前儿童可以自主选择。

最后,充分体现游戏材料的游戏化、生活化和挑战性。《指南》指出"要珍视游戏和生活的独特价值",数学区角活动也要尽可能关注游戏中的学习价值,让游戏中的数学学习看得见。这就需要教师为学前儿童提供生活化、游戏性强的游戏材料,支持学前儿童在数学区角活动中的数学学习。

图 3-14　只有轮廓线的参考图 　　　　图 3-15　缩小版的只有轮廓线的参考图

游戏材料不仅要适合学前儿童的最近发展区，还要具有挑战性。这样才能吸引学前儿童更好地游戏，更深入地探索，在与材料的游戏互动中其才能不断获得进一步的发展。

结合年龄特点，含有竞赛性质的规则游戏非常适合大班学前儿童。规则游戏虽然有明确的大家都要遵守的规则，但是由于游戏在输赢上具有不确定性，学前儿童也会积极思考和探索赢得游戏的策略，恰好能实现教师提供游戏材料隐藏的教育目标，从而有效促进学前儿童的数学学习。例如，为了帮助学前儿童获得图形与空间中视角与图形的核心经验，理解从不同的角度看物体，它的形状是不同的，同时能用算式表示生活中遇到的数量变化和加减问题，教师与学前儿童一起设计了"鹰眼小神探"的游戏，如图 3-16 所示。

图 3-16　"鹰眼小神探"游戏及实物对比

把从正面、侧面、背面、俯视、仰视等不同角度拍摄的班级中的物品的照片拼成游戏版（彩色和黑白两种难度），再把每种物品的正面照片做成一张游戏牌（贴在扑克牌上，可以由学前儿童完成制作）。三名学前儿童一起游戏，两名学前儿童比赛，一名学前儿童做裁判。用沙漏计时 1 分钟，看谁以最快的速度在游戏版中找到游戏牌上物体的 3 张照片，每找到 1 张就用侦探标记盖在游戏版中对应的照片上，

3个都找到或沙子漏完后结束。裁判带大家共同检查照片的对错，找对一个即可给兑换一个侦探环，兑换完成后裁判在记录表上用数字记录数量。两轮或三轮游戏之后，计算每名学前儿童所得侦探环的个数，多者为赢家，并比较"××比××多几个"或"××比××少几个"。

这个游戏深受学前儿童喜爱，既有挑战的难度，又能获得成功的喜悦，即使是裁判也能体验到自己的价值，游戏材料与孩子的生活紧密结合，促使学前儿童更加细致地观察周围环境中的物品。有时三名学前儿童在遇到意见不一致时，还会从班级中把实物取过来，大家一起选好角度观察对比，通过讨论最终找到正确的答案。

3. 教师的观察与指导

数学区角活动虽然是学前儿童自由、自主、积极、主动的活动，但教师的观察与指导也起着至关重要的作用。教师不仅可以了解学前儿童的发展水平、不同学前儿童与游戏材料的互动情况，还可以在学前儿童需要帮助的情况下及时给予个性化的支持和引导。教师要把握介入时机、合理介入、有效指导。首先教师要保证学前儿童有充分的探索空间，不要急于介入指导，在学前儿童出现语言、动作、眼神等寻求帮助的信号时，或者在活动过程中始终停滞不前、遇到无法解决的问题时，教师可以游戏者、合作者或游戏材料提供者等身份介入，启发学前儿童思考，引导学前儿童继续深入学习、操作、探索、游戏。

教师应进行有计划、有目的的数学区角观察，可以在一段时间内选择一组游戏材料观察不同的学前儿童，也可以选择追踪观察某个学前儿童。教师选好观察对象后，为了更好地了解学前儿童、分析学前儿童、反思自己的支持行为，在数学区角活动时间，可以在观察指导的同时用录像的方式将学前儿童游戏的全过程拍摄下来，再做集中整理、剪辑分析，提取关键性的信息和镜头。如果教师只是用笔或照片的形式记录，则可能会遗漏很多重要的信息，通过实践发现拍摄录像的方式明显优于其他方式。例如，案例"看似简单的加法运算"，就是通过这种方式捕捉到了许多精彩的瞬间，清晰地看到了学前儿童在数运算方面的发展过程，以及教师的跟进指导。

⊙案例3-2：看似简单的加法运算

我在数学活动区角中观察甜甜玩蛇棋游戏，当3个骰子掷出"6""+""3"时，她先伸出6个手指，然后伸出3个手指，之后一一点数了全部手指："1、2、3……9，我走9步。"

我觉得她这样计算速度很慢，但她正处于数运算发展的初级阶段，我到底该给她怎样的支持呢？下一步如何指导才能让她提高一个水平呢？学前儿童数运算的发展轨迹是怎样的？带着这样的疑问我查阅了很多资料，如《儿童数概念的发展与指导》《学前儿童数学学习与发展核心经验》等，原来我们成人看似简单的加法运算，学前儿童学起来是那么的不易，其要经过那么多的阶段，一点一点、一步一步才能达到我们成人脱口而出计算结果的程度。我对学前儿童数运算的发展轨迹终于有了清楚的认识，对学前儿童的指导策略也有了相应的了解。

　　根据甜甜的表现，我分析出她正处于借助手指运用"全部数"的策略阶段，即先用手指表征出两个加数，然后再从1开始把所有手指点数一遍，得出结果。鉴于她的发展水平，我需要给她鹰架更高层次的计算策略，于是我抓住机会和她一起玩蛇棋游戏，并放慢速度刻意展示我运用"接着数"的运算策略，如当我掷出"5" "＋" "4"时，我就夸张地伸出5个手指，再伸出4个手指，然后轻轻地说："这是5个，我就不用数啦，接着往后数6、7、8、9，我走9步。"她疑惑地看了看我，我即刻说："要不你来检查一遍？"她就又用"全部数"的策略一一数了数，然后惊讶地说："真的是9啊！"接着她又学着我的样子伸出5和4，瞅了瞅5没有出声，又看向4个手指，说："6、7、8、9。"她开心地说："我也会了！"她真的很快就学会了这个更简单、更便捷的方法。我本来是抱着试试看的心态，没想到她这么快就学会了，原本还想如果她前期积累不够，达不到这个水平，她就还会在原来的水平运用原来的方法，然后我再继续多次示范运用"接着数"的策略。没想到她在日常生活中和其他游戏中却更多地运用了这个方法。

　　过了一些日子，当我发现她再次遇到"6" "＋" "3"时，她就不再借助于手指，也不再点数所有手指，而是眼睛向上翻着，眼珠子骨碌骨碌转了几下，思考了五六秒钟，嘴巴小声嘟囔着："7、8、9"，然后大声说："等于9。"我问她："你是怎么算出来的等于9？"她回答说："我自己想象出来的。"为了有效提高她的元认知能力，我立刻帮她梳理了刚才的运算过程："哦，你是不是脑子里先想着6，然后加3，就往后数3个数——7、8、9。"她听完使劲点了点头："嗯嗯"，并惊奇地问："你是怎么知道的？"我骄傲地说："因为我了解你啊，而且我认真观察你啦！"

　　很明显这次她运用了"接着数"的运算策略。她不再全部数，而是把其中的一个数"6"作为给定的条件，"＋3"就再往后接着数了3个数"7、8、9"，大大加快了运算速度，这表明她发展到了运用数词进行加法运算的水平。她的数数能力、表征能力和对数概念的理解都进入了更高的发展水平。

　　她接下来还会向更高层次发展，学会更便捷的通过心算运用数的组合或口诀的策略进行运算。但要达到这样高的水平，还需要一个过程，需要积累大量经验。例如，当遇到"6＋5"时，她可能会伸出10个手指，其中6个在一起，4个在一起，然后再向玩伴借一个手指，得出11。经过多次运用逐渐地就会在头脑中形成因为"6＋4＝10"，所以"6＋5＝6＋4＋1＝11"。这一过程就帮她建构了运用数的不同分解组合方式进行运算的策略。又如，对于两个加数相同的运算，"3＋3＝6"或"4＋4＝8"就会运用口诀的策略。

看似简单的加法运算，对于孩子来说实则难上加难，鉴于此我还需要继续学习学前儿童的学习路径，进一步思考更适合她的方法，以便在她的成长中需要我的时候，能给予她最好的支持。甜甜的发展刺激了我的学习，是她让我有机会仔细观察、了解学前儿童数运算的发展轨迹。

三、生活中的数学活动

（一）概述

生活中的数学活动指学前儿童在园一日生活中除数学集体教学活动和数学区角活动以外的所有生活环节的数学活动，如入园、盥洗、如厕、进餐、饮水、户外、午睡、午点、离园等生活环节。

约翰·杜威（John Dewey）提出的"教育即生活"理论，强调了生活在教育中的独特价值。《指南》指出"初步感知生活中数学的有用和有趣"。在生活中学习数学是学前儿童数学学习的特点，从解决生活中的实际问题出发，不断积累数学经验，逐渐获得相应的数学知识和数学能力，是学前儿童数学学习的重要途径。

幼儿园的一日生活蕴含着丰富的数学教育契机，若能及时捕捉并充分利用，实现学前儿童数学教育与一日生活的融合，就能有效促进学前儿童的数学学习，丰富学前儿童的数学经验，提升学前儿童的数学能力。

（二）生活中渗透

幼儿园应将数学学习的内容渗透于学前儿童的一日生活中，挖掘学前儿童生活中的数学学习价值。其实，在学前儿童的生活中处处都有数学，在生活中当学前儿童遇到困难的时候，教师要抓住生活中的问题，通过有效的提问方式，促使学前儿童主动思考，生成数学问题，在解决问题的过程中，积累数学感性经验，深刻体会数学在生活中的用途，并为学前儿童逐渐将生活问题抽象到数学知识打下坚实的基础。

1. 教师要有渗透的意识

由于受到传统教育观念的影响，幼儿园普遍存在重教学活动，轻生活环节的问题，[①]

[①] 贾叶红. 让生活环节成为离孩子最近的课程——浅谈幼儿园生活环节的实施策略［J］. 贵州教育，2020（23）：24－25.

教师们过多注意专门的数学集体教学活动或数学区角活动，而日常生活中利用生活进行数学教育，或者在生活中进行数学教育的活动比较薄弱，教师的渗透意识不强。要想在一日生活中很好地实施数学教育，需要教师有极强的渗透意识，如从一个环节过渡到下一个环节时，可以跟孩子们说一下时间；进餐的时候，可以请值日生分碗筷；跳绳的时候，可以让两队数一数谁多谁少等。

到底如何才能让教师有渗透的意识呢？最重要的就是在教师的头脑中，能牢固掌握数学的核心概念。一旦你理解了核心概念，你就会注意到幼儿园里到处都有数学，并能在教学中充分利用这一点。[①] 只有教师头脑中有了学前儿童要学习的数学概念，才能在碰到合适的机会时将该数学概念渗透进去。例如，恰逢金秋时节，如果教师头脑中有关于模式的核心经验，就可以和学前儿童一起来到落叶满地的户外，请学前儿童自主制作模式树叶王冠，如图 3-17 所示。学前儿童就能在快乐地捡树叶制作树叶王冠的过程中，丰富模式创造的相关经验。教师可以引导学前儿童运用树叶的大中小、上下方向、颜色、种类等不同属性特征，创造出各种各样的模式，如"ABABAB"模式、"AABAABAAB"模式、"AABBAABBAABB"模式及"ABCABCABC"模式；还可以引导学前儿童用数学语言与老师和小伙伴分享自己是按什么模式制作树叶王冠的，不仅使其感知了模式的重复性、预测性和无限性，还与生活和大自然完美地融合在一起。

图 3-17　模式树叶王冠

[①] 美国埃里克森儿童发展研究生院. 幼儿数学核心概念 [M]. 南京：南京师范大学出版社，2018：6.

2. 渗透时要自然

渗透不是强加，渗透应该跟原有生活情境或者环节有机联系，讲究自然渗透。例如，《幼儿园工作规程》指出要保证幼儿每天有两小时的户外运动时间，在幼儿的一日生活中占有很大的比重，所以充分挖掘户外活动中的数学教育，意义非凡，价值深远。教师要用数学思维解决户外活动中存在的问题，挖掘其中的教育价值；但是不能因为渗透数学学习内容，就忽略学前儿童的运动量；可以在保持学前儿童户外活动运动量、游戏性和自主性的前提下，自然地渗透数学学习内容，同时促进学前儿童的合作精神和学习品质。

大班学前儿童户外活动前可以进行温度测量播报的活动，如图3-18所示。学前儿童按值日组分组合作，每天观察、记录、测量不同位置的温度，如活动室、卧室、阳台、室外、楼道等，每天有一名"小小温度播报员"汇集和整理大家的记录，在户外活动前向大家播报最高温度和最低温度，并建议大家穿什么样的衣服。在这样的过程中，学前儿童不仅了解了数字的用途，学会了看温度计，学会了用二维柱状图做记录，比较了不同位置的气温，了解了室内外的温差变化，还学会了试着选择合适的衣服，更好地照顾自己。长期坚持这样的活动，学前儿童还能通过图表整理和绘制气温变化的曲线图，持续关注与自己的生活息息相关的天气冷暖变化，充分体会到数学在生活中的有用和有趣。

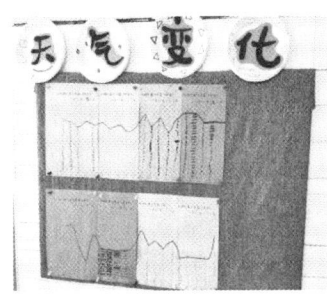

图 3-18 温度测量播报活动记录

在集体活动"森林家居店"中，学前儿童学习了"一步长"的概念，了解了鸵鸟太太用"一步长"来测量地毯的长和宽，从而确定地毯的大小的方法。学前儿童很自然地就将这些内容迁移到生活中，用自己的"一步长"去测量活动室里各个区域的长和宽。但区域空间狭小，不足以承载学前儿童用"一步长"来测量的意愿。为了解决这一问题，孩子们讨论后想出了户外活动时去测量操场的方法，测量操场的长和宽分别有多少步；又想出了用长棒、跳绳、竹竿等作为计量单位测量并做记录，如图3-19所示。这样就很自然地将数学测量的内容融入了户外活动中。

图 3-19 测量操场的长

教师要善于观察并抓住生活中随机的教育契机，根据学前儿童发展水平的不同，运用不同的指导策略，根据学前儿童的反应进行适宜的情境性指导，使每名学前儿童都能在原有发展水平和已有经验上有所提升。

⊙ 案例 3-3：小小签到桌

在班级门口常设签到桌，如图 3-20 所示，桌上摆放活动日历供学前儿童查阅和拼摆，按组别投放签到表，方便学前儿童快速找到自己那一页，然后在相应的日期做记录，按学前儿童的年龄水平采用不同的记录方式，如小班学前儿童可以用印章印姓名，中班学前儿童可用彩笔画标记，大班学前儿童可以书写自己的姓名。所有的符号记录都表示某月某日某某小朋友来园了。学前儿童可以周或月为单位进行总结，统计自己本周或本月一共来园多少天，缺勤多少天，班级里有多少位全勤的学前儿童，一周"全勤宝宝"或本月"全勤小明星"都有谁，可以结合日常生活给予"全勤宝宝"光荣称号、上墙奖励或给学前儿童贴画、奖状、小礼品等奖励。

图 3-20 小小签到桌

案例评析：这一渗透性的活动可以有效发展学前儿童关于时间的核心经验，长期坚持的话，学前儿童不仅能很好地认识日历，了解星期和月，还能对昨天、今天、明天有更明确的认识；此外，也能积累有关数序的感性经验，利于学前儿童理解和掌握数序；同时其能提高学前儿童的数据统计能力，以及养成做记录的良好习惯，积累书写经验，为学前儿童做每日计划、合理安排时间打下坚实的基础。每日晨间来园的签到活动是生活中很好的数学教育渗透活动，学前儿童在真实的生活中能感受、理解抽象的时间，尤其能反复循环感受星期的概念，积累感性经验。此活动可以很自然地与原有活动相融合，学前儿童自主的晨间签到活动可以和原有的以教师为主的集体点名时间很自然地融合，学前儿童自主统计来园天数、缺勤天数、确定"全勤宝宝"人员等可以与原有的以教师为主的记录每周、每月的"全勤宝宝"总结活动实现自然融合。

> **小贴士**
>
> **自取葡萄干**
>
> 在日常生活中我们要为学前儿童提供机会，使其运用已有的数学经验尝试解决生活中的问题。陈鹤琴提出"凡是儿童自己能够做的，应当让他自己做"。例如，今天的加餐是葡萄干，教师请学前儿童自取10个葡萄干，有的学前儿童取一个数一个："1、2、3……10"；有的学前儿童两个两个地取，边取边数："2、4、6、8、10"；有的学前儿童默不出声，先取3个，再取2个，又取3个，最后取2个；还有的学前儿童先取5个，再取5个，然后说："5和5合起来就是10。"当学前儿童发现盘子里还有很多葡萄干再次来取时，彤彤和旁边的瑶瑶说："这次我们换一种方式取吧"，于是她们俩就选择了和上一次不一样的取法。原来学前儿童自己也在尝试运用不止一种解决问题的办法。

四、家庭数学活动

（一）概述

家庭数学活动是指家长和学前儿童在所处的家庭或生活环境中一起进行的数学活动。家庭是学前儿童获得数学知识经验的重要场所，是学前儿童最自然的数学学习环境，是学前儿童获得数学能力发展的重要途径。家长是学前儿童的第一任老师，家长良好的教育理念能为学前儿童的数学学习提供有力的支持。家长若能引导学前儿童发现生活中的数学，并运用数学解决生活中的问题，时常陪伴学前儿童阅读数学绘本，进行数学亲子游戏，必然能激发学前儿童对数学的兴趣，使其感受到数学的有用和有趣，并保有持续的学习动力，促进学前儿童数学学习稳步发展。

（二）具体途径

1. 日常生活渗透

家庭中的数学教育更多的是随意而自然，家庭日常生活中渗透式的数学教育是最贴切学前儿童生活的，效果也是非常好的，是学前儿童获得数学经验的重要途径。家长要善于发现并抓住生活中无处不在的数学元素，与学前儿童一起探讨、体会和解决生活中的数学问题，让学前儿童真切感受数学在生活中的有用和有趣，使其在解决问题的过程中轻松自然地获得数学能力的发展。

生活中最简单、最容易渗透的数学就是数数，如数楼梯、数玩具、数车辆、数大树等，可以一个一个地数、两个两个地数，五个五个地数，甚至十个十个地数，只要家长用心，随时都能和学前儿童一起数一数，从唱数到一个一个点数，再到群数，能很好地促进学前儿童数感的形成与发展。

对学前儿童来说，在实际生活中运用数学解决问题，是他们学习数学的最有效的途径。因此，家长在生活中遇到运算的问题时，可以请学前儿童来帮忙，尤其是购物时有关钱币的运算，是中大班学前儿童练习数运算的极佳方式。家长带着学前儿童购物时，可以给学前儿童一定的钱币，让其自主购买。

家长可以和学前儿童一起寻找生活中的数学。例如，寻找生活中的数字或相邻数：钟表上的数字、红绿灯的数字、电话号码、身份证号、电梯上的数字、楼号等，慢慢让学前儿童感知基数、序数等概念，如图3-21所示。又如，寻找生活中的图形，让学前儿童感知、理解图形跟物体功用之间的关系，如车轮是圆的，因为要滚动；房屋顶是三角形的，因为稳固、雨水好下流等。

2. 数学绘本亲子阅读

数学绘本亲子阅读是家庭中促进学前儿童数学学习、丰富学前儿童数学经验的重要途径和方法。数学绘本是把抽象的数学知识以图画的形式表现出来，其中的故事、情境、图片都与学前儿童的实际生活经验融合在一起，是从学前儿童的视角出发设计、绘制的，里面蕴含的数学知识、数学概念及数学问题也是基础的、常见的、

图 3-21　生活中的相邻数

易于学前儿童理解的，容易引起学前儿童对数学的兴趣，帮助学前儿童理解抽象的数学知识，丰富学前儿童的数学经验，促进学前儿童数学认知能力、思维能力的发展。因便于家长操作、学前儿童喜欢、效果显著，数学绘本亲子阅读在家庭中实施的可行性较高。

在数学绘本亲子阅读过程中，家长良好的亲子互动水平和阅读指导策略尤为重要。家长尽量以激发数学绘本阅读兴趣和培养其良好的阅读习惯为主，运用合理的数学语言，帮助学前儿童理解蕴含在绘本中的数学核心经验。例如，经典的绘本《数字在哪里》可以帮助学前儿童理解数字在日常生活中的用途；《数数看》可以很好地帮助学前儿童练习数数；《金老爷买钟》能帮助学前儿童理解时间，使其懂得珍惜时间；《一寸虫》可以作为测量的启蒙绘本；等等。

3. 数学亲子游戏

数学亲子游戏是促进学前儿童数学学习与发展的重要途径。它是将数学知识融入亲子游戏中，在轻松愉悦的家庭环境中进行的活动，能真正实现"玩中学"数学。

数学知识隐含在数学亲子游戏中，容易引起学前儿童的兴趣，学前儿童在与家庭成员开心的游戏中，不知不觉就习得了数学知识技能，积累了数学经验，能轻松避免家庭中数学教育枯燥无趣的现象。例如，大家熟悉的扑克牌游戏就是很好的数学亲子游戏，深受学前儿童喜爱，百玩不厌。扑克牌游戏除了传统的玩法，还可以拓展更多适合学前儿童的玩法，如比大小游戏、分类游戏、相邻数扑克牌游戏、扑克牌大战等（本章第三节有具体玩法）。拼图、积木、蛇棋游戏、纸牌游戏（如水果牌）等都可以作为数学亲子游戏丰富学前的数学经验。

⊙ 案例 3-4：创意游戏之大战新冠病毒[①]

"大战新冠病毒"

设计意图：

在新冠病毒疫情期间，为了给居家的学前儿童们提供好玩又有意义的亲子游戏，结合学前儿童喜欢竞争的特点，采用竞赛的游戏形式，鼓励他们争当小能手，于是设计了"大战新冠病毒"亲子游戏。这个游戏既能帮助学前儿童了解新冠病毒的外形特点，用画笔表现出来，又能在游戏中逐渐提高学前儿童10以内的数运算能力，还能使其体会到获得"大战新冠病毒小能手"的成就感。

游戏价值：

（1）练习10以内数的分解与组成、加法运算及快速反应能力。

（2）熟悉竞赛游戏的规则并能遵守规则游戏。

（3）体验大战新冠病毒的快乐，并能正确对待游戏的输赢。

适用年龄： 5~6岁。

游戏准备：

（1）亲子一起制作新冠病毒数字卡2~10，注射器数字卡1~4。

（2）长棒人手一个，骰子1个，瓜子或雪花片等用于游戏奖励的小物品20个。

游戏过程：

（1）先将新冠病毒数字卡随机摆成一圈，选择一张注射器数字卡摆在中间，猜拳或协商决定谁先开始，轮流掷骰子。

（2）掷出骰子后，将骰子上的数字和中间注射器数字卡上的数字相加，计算出得数，并用长棒拍打相应数字的新冠病毒数字卡，如骰子掷出5，中间注射器数字卡上的数字是4，则用长棒抢拍数字是9的新冠病毒数字卡，最先抢拍正确的玩家赢得一个游戏奖励，如图3-22所示。

（3）亲子共同检查，如果抢拍错误，则停止抢拍一次或送给其他玩家每人一个游戏奖励。

（4）最先获得10个游戏奖励的一方胜出，荣获"大战新冠病毒小能手"光荣称号。

游戏建议：

（1）游戏时可以根据学前儿童的能力水平选择合适的数量，或者从小数量的玩起，逐渐增加。

（2）家长要酌情照顾学前儿童的水平，让其有输有赢，保持游戏的兴趣，能稳

[①] 胡娟．创意游戏之大战新冠病毒［J］．幼儿教师（儿童大世界），2020（4）：22.

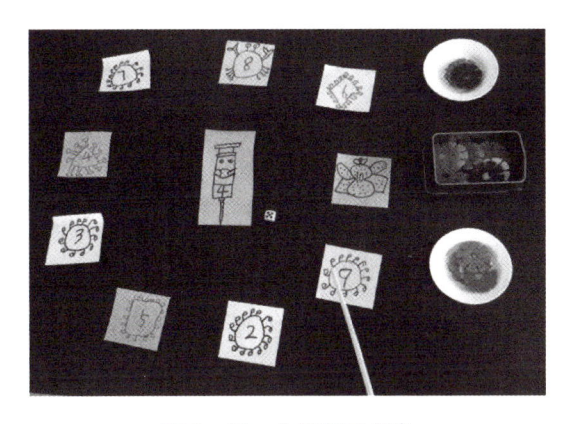

图 3-22 大战新冠病毒

中求进，逐渐熟练 10 以内的数运算。

（3）和学前儿童一起讨论为什么赢了（输了），积累经验，以积极的心态开始下一轮游戏，争取获得"大战新冠病毒小能手"光荣称号。

第二节 学前儿童数学教育的方法

一、操作法

操作法是学前儿童通过亲自动手操作直观教具，在摆弄物体的过程中进行探索，从而获得数学经验、知识和技能的一种学习方法。[1]

按组织形式，操作法分为集体操作、小组操作和个人操作。按操作的性质，操作法分为示范性操作、验证性操作、探索性操作、发散性操作[2]。

---

[1] 林嘉绥，李丹玲. 学前儿童数学教育 [M]. 2 版. 北京：北京师范大学出版社，2014：55.
[2] 黄瑾. 学前儿童数学教育与活动指导 [M]. 3 版. 上海：华东师范大学出版社，2014：73.

运用操作法时要注意以下几点：第一，要尽量多为学前儿童创造操作的条件和机会。只有保证了学前儿童操作的机会，学前儿童才可能去实实在在地操作和探索，当然这里的机会是指尽可能为全体学前儿童提供大量的、公平的机会，保证每名学前儿童都能有机会操作和参与；第二，要保证学前儿童有充足的操作时间，真正有益于学前儿童的操作应该是让学前儿童充分尝试、探究，保证其在操作过程中获得一些实质的提高和进步，而非走马观花式的操作；第三，要及时发现学前儿童操作中的问题及需求，引导学前儿童探索并提供帮助；第四，提供系列化的操作材料，最好是一系列的有难易层次的材料，供学前儿童自选。

⊙案例3-5：制作穿衣镜

学前儿童在进行了一系列的自然测量活动之后，都不同程度地积累了测量的生活经验。为了学前儿童进一步深入学习测量的核心经验，某班级结合绘本《森林家居店》的情境，开展了学前儿童亲自动手制作穿衣镜的活动。

首先引入情境：森林里新开了电话订购的家居店，蛇小姐打来电话："喂，老板您好！我要订一面简洁穿衣镜，高一个身长。"然后结合情境展开讨论"一个身长"的含义。最后请学前儿童分组合作，帮助店老板按顾客的要求完成穿衣镜的制作。每组都提供了以下材料：金色和银色亮面即时贴，蛇小姐、店老板、小朋友的一个身长图卡，水彩笔，剪刀，等等。各组学前儿童通过思考、协商、分工，开始动手制作，有的以蛇小姐的一个身长为标准，有的以店老板的一个身长为标准，还有一名学前儿童竟然自己趴在亮面即时贴上，要以自己的身长为标准做镜子，教师就为学前儿童提供大卷的即时贴，协助这组学前儿童制作了以蕾蕾小朋友的身长为标准的镜子，如图3-23所示。最后结合各组学前儿童的作品进行了分享讨论分析。

图3-23 学前儿童以自己的身长制作穿衣镜

案例评析： 这个案例很好地利用了操作法，属于小组操作和探索性操作。这种操作法不是仅停留在阅读绘本层面，而是结合绘本为学前儿童创设任务情境，提供丰富的操作材料和充足的探索时间，让学前儿童在操作中探索学习。在学前儿童操作时教师及时发现蕾蕾趴在即时贴上，要以自己的身长为标准制作穿衣镜，教师敏锐地捕捉到了学前儿童的需求，及时提供支持，协助学前儿童完成了制作。

二、游戏法

游戏法是根据学前儿童好动的天性、具体形象的思维特点，将抽象的数学知识寓于学前儿童感兴趣的游戏中，让学前儿童在自由自在、无拘无束的各种游戏活动中学习数学的一种方法。它既是学前儿童数学学习的途径，也是数学教育的方法。

游戏法可以分为操作性数学游戏、情节性数学游戏、竞赛性数学游戏、运动性数学游戏、运用各种感官的数学游戏、数学智力游戏。[①]

运用游戏法时要注意：第一，游戏设计要以数学核心经验为基础，结合学前儿童的年龄特点，游戏规则不宜太复杂，应尽量贴近学前儿童的生活经验；第二，游戏种类的选择要根据学前儿童的发展水平而决定，如情节性数学游戏适合年龄较小的学前儿童，竞赛性数学游戏适合于中大班学前儿童，操作性数学游戏则适合所有年龄的学前儿童。

⊙案例3-6：点卡找朋友

学前儿童学习和感知数的分解与组成时，可以玩"点卡找朋友"的游戏，如图3-24所示。学前儿童用便笺纸制作小数字的点卡，从中任选一张开展游戏。教师播放音乐《找朋友》，出示规则排列或不规则排列的大数字的点卡，学前儿童去找朋友，可以是两个，也可以是多个，只要大家手里的点卡的数字合起来是教师出示的点卡的数字，就抱在一起，表示找到朋友。例如，教师出示"6"的点卡，手中点卡是"1""3"和"2"的学前儿童就可以抱在一起。音乐停止，教师和学前儿童一起检查对错，正确的学前儿童就在本次游戏中胜出。下次游戏时再换不同的点卡，鼓励学前儿童去找不同的朋友。游戏可以反复多次进行。

案例评析： 这个案例运用了游戏法，属于教学游戏，是把数学核心经验数的分解和组成融入经典的音乐游戏"找朋友"中，学前儿童在玩游戏的过程中不知不觉就运用了数学知识和经验，符合在游戏中学习的教育理念。

---

① 黄瑾. 学前儿童数学教育与活动指导 [M]. 3版. 上海：华东师范大学出版社，2014：75-76.

图 3-24 点卡找朋友

三、讨论法

讨论法是学前儿童在教师的引导下为解决某个问题而进行探讨、辨明是非真伪以获取知识的方法。其优点在于能更好地发挥学前儿童的主动性、积极性,有利于培养学前儿童的独立思维能力、口头表达能力,促进学前儿童灵活地运用已有经验。[1]

(1) 随机性讨论:在学前儿童数学活动中有很多随机的教育机会,教师要把握好讨论的时机,利用这些机会,给予学前儿童充分的讨论时间,引导其讨论。师幼之间或同伴间的讨论,能充分拓展学前儿童的思路,丰富学前儿童的数学经验。

(2) 有计划的讨论:教师也可以针对某一问题,尤其是在学前儿童操作过程中出现的问题,组织学前儿童开展有计划、有目的的讨论,以帮助学前儿童分析、梳理、归纳相关数学知识。

⊙案例 3-7:鞋子大分类

孩子们在进行鞋子大分类的活动时,把一脚蹬的鞋子分到了一类,而在分鞋带和粘扣的鞋子时遇到了一个问题:其中几个小朋友的鞋子既有鞋带,又有粘扣,有的学前儿童把它放到有粘扣的鞋子的圈里,有的学前儿童放到有鞋带的鞋子的圈里,那么这些既有粘扣又有鞋带的鞋子到底应该怎么分呢?孩子们展开了讨论。

有的学前儿童说:"因为它们有鞋带,所以应该分到有鞋带的鞋子的圈里。"

---

[1] 百度百科:https://baike.baidu.com/item/%E8%AE%A8%E8%AE%BA%E6%B3%95/9909011?fr=aladdin.

有的学前儿童说:"它们有粘扣,应该分到有粘扣的鞋子的圈里。"

有的学前儿童说:"再单独放一个圈,把它们分到另外一个圈里。"

还有学前儿童说:"那不行,它既有鞋带,又有粘扣,应该分到两个圈里。"

其中一个鞋子的小主人立刻反对:"那不行,怎么能分到两个圈里呢,又不能把我的鞋子剪开。"

迪迪说:"我们可以这样把粘扣打开,再卷起来,塞进去。"她的意思是这样就能把粘扣藏起来。

小江说:"藏起来它还是有粘扣,你说的没道理!"

教师:"我们不能把鞋子剪开,那有什么更好的办法,能让这些鞋子既在有粘扣的鞋子的圈里,又在有鞋带的鞋子的圈里呢?"

泉泉突然说:"把这两个圈叠起来。"于是他把这两个圈推向了重合,虽然都在这两个圈里了,但是所有的鞋子都合到了一起,如图 3-25 所示。

图 3-25 鞋子分类

"都到了一起啦,那这些有鞋带的鞋子和有粘扣的鞋子该怎么办啊?"小江小朋友又提出了新的问题。

孩子们陷入了思考,都沉默了。

教师看着孩子们冥思苦想的表情,提示道:"叠到两个圈里了,我们怎么样合理地把它们再分开?"

涵涵边演示边说道:"这样把这个圈放到一半,这些(有鞋带的鞋子)在这边,这些(有粘扣的鞋子)在这边,这些(鞋带和粘扣都有的鞋子)在中间一点点,这样不就分成三类了吗?",如图 3-26 所示。

图 3-26 鞋子分类

这样分好以后,大家都满意了。

最后教师小结:"这个圈里全部是有粘扣的鞋子,这个圈里全部是有鞋带的鞋子,这两个圈交叉的部分,是这些既有粘扣又有鞋带的鞋子,表示它既属于粘扣鞋子这一类,也属于鞋带鞋子这一类。"

案例评析:在学前儿童遇到既有粘扣又有鞋带的鞋子的分类方法不一致时,教师及时捕捉问题为学前儿童提供自由讨论的空间,在学前儿童充分发表见解又没有合理正确的意见时,教师及时启发引导学前儿童并提出问题"我们不能把鞋子剪开,那有什么更好的办法,能让这些鞋子既在有粘扣的鞋子的圈里,又在有鞋带的鞋子的圈里呢?"推进学前儿童继续思考,打开思路,继续讨论。在小江小朋友提出新的问题,孩子们陷入思考沉默不言时,教师在关键时刻又提出问题"叠到两个圈里了,我们怎么样合理地把它们再分开?"促使学前儿童想出合理的办法,最终解决问题。这个案例很好地运用了随机性讨论法。

⊙问题思考:

你觉得与儿童进行数学讨论有什么价值?怎样才能更有效果地讨论?

四、启发法

启发法也称为启发探索法,是教师在教学过程中,依靠学前儿童已有的数学知识和经验启发他们探索并获得新的知识的方法。[①] 这是学前儿童数学教学中常用的

---

① 林嘉绥,李丹玲. 学前儿童数学教育 [M]. 3 版. 北京:北京师范大学出版社,2014:66.

一种方法,可以开拓学前儿童的思维,促进学前儿童积极思考并独立探索以获得新经验。

启发法主要是通过教师提出具有启发性的问题进行的,其能引起学前儿童的兴趣,促进学前儿童积极探索。因此,提问很关键。教师要善于提问,提的问题要能引导学前儿童的思路和探索的方向,针对不同学前儿童的发展水平,要提出不同难度的问题。追问也是数学教学中非常重要的提问方式,其能促进学前儿童更深入的思考,用更准确的数学语言进行表达。启发法与操作法和讨论法结合运用效果更好。

⊙案例3-8:操场有多长

在上次测量活动中学前儿童提出想要测量操场有多长,教师先请学前儿童讨论。

教师:"我们要测量操场有多长,可以选择什么样的测量工具呢?"

学前儿童:小木棒、步子、小方块、曲别针、一寸虫、绳子、长条积木、可乐罐、竹竿、长棒、尺子、跳绳……

教师:"操场那么大、那么长,我们选择什么样的测量工具合适呢?"

学前儿童:把曲别针连起来。

教师:操场那么大,那我们得需要多少个曲别针呢,怎么才能数得清呢?

学前儿童:我们可以把5个串成一串,然后5个5个地数。

教师:"一会儿我们可以试一试哦!谁还有不一样的想法?"

学前儿童:"两个长棒。"

学前儿童:"一根跳绳。"

……

教师:"如果我们测量这本书的长,你会选择小木棒还是长棒呢?"

学前儿童:"当然是小木棒。"

教师:"那如果测量操场,是长一些的测量工具合适还是短小的合适呢?"

大部分学前儿童同意是长一些的。

之后教师请学前儿童自由组合,并选择小组认为合适的测量工具,带到操场进行自然测量。一部分学前儿童选择了用长棒、跳绳、长条积木、竹竿、步子进行测量,个别学前儿童选择了可乐罐,如图3-27所示。

学前儿童在测量过程中发现:用可乐罐测量操场太慢了,测着测着就数不清了,用长棒和跳绳等长的物品测量起来更容易,还是选择长一些的测量工具更合适。

案例评析:在这个案例中教师以提问的方式展开讨论,启发学前儿童思考选择什么样的测量工具测量操场合适,当学前儿童说把曲别针连起来时,教师运用了追问的策略促使学前儿童思考"操场那么大,那我们得用多少个曲别针呢,怎么才能

图 3-27 用跳绳和可乐罐测量操场的长

数得清呢?"讨论之后又支持学前儿童去亲自探索,通过探索让学前儿童自己发现问题,寻找解决办法。

除此以外,学前儿童数学教育的方法还有比较法、发现法、寻找法等,"教学有法而无定法",在实际教学过程中,教师要根据活动目标、活动内容和学前儿童的年龄特点选择合适的教学方法,而且各种方法要有机融合、综合运用,充分发挥每一种教学方法的特点与优势,更好地激发学前儿童学习数学的热情与兴趣,共同促进学前儿童深度学习,提升学前儿童数学教育的质量。

第三节 学前儿童数学玩教具

一、数学玩教具的重要性

学前儿童是通过直接感知、实际操作和亲身体验来学习的。《指南》明确指出应"最大限度地支持和满足幼儿通过直接感知、实际操作和亲身体验获取经验的需要"。皮亚杰提出儿童必须在对客观物体的实际操作中发展数学的概念。[1] 学前儿童

---

[1] https://wenku.baidu.com/view/5f7fb2887c1cfad6185fa710.html.

的思维特点决定了操作材料能更好地帮助其理解数学核心经验。"中国幼教之父"陈鹤琴指出玩具和游戏"都是儿童的第二生命"[①],玩具能使学前儿童的视觉、听觉、嗅觉、味觉、触觉等种种的机能,以及智力和身体得有发展之机会。陈鹤琴非常重视玩具,认为玩具比玩更重要。玩具在学前儿童教育中占有非常重要的地位,玩具之于学前儿童正如教科书之于中小学生,是幼儿园里不可缺少的。[②]

数学玩教具不仅可以满足学前儿童身心发展的需求,还可以引导学前儿童的数学学习,激发学前儿童的学习兴趣,同时能帮助学前儿童更好地理解数学核心经验,数学玩教具对学前儿童的学习和发展非常重要。

二、优质数学玩教具的特征

优质数学玩教具的特征如下:

1. 安全性

安全是优质数学玩教具的基本特征,无论是材质还是做工,优质数学玩教具都要无毒无害,保证学前儿童在操作使用过程中不会受到伤害。

2. 游戏性

"游戏是幼儿的生活,玩具是幼儿的伴侣"[③],优质的数学玩教具要能引起学前儿童的兴趣,符合学前儿童游戏的需要,且玩法多样,灵活多变,为"活玩具"。

3. 教育性

优质数学玩教具要蕴含数学核心经验等学前儿童发展目标,能帮助学前儿童积累数学经验,促进学前儿童数学思维、数学能力等方面的发展。

4. 科学性

优质数学玩教具要适合学前儿童年龄特征和身心发展的需要,每一个阶段的学前儿童对玩教具的需求和兴趣会有所不同,玩教具要符合学前儿童的最近发展区。

5. 探究性

优质数学玩教具要尽量低结构化,能支持学前儿童探索学习,并能最大限度地启发学前儿童思考,激发学前儿童的想象力和创造力。

[①] 陈鹤琴. 儿童玩具 [J]. 儿童福利通讯,1948(14):2.
[②] 何洁. 陈鹤琴儿童玩具思想研究 [D]. 南京师范大学,2015:75-76.
[③] 陈鹤琴. 陈鹤琴教育思想读本:儿童游戏与玩具 [M]. 陈秀云,柯小卫,选编. 南京:南京师范大学出版社,2013:7.

6. 生活化

优质数学玩教具要与学前儿童的生活经验紧密结合，要来源于生活，有生活情境，或者能解决生活中的问题。

7. 社会性

学前儿童随着年龄的增长，会从独立游戏发展到喜欢和同伴共同游戏，大班学前儿童逐渐有了竞赛的意识，具有合作性或竞赛性的玩教具能更好地促进学前儿童社会性的发展。

8. 操作性

优质数学玩教具要利于学前儿童操作，能支持学前儿童在亲自动手操作的过程中学习，能通过外部操作将数学知识、经验、技能内化，构建自己的数学知识结构。

9. 整合性

优质数学玩教具不只局限于数学领域，可以和健康、语言、社会、艺术等其他领域融合，整合各领域的核心经验，支持学前儿童多方面学习和发展的需要。

10. 多层次性

优质数学玩教具在设计或材料提供方面，难易程度可以供不同发展水平的学前儿童根据自己的能力水平自由选择。

三、优质数学玩教具举例

⊙ 案例3-9：数字高楼（小中班）

"数字高楼"

游戏目标：

（1）练习10以内的按数取物。

（2）用直接比较的方法判断两个物体的高矮。

（3）在比较的基础上将3~4个物体按高矮的差异进行排序。

游戏准备：

（1）数字1~10随机分散贴在底板上。

（2）大颗粒积木若干。

游戏过程：

（1）一名或两名学前儿童游戏。先随意认读底板上的数字，根据读取的数字取出相应数量的大颗粒积木，搭成数字高楼。

（2）随意选择两栋高楼比高矮，并用数学语言表达出：哪个高，高多少？

(3) 任选 3~4 栋高楼按高矮排序，如图 3-28 所示。

图 3-28　数字高楼

案例评析：数量集合比较对于学前儿童来说是比较抽象的，到底 5 大还是 9 大？如果让学前儿童运用数数来判断的话，学前儿童必须首先知道 5 的基数、9 的基数，还要知道数词的位置与集合大小之间的关系。这个玩具的好处就是利用积木的不同高度，把抽象的数量之间的大小变得可视化：学前儿童一看就知道数词越大、位置越靠后，数字高楼越高。这个玩具还可以让学前儿童按照其量的差异特征进行排序。

⊙ 案例 3-10：水果牌（中大班）

游戏目标：

(1) 练习 5 以内数的分解与组成及加法运算。

(2) 熟悉卡牌的游戏规则并能遵守。

(3) 体验竞赛游戏的快乐，并能正确对待输赢。

游戏准备：

(1) 水果牌若干张（一共四种水果，如草莓、香蕉、梅子、柠檬，每种水果的数量都是 1~5，每张牌是不同水果的任意组合）。

(2) 印章卡、印章。

游戏过程：

(1) 一名学前儿童洗牌，牌面朝下放在桌面上，铃铛放在中间，猜拳或协商决定谁先摸牌出牌，然后开始轮流摸牌，每人 10 张。

(2) 学前儿童轮流出牌，将牌放在自己前面，当桌面上相同水果数量相加达到 5（教师可以根据学前儿童发展水平调整和的数量）即可抢拍按铃，最先拍铃的学前儿童即可赢得桌面上所有的牌。其他学前儿童检查，如果抢拍错误，则惩罚送给其他玩家每人一张牌。

(3) 根据学前儿童的游戏水平，再次出牌时可以选择压住第一轮的牌，或者挨着散放在自己前面。

"水果牌1"

"水果牌2"

(4) 手中没有牌的学前儿童退出游戏，为输家；手中牌最多的学前儿童为赢家，奖励在印章卡上印一个印章，如图3-29所示。

图3-29 水果牌

案例评析：这个案例有两点可取之处：第一，将数的分解与组成及运算蕴含到卡牌的竞赛游戏中，多名学前儿童共同游戏，利于学前儿童社会性的发展，游戏性强，趣味性高。第二，和的数量可以根据学前儿童的发展水平进行随意调整，游戏的难度较好调整。

⊙案例3-11：老虎扑克牌（大班）

游戏目标：

(1) 练习10以内数的分解与组成及加法运算。

(2) 熟悉卡牌的游戏规则并能遵守。

(3) 体验竞赛游戏的快乐，并能正确对待输赢。

游戏准备：老虎扑克牌、印章卡、印章、数字卡（5~10）。

游戏过程：

(1) 两到三名学前儿童游戏。一名学前儿童洗牌，把所有牌正面朝下放在中央，协商玩的数量，如果是8（6~10中的任何一个数字），就把相应的数字卡8摆在中间。

(2) 猜拳或协商决定谁先翻牌，开始轮流翻牌，当有两张或两张以上翻开的牌上的数字相加等于8，第一位发现并且抢拍按铃（或数字卡8）的学前儿童赢走这几张牌。其他学前儿童检查，如果抢拍错误，则停止抢拍一次或送给其他玩家每人一张牌。

(3) 如果翻出老虎牌（只吃水果蔬菜或者只吃小动物），自己（或对方）手中对应的水果蔬菜牌或小动物牌会被老虎吃掉，被吃掉的牌当作弃牌放在一旁。

(4) 游戏结束，谁手中的牌最多为赢家，奖励在印章卡上印一个印章，如图3-30所示。

图 3-30 老虎扑克牌

案例评析：这个游戏是在普通扑克牌的基础上加入老虎牌，丰富了情境趣味性，增加了悬念。学前儿童在游戏中能运用数的分解与组合及运算经验，体验数学在生活、游戏中的有用和有趣，游戏性强。另外，此游戏也能根据学前儿童的发展水平随意调整数字难度。

⊙案例 3-12：相邻数格子棋（中大班）

游戏目标：

认识 20 以内的相邻数。

游戏准备：

（1）游戏转盘 1 个，玩家代表物：动物棋子 4 个。

（2）自制相邻数游戏棋盘一个。

（3）20 以内数序提示卡。

"相邻数格子棋"

游戏过程：

（1）可以 2~4 名学前儿童共同游戏。每人选择一个动物棋子作为自己走棋的代表物，协商或猜拳决定谁最先转游戏转盘走棋。

（2）转动游戏转盘，当小珠子停在对应数字几的格子，就在游戏棋盘上走几步棋，从 1 开始，向 20 的方向走棋，并按棋盘上规定的游戏规则走棋：

数字 3 的格子对应的规则是"走到 5 的相邻数，挨着 7"，那么当棋子正好停在这一格时，就可以再走到 6；

数字 6 的格子对应的规则是"走到 7 和 9 共同的相邻数"，那么当棋子正好停在这一格时，就可以再走到 8；

数字 9 的格子对应的规则是"走到 11 的相邻数"，那么当棋子正好停在这一格时，就可以选择走到 10 或者 12；

数字 12 的格子对应的规则是"走到 16 的相邻数"，那么当棋子正好停在这一格时，就可以选择走到 15 或者 17；

数字 16 的格子对应的规则是"走到 19 的相邻数"，那么当棋子正好停在这一格时，就可以选择走到 18 或者 20。

最先到达终点的学前儿童为赢家，奖励在印章卡上扣一个印章或者赢得下次先转游戏转盘走棋的机会，如图 3-31 所示。

图 3-31 相邻数格子棋

案例评析：这个案例是把相邻数的核心经验融入格子棋游戏中，最大的特点是转盘的设计运用，以及棋盘中不同的走棋规则。例如，棋子正好停在 6 时就可以"走到 7 和 9 共同的相邻数"，学前儿童就需要思考 7 和 9 共同的相邻数是 8；棋子正好停在 12 时就可以"走到 16 的相邻数"，学前儿童就会想 16 的相邻数是 15 或者 17，游戏策略较高的学前儿童还会想到 17 离终点 20 更近，能更快赢，所以会选择走到 17。这样的走棋规则促使学前儿童在游戏中运用相邻数的经验，以及赢得游戏的策略，增加了游戏的不确定性，同时极大地增强了游戏的趣味性。

⊙ 案例 3-13：鹰眼小神探（大班）[①]

游戏目标：

（1）能分辨出从不同于自己的角度拍摄的同一物体的照片。

（2）能用算式表示生活中遇到的数量变化和加减问题。

游戏准备：

（1）从不同角度拍摄的若干物品的照片拼成的游戏版（彩色和黑白两种难度），每种物品的正面照片做成一张游戏牌（扑克牌大小）。

---

① 李娟，胡娟，李倩倩，等．一种用于空间方向学习的儿童教具：202020887900.3［P］．2020-11-06．

（2）沙漏1个、侦探标记6个（2种颜色，每种颜色3个）、侦探环若干（18个以上）。

（3）记录表若干张，裁判证一个。

游戏过程：

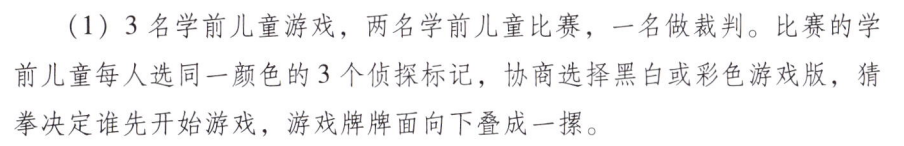

（1）3名学前儿童游戏，两名学前儿童比赛，一名做裁判。比赛的学前儿童每人选同一颜色的3个侦探标记，协商选择黑白或彩色游戏版，猜拳决定谁先开始游戏，游戏牌牌面向下叠成一摞。

（2）猜拳赢者先开始摸牌，同时裁判用沙漏计时1分钟，比赛者以最快的速度在游戏版中找寻游戏牌上物体的3张照片，每找到一张就用侦探标记盖在游戏版中对应的照片上，3个都找到后结束或沙子漏完后结束。裁判带大家共同检查照片的对错，找对一个即可兑换一个侦探环，兑换完成后裁判在记录表上用数字记录数量。

（3）两名学前儿童继续游戏，两轮或三轮之后，计算每名学前儿童所得侦探环的个数，多者为赢家，并比较"××比××多几个"或"××比××少几个"。

（4）根据游戏情况自主协商交换角色，如图3-32所示。

图3-32 鹰眼小神探

案例评析：这一案例是将数运算与视觉图像和空间推理相结合，选择幼儿生活环境中熟悉的物品，由于是多角度拍摄的照片，所以在游戏过程中遇到的照片既熟悉又具有挑战性，能很好地促进学前儿童观察能力的提升；有彩色和黑白两种难度的棋盘，适合不同发展水平的幼儿游戏，具有多层次性；裁判员的设定既可以保证游戏的公平、公正，又可以锻炼学前儿童在生活游戏中运用已有的数运算经验；协商互换角色能促进学前儿童社会性的发展以及数学全方位的发展。

⊙ 案例3-14：小侦探找图（大班）

游戏目标：

用算式表示生活中遇到的数量变化和加减问题。

游戏准备：

（1）一块拼图游戏版、侦探标记12个（四种颜色，每种颜色3个）、侦探环若干（36个以上）、线索牌若干、沙漏1个。

（2）记录表若干张。

游戏过程：

（1）2~4名学前儿童游戏。将拼图游戏版插好，每人分发3张线索牌，牌面向下放好不能看。每名学前儿童选同一颜色的3个侦探标记，猜拳或协商哪位学前儿童最先开始。

（2）最先开始的学前儿童翻开自己的一张线索牌，放在游戏版中央的展示区，沙漏也放在中央，开始计时1分钟。学前儿童以最快的速度在游戏版中找寻与线索牌上相同的3个图案，每找到一个就用侦探标记盖在游戏版中对应的图案上，3个都找到后结束或沙子漏完后结束。大家共同检查图案的对错，找对一个即可兑换一个侦探环，换取相应数量的侦探环，并在记录表上用数字记录数量。

（3）其他学前儿童轮流继续游戏，两轮或三轮之后，计算每名学前儿童所得侦探环的个数，最多者为赢家，或者排出名次，并比较"××比××多几个"或"××比××少几个"，如图3-33所示。

图3-33 小侦探找图

案例评析： 这个案例是将数运算与图形空间的核心经验相结合，融入桌面游戏中，同时对游戏过程用加法算式进行记录。在寻找图案的过程中，学前儿童不仅感受到可以利用二维的空间图形来表征和理解周围世界，还能感受一分钟有多长，不仅有趣还极其具有挑战性。

⊙案例3-15：小小魔术手（大班）

游戏目标：

能以自身为中心或以客体为中心区分左右方位。

游戏准备：

（1）用纸箱制作成的魔术剧场。

（2）左手和右手手势图片若干张，并根据难易程度分为一星和二星，背面标有文字"左手"或"右手"。

（3）裁判证一个，记录卡和贴画若干。

"小小魔术手"

游戏过程：

（1）3名学前儿童游戏，分别扮演表演者、猜测者和裁判的角色，玩的过程中可以协商互换。

（2）表演者在魔术剧场背面，选择一张手势图片，做出相应的手势，从魔术袋伸进去，请剧场正面的猜测者猜是左手还是右手，猜测者伸出自己的手与该手势比对，判断伸出的是左手还是右手，并说出答案。

（3）在魔术剧场侧面的裁判判定对错，可以参照手势图背面的答案，也可以和猜测者一起看表演者是哪只手。如果猜对了，就奖励猜测者一枚贴纸贴在记录卡上，如果猜错了，就奖励表演者一枚贴纸贴在记录卡上。

（4）游戏可多次进行，最后得到贴纸多的学前儿童为赢家，如图3-34所示。

图3-34 小小魔术手

案例评析： 这个案例是在魔术剧场中融入左右手型的区分、模仿、表演和猜测，学前儿童可以扮演表演者、猜测者或者裁判3种不同的角色，每种角色都能充分发挥学前儿童自身的潜能，游戏性和趣味性都很强；手势还设计了不同的星级难度，为不同发展水平的学前儿童都提供了很好的支持，帮助其获得左右方位的核心经验。

⊙案例3-16：兔子越野赛（大班）

游戏目标： 以自身为中心和以客体为中心区分前后左右。

游戏准备：

（1）18×18格子的围棋棋盘、两种颜色的兔子各4只、用于陷阱的套索方块

"兔子越野赛"

若干。

(2) 标有前后左右方位和步数（1~4）或陷阱的游戏牌24张。

(3) 裁判证一个、骰子一个。

游戏过程：

(1) 两名或3名学前儿童游戏，两名学前儿童对向而坐，裁判坐旁边。游戏者掷骰子决定谁先开始。

(2) 选一只兔子从起点（如图中红点处，从右往左、从下往上第4个格子处）开始，学前儿童轮流翻牌，按牌面上的方位和步数走兔子棋，如果翻到陷阱牌，就给对方的兔子设置陷阱，如果兔子正好落在陷阱上即被淘汰，需要再选一只兔子从起点开始，谁的兔子最先到达顶点得到胡萝卜谁为胜，如图3-35所示。

图3-35 兔子越野赛

案例评析：这个案例是把前后左右的空间方位融入兔子越野赛的格子棋中，符合大班学前儿童好胜的心理特点；游戏中还设计了陷阱牌，给对方的兔子设置陷阱，增强了游戏的趣味性、不确定性和刺激性。

⊙案例3-17：模式棋系列

"小兔回家——颜色模式棋"

（一）小兔回家——颜色模式棋（中班）

游戏目标：

根据核心单元创造有规律的模式。

游戏准备：

(1) 规格为8×9的棋盘（棋格大小与颜色卡和百变卡相匹配）。

(2) 颜色卡（红、蓝、粉）若干张，百变卡（黄色）若干张，核心单元为红、蓝、粉3种颜色不同组合的游戏牌6张。

(3) 小兔子玩偶和小兔子的"家"两套，小棒或吸管（两种颜色）若干，游戏币若干。

游戏过程：

（1）两名学前儿童游戏，先把颜色卡和百变卡间隔交替一一摆在棋盘上；在棋盘两条对角线格子里分别摆上两只小兔子和小兔子的"家"，小兔子处为出发点，可在其邻近的 3 个格子里分别放上颜色为红、蓝、粉的颜色卡或百变卡，以保证任何模式创造的需要，相应对角线方向的家为终点。

（2）学前儿童猜拳决定谁先开始，先开始游戏者抽取核心单元游戏牌，以确定小兔子回家的路线按什么规律走，如抽到"红－蓝－粉"的游戏牌，小兔子回家经过的路线必须遵循"红－蓝－粉－红－蓝－粉－红－蓝－粉"的规律，选择一种颜色的小棒或吸管开始为小兔子搭建回家的路线。

（3）两名学前儿童轮流对弈走棋，每人一步。在这个过程中，黄色卡是"百变卡"，学前儿童走到黄色卡时，可以根据模式的需要变成红、蓝、粉中任意一个颜色，并选取相应的颜色卡盖在上面，以保证路线的畅通。但是也不能无限制地使用百变卡，可以规定每局最多使用 5 次。

（4）最先到达终点的学前儿童为胜，并奖励游戏币，如图 3 – 36 所示。

图 3 – 36　小兔回家——颜色模式棋

（二）小兔回家——数字模式棋（大班）

游戏目标：

（1）根据核心单元创造有规律的模式。

（2）熟练 10 以内的加减法。

游戏准备：

（1）规格为 8×8 的棋盘（棋格大小与算式卡和百变卡相匹配）。

（2）算式卡（得数为 3、6 或 9 的 10 以内加减法）若干张、百变卡若干张、备用数字卡（3、6、9）若干张、核心单元为"3、6、9" 3 个数字不同组合的游戏牌 6 张。

（3）小兔子玩偶和小兔子的"家"两套、小棒或吸管（两种颜色）若干、游戏币若干。

"小兔回家——
数字模式棋"

游戏过程：

(1) 两名学前儿童游戏，先把算式卡和百变卡间隔交替一一摆在棋盘上；在棋盘两条对角线格子里分别摆上两只小兔子和小兔子的"家"，小兔子处为出发点，可在其邻近的3个格子里分别放上得数为"3、6、9"的算式卡或百变卡，以便保证任何模式创造的需要，相应对角线方向的家为终点。

(2) 学前儿童猜拳决定谁先开始，先开始游戏者抽取核心单元游戏牌，以确定小兔子回家的路线按什么规律走，如抽到"6-9-3"的游戏牌，小兔子回家经过的路线必须遵循"6-9-3-6-9-3-6-9-3"的规律，选择一种颜色的小棒或吸管开始为小兔子搭建回家的路线。

(3) 两名学前儿童轮流对弈走棋，每人一步。在这个过程中，黄色卡是"百变卡"，学前儿童走到黄色卡时，可以根据模式的需要变成"3、6、9"中任意一个数，并选取相应的备用数字卡盖在上面，以保证路线的畅通。但是也不能无限制地使用百变卡，可以规定每局最多使用5次。

(4) 最先到达终点的学前儿童为胜，并奖励游戏币，如图3-37所示。

图3-37 小兔回家——数字模式棋

案例评析： 这个案例是创设小兔回家的情境，融入模式复制和扩展的核心经验，设置了两种不同难度的路线，一种是以颜色排列为模式核心单元绘制路线，另一种是以数字排列为模式核心单元，并与数运算相结合，增加了游戏的难度和挑战性；加入了百变牌，给予了学前儿童更多的选择，同时也需要更多的游戏策略来支持，能充分调动学前儿童的积极性和灵活性。

⊙**问题思考：**

请尝试对你见过的某个数学玩具进行评价，这个玩具有哪些优点，还有哪些可以改进的地方？

单元回顾

⊙ 单元小结

本单元主要讨论了 3 个问题：

1. 学前儿童数学教育的途径。
2. 学前儿童数学教育的方法。
3. 学前儿童优质数学玩教具的特征及举例。

本单元阐述了学前儿童数学教育的途径：数学集体教学活动、数学区角活动、生活中的数学活动、家庭数学活动。数学集体教学活动从制定活动目标、选择活动内容、设计活动过程、数学集体教学活动的写作格式、活动组织与实施、活动评价与反思几方面展开论述；数学区角活动主要介绍了区角计划与区角记录、游戏材料投放和教师的观察与指导；生活中的数学活动结合幼儿园存在的问题提出：教师要有渗透的意识和渗透时要自然；家庭数学活动主要介绍了日常生活渗透、数学绘本亲子阅读和数学亲子游戏。

学前儿童数学教育的方法结合案例介绍了操作法、游戏法、讨论法和启发法在教学中的运用。最后阐述了学前儿童数学玩教具的重要性，以及优质数学玩教具的特征：安全性、游戏性、教育性、科学性、探究性、生活化、社会性、操作性、整合性、多层次性。

⊙ 拓展阅读

1. 张慧和，张俊. 幼儿园数学教育 [M]. 北京：人民教育出版社，2004：55 - 110.

2. 黄瑾. 学前儿童数学教育与活动指导 [M]. 3 版. 上海：华东师范大学出版社，2014：26 - 58.

3. 赵振国. 学前儿童数学教育与活动设计 [M]. 北京：北京大学出版社，2016.

4. 林嘉绥，李丹玲. 学前儿童数学教育 [M]. 3 版. 北京：北京师范大学出版社，2014.

⊙ 思考与练习

一、简答题

1. 简述学前儿童数学教育的途径和方法有哪些？

2. 简述优质数学玩教具的特征。

二、论述题

1. 结合所学内容设计一节数学集体教学活动案例。
2. 结合实际分析在生活中如何渗透数学教育。
3. 结合数学核心经验设计制作一件数学玩教具。

第四单元 学前儿童感知集合的发展与教育

导言

分食物时，学前儿童总是要大的；选择衣服时，有些学前儿童有自己特殊的颜色偏好；帮妈妈整理衣柜时，学前儿童会按照季节来分别放置衣物；跟成人去超市时，学前儿童会直奔零食区；整理积木区时，学前儿童会把相同形状的积木放在一起……这些都表明，学前儿童生活中蕴含着大量感知属性特征和分类的机会，学前儿童认识世界万物都是从此开始的。那么学前儿童感知集合的发展阶段有哪些呢？学前儿童感知集合的教育内容和方法又具体有哪些呢？

学习目标

1. 掌握学前儿童感知集合的发展。
2. 掌握学前儿童感知集合与分类的教育。

思维导图

学前儿童感知集合的发展与教育
- 学前儿童感知集合的发展
  - 集合的相关知识点
  - 学前儿童感知集合的意义
  - 学前儿童感知集合的发展特点
  - 学前儿童掌握分类概念的发展特点
- 学前儿童感知集合与分类的教育
  - 学前儿童集合与分类能力的发展要求
  - 学前儿童集合与分类能力的教育策略

第一节　学前儿童感知集合的发展

集合是现代数学的一个基本概念，虽然它很抽象，但研究结果表明，学前儿童数概念的发生开始于对集合的笼统感知，随着这种感知的加深和发展，学前儿童对数概念的理解逐步清晰，对数量关系的建立也提供了必要的基础。因此，集合概念的发展和教育是学前儿童数学教育的重要组成部分。[1]

一、集合的相关知识点

（一）集合的概念

把一组对象看成一个整体就形成一个集合。其中的每个对象叫作这个集合的元素。例如，我们可以把幼儿园看作是一个集合，其中所有的班级都是这个集合中的元素。我们也可以把一个班级看作是一个集合，其中班级中所有的孩子和老师是这个集合中的元素。

根据集合中元素的个数情况，可把集合分为有限集合、无限集合和空集合。有限集合是指由有限个元素所组成的集合，如幼儿园里小朋友的集合、10以内自然数的集合、小朋友的玩具这个集合。无限集合是指由无限个元素组成的集合，如自然数的集合｛1、2、3……｝。集合中一个元素也没有了，这就是空集合。例如，盘子里所有的苹果都被吃完了。

---

[1] 苏凤霞. 高等教育自学考试同步辅导/同步训练 学前儿童数学教育［M］. 北京：煤炭工业出版社，2002.

> **小贴士**

"集合"就其字面来看，包括两个词性，即动词和名词。作为动词时，"集合"表示把分散的东西聚集在一起；而作为名词时，它通常出现在数学领域，"集合"是指具有某种属性特征的事物的总和。寇崇玲认为：所谓"集合"就是具有某种特性（条件）的单个事物组成的整体或具有一定特征的单独物体组成的整体。张慧和等人认为，"集合"是指具有某种共同属性的一类确定的对象所组成的整体，组成集合的每一个对象叫作这个集合的元素。曹文静把"集合"缩小到幼儿的范围，她认为，当幼儿把相同的或具有某一共同特征的东西归并在一起进行分类时，也就形成了某种物体的集合。根据以上定义可以看出，集合的一个共同特征就是具有相同属性对象的组合。[1]

（二）集合的表示方法

集合通常有3种表示方法：列举法、描述法和维恩图。

（1）列举法就是把一个集合中的所有元素一一列举出来，写在大括号里，用来表示这个集合，如5以内自然数的集合 A 可以表示为 $A = \{1, 2, 3, 4, 5\}$。

（2）描述法就是把集合中元素的公共属性用语言或数字表达式描述出来，写在一个大括号内，以表示一个集合的方法，如 $A = \{5$ 的相邻数$\}$。

（3）维恩图就是把集合中的元素用一条封闭曲线圈起来，象征性地表示某个集合的方法。在维恩图法中，如果有论域，则以一个矩形框（的内部区域）表示论域；各个集合（或类）以圆或椭圆（的内部区域）表示。两个圆或椭圆相交，其相交部分表示两个集合（或类）的公共元素，两个圆或椭圆不相交（相离或相切）则说明这两个集合（或类）没有公共元素。如图4-1所示，集合 A 可以表示两足的所有活物，集合 B 可以表示会飞的所有活物。A 和 B 圆圈交叠的区域（叫作交集）包含会飞且两足的所有活物，如鹦鹉等。[2]

由于维恩图能较直观地看出元素和集合间的关系，所以在学前儿童数学教育中被广泛使用。例如，在教学前儿童计数时，在手口一致点数的基础上，最后在点数的外面用手划一个集合圈，并说出总数。

---

[1] 严红艳.4—6岁幼儿集合比较及其策略研究［D］.四川师范大学，2018.
[2] 百度百科：https：//baike.baidu.com/item/%E7%BB%B4%E6%81%A9%E5%9B%BE/9416531?fromtitle=%E9%9F%A6%E6%81%A9%E5%9B%BE&fromid=6309089&fr=aladdin.

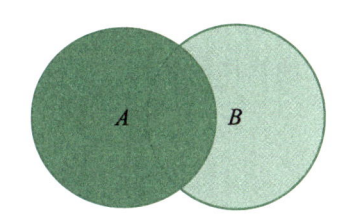

图4-1 用维恩图来表示 A 集合和 B 集合

（三）集合的特点

关于集合的概念，应明确以下三点：

第一，一个集合的元素必须是确定的。也就是说，给定一个集合，就可以断定任何一个元素是不是这个集合的元素。例如，西瓜、香蕉都是水果集合里的元素，但是菠菜、芹菜等不是。

第二，一个集合的元素必须是互异的，相同的对象归入一个集合时，只能算作这个集合的一个元素。换句话说，也就是一个集合中的元素必须是不同的，集合中的元素不能重复，两个或两个以上相同的元素都会被认为是一个元素。例如，3以内的自然数集合可以表达为｛1，2，3｝，但不能表达为｛1，2，2，3｝。

第三，集合中的元素具有无序性，一个集合中的元素的顺序无论怎样变动，仍表示同一个集合。例如，｛1，2，3｝和｛1，3，2｝表示的是相同的集合。

二、学前儿童感知集合的意义

学前儿童感知集合十分重要，这不仅是因为集合在数学中具有重要地位和作用，还因为感知集合符合学前儿童数概念发生和发展的规律，是学前学数概念前的准备教育，是学前儿童正确学习和建立数概念及加减运算的感性基础。[①]

（一）感知集合是学前儿童认识事物的起点

我们对世间万物是通过感知、掌握事物的特征来认识的。例如，我们看到一个人，会注意他是长头发还是短头发、是胖还是瘦、有没有戴眼镜、是双眼皮还是单眼皮等；还会通过了解这个人是哪里人、有什么喜好进一步深入认识这个人。又如，我们认识一件物体的时候，同样会通过观察了解这件物体的形状、大小、功用等属性来认识它。也就是说，我们对世间万物的认识都是从认识它们的属性特征开始的，而当我们认识了事物的属性特征之后，会自然而然地把这些物体归

---

① 金浩，林泳海，黄瑾，等．学前儿童数学教育概论［M］．上海：华东师范大学出版社，2000．

入不同的集合，如这些物体都是相同形状的，这些人都是同一个单位的，等等。对这些具有某种相同属性特征的物体的感知，能进一步促进我们深入认识这些事物。

（二）感知集合是学前儿童形成数学概念的基础

1. 感知集合及其元素是计数的前提

学前儿童数概念的发生始于对少量数的整体知觉，之后学前儿童才能数数。国内外曾做过不少研究，如美国的芬尼玛（Fennema，E）和卡彭特（Carpenter，T.P）都认为数的整体知觉是数的认知基础。苏联儿童数学教育专家列乌申娜认为：学前儿童最初形成的是关于元素的含糊的数量观念，而后是关于作为统一整体的集合的概念，在这个基础上发展对集合的比较的兴趣和更准确地确定集合中元素数量的兴趣，以后学前儿童才能掌握计数的技巧和数数的概念。

学前儿童会按物点数，并正确说出总数，才能称之学会了计数，才能说学前儿童已经开始理解某数的实际含义了，这也是学前儿童初步数概念形成的标志之一。但在学前儿童学会计数之前往往经过一个手口不一致的阶段：不是手快了，就是说出的数词快了。这种还不能把自然数列集合的元素与被数物体集合的元素建立一一对应关系的行为，说明学前儿童还缺乏对集合元素的感知，缺乏对两个集合间元素的对应比较的认知，这致使学前儿童学习计数和掌握最初数概念产生了困难。只有先让学前儿童对集合中的元素进行确切感知和学会用一一对应数数的方法对两个具体的集合元素进行比较，并在比较的基础上确定它们的相等与不等之后，学前儿童才开始对计数活动、对用数词叫出集合元素感兴趣，从而学会计数，形成初步的数概念。

2. 感知集合及其包含关系有利于掌握数的组成与加减运算

在数的系列中，每一个数都包含在它的后继数里边，即1包含在2里，2包含在3里……在数出一组物体的数目时，学前儿童要在头脑中把它们放进一种类包含关系之中。如果学前儿童不知道最后数到的数包含了全部所数的物体，没有类包含的逻辑观念，他就不能把握好整体与部分的关系，而数的组成是总数与部分数及部分数之间的关系，加减运算也是部分与整体相联系的运算。因此，只有当学前儿童形成了"数不只是表示最后的一个物体"的概念，而且还形成这个数的"类包含关系"的概念后，才能理解数的组成及加减运算。让学前儿童感知集合的包含关系能够帮助他们从包含关系上理解数目，从而为数的组成和加减运算的理解打下基础。

三、学前儿童感知集合的发展特点

（一）3 岁前的泛化笼统知觉阶段

学前儿童 3 岁前感知集合的时候，还没有明显的集合界限，他们不是一个元素接一个元素地去感知。例如，在学前儿童玩积木时趁他不注意拿走几块，他是不会觉察到的。这时他感知的只是一堆不确定的模糊不清的东西，即泛化的、笼统的。

（二）感知有限集合阶段

感知有限集合阶段是感知集合的界限，这个阶段的学前儿童对集合中元素的感知也逐渐精确，一般为 3~5 岁。3 岁的学前儿童已经能在集合的界限以内感知集合了，但他们还缺乏对集合所有元素的明确知觉，不会注意集合中的每一个元素。例如，让他们在画有 4 朵花的画片上叠放塑料小花时，他们只用塑料小花盖住画片上的第一朵和第四朵花，就认为完成了任务。这说明他们只把注意力集中在集合的界限上，从而削弱了对所有组成元素的注意。这个阶段的学前儿童在分放物体时，往往右边用右手、左边用左手，在感知作为结构完整的统一体的集合时，手和眼的运动中出现了两个起算点，从集合的两边向它的中心移动，这也说明学前儿童感知有限集合阶段的注意力是集中在集合的界限上的。

（三）感知集合元素阶段

处于感知集合元素阶段的学前儿童能够通过计算较精确地比较两个集合的多少，一般为 4~5 岁。这个阶段的学前儿童能把一个集合的元素一个对一个地摆放到另一个集合相应的元素上，能够不超出集合的界限，逐步达到准确地一一对应，说明其已能注意到集合中元素的个数。学前儿童对不同集合的量进行比较的时候，可以运用视觉提示（目测）的方法，可以用一一对应（找朋友）的方法，还可以用数数的方法。这个阶段的学前儿童如果不能用数数进行集合数量比较的话，可以用水平稍低一点的目测或者一一对应的策略，进而确定两个物体组之间的等量或不等量，如用一只小狗对应一根骨头的方法判断小狗和骨头数量的多少，这实际上是对集合中元素知觉的精确化。

（四）对集合的理解进一步提高和扩展

5~6 岁的学前儿童对集合的理解会有进一步的提高和扩展。一般来说，两个集合之间存在着包含关系或相等关系。学前儿童对包含关系的理解往往要晚于相等关系。集合间的包含关系是关于整体与部分之间的关系，涉及对类包含观念的理解。相对而言，年龄小的学前儿童对全集和子集之间的类包含关系的理解存在一定的困难，如桌子上摆放着一盆花，有 4 朵白花、2 朵红花，如果问一个 4 岁左右的学前儿童"花多还是白花多"，他很有可能会回答白花多，因为在学前儿童的头脑中尚不具备对花与白花之间的类包含关系的抽象理解。随着年龄的增长，学前儿童对类包含关系的理解能力也在逐步发展。4 岁左右的学前儿童还不能理解全集和子集的包含关系，5 岁的学前儿童能初步理解，但准确率不高，5 岁以后，学前儿童对类包含关系的理解能力会逐步发展与提高。

方富熹等对 3～7 岁学前儿童理解类包含关系的能力做了实验进行比较。他们把三只背着救生圈的小猪并排放着，其中有两只穿着红裤衩，问学前儿童："背救生圈的小猪多还是穿红裤衩的小猪多?"结果不同年龄学前儿童回答正确的人数分别为：4 岁为 5%，5 岁为 45%，6 岁为 65%。可以看出：4 岁的学前儿童还不能理解全集与子集的包含与类包含关系；5 岁的学前儿童能初步理解，但准确率还不高；6 岁的学前儿童对全集与子集包含关系的理解从 5 岁时的 45% 上升到 65%，这说明学前儿童对全集与子集包含与类包含关系的理解是在逐步提高的。[①]

四、学前儿童掌握分类概念的发展特点

分类指的是把物体分成各具共同属性的几组。分类后的每一组物体用数学的概念来说就是一个集合。

1. 属性特征的角度

（1）从根据事物的外部明显特征到根据细节特征进行分类。我们对某些物体的关注是从其外部明显特征开始的。例如，在一次工作坊活动中，我们让每个人去找一个跟自己有相同特征的人签名，看谁签的最多。分享时我们发现，最开始我们找的是跟自己一样长头发、戴眼镜、穿裙子等外部明显属性特征的人，然后去找是否打耳洞、是否为双眼皮等细节特征的人。

学前儿童分类时，注意到的属性特征也是先从外部明显特征再到细节特征的。因此，小班学前儿童往往会根据物体的形状、大小、颜色等外部明显特征进行分类，如图 4-2 所示。随着年龄的增长，他们还会根据物体的材质、细节图案等细节特征进行分类。大班学前儿童对自己的鞋子进行分类，他们能够按照有无鞋带、鞋子舌

---

① 林泳海，曾一飞. 幼儿感知集合的特点及教学 [J]. 山东教育，2002（Z6）：9-11.

头上有无商标、鞋底的花纹等细节特征进行分类,如图4-3所示。

图4-2 小班学前儿童根据事物的外部明显特征进行分类

图4-3 大班学前儿童根据事物细节特征进行分类

(2)从根据外部特征到根据社会属性特征进行分类。上文中提到的"找跟自己具有相同特征的人签名"的工作坊活动中,刚开始大家找外部特征,后来开始找"老乡""女生"等这些社会属性特征来签名,学前儿童也是这样的。刚开始,学前儿童倾向于找事物的外部特征,随着经验的累积,才开始关注事物的社会属性特征。例如,在图4-4中,教师提供了警车、手枪、警察、手铐,以及医生、护士、救护车、针筒等图片,学前儿童会根据这些图片之间的关联性进行分类,把跟警察相关的图片放到一起,把跟医护有关的图片放到一起。从这一案例可知,随着学前儿童社会经验的不断丰富才能发展到根据事物的社会属性特征进行分类这一水平。

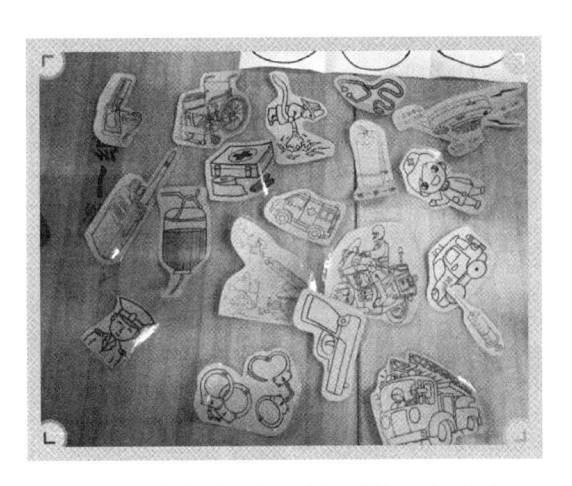

图4-4 根据事物的社会属性特征进行分类

2. 从学前儿童思维的角度

(1)按一维特征分类,即按事物的一种特征分类。

(2)按二维特征(或以上)分类,即同时依据事物的两种(或以上)特征进行分类。例如,在一组图形卡片中将红色的大图形放在一起,这种分类形式要求学

99

前儿童在头脑中能同时考虑事物的两个（或以上）特征。

如图4-5所示，我们可能要求学前儿童把蓝色的方形放在一起，红色的三角形放在一起。这时，学前儿童既要考虑颜色又要考虑形状。

图4-5 有二维属性特征的材料

（3）层级分类，即在包含多种不同属性特征的物体中，思考确定不同的特征，有序、分层进行逐级分类。例如，一堆积木，学前儿童先根据颜色分类，然后在每种颜色下面，再按照形状进行二级分类，按照形状分类之后还可以再按照大小分类，这样一级一级分下去。

（4）多重分类（也可称为多角度分类），指对一组物体可以确定多种标准进行分类，一个物体可以划分到不同的类别中去。多重分类要求学前儿童能从不同角度观察、思考同一个（或同一组）物体的特征，同时转换分类标准。在如图4-6所示的材料中，我们既可以按照使用人群分为儿童专用和非儿童用，也可以按照功用分为日化用品和非日化用品等。

图4-6 多重分类材料

第二节 学前儿童感知集合与分类的教育

一、学前儿童集合与分类能力的发展要求

感知集合之间的关系有助于运算的理解。先以物体的属性特征来分类,再比较不同的集合,数学运算就容易得多。

不同年龄阶段学前儿童集合与分类能力的发展要求见表 4-1。

表 4-1 不同年龄阶段学前儿童集合与分类能力的发展要求[1][2]

小班学前儿童	中班学前儿童	大班学前儿童
1. 根据物体的某一外部属性特征进行匹配。 2. 按照物体的某一种外部属性特征(颜色、大小形状等)给物体分类	1. 按功用给生活中常见的物体分类,如给文具和玩具分类。 2. 根据不同的属性特征给同样的物体进行分类。 3. 尝试说出分类的理由	1. 按照给定的标准(概念水平)给熟悉的物体分类,如给蔬菜、水果分类。 2. 按照物体的两种及两种以上属性特征给物体分类。 3. 按照某一属性特征的肯定与否定进行分类

由于集合与分类能力对学前儿童来说是发展数概念的重要基础,教师应遵循学前儿童的年龄特点和学习兴趣,在生活的方方面面渗透集合与分类的相关经验。

二、学前儿童集合与分类能力的教育策略

(一)分类之前,引导学前儿童认真观察

分类分为两个步骤,首先要引导学前儿童仔细观察待分物体,然后再开始分类。如果不充分观察待分物体,就会限制学前儿童的分类行为。如图 4-7 所示,中班一

---

[1] 陈杰琦,黄瑾.i 思考 数学核心经验资源包:教师用书[M].南京:南京师范大学出版社,2013:17.
[2] 中华人民共和国教育部.3—6 岁儿童学习与发展指南[Z]. 2012-10-09.

节分类活动中，教师让学前儿童把鞋子分一分，第一个孩子左边毯子上放了"靴子"、右边毯子上放的"不是靴子"。第二个孩子右边毯子上放了"靴子"、左边毯子上放的"不是靴子"，第三个孩子……总之，孩子们分来分去，就是"靴子""不是靴子"两类。如果教师能够引导学前儿童仔细观察，那么他就会发现有些鞋子是大人的，有些鞋子是小孩的；有些鞋子是冬天穿的，有些鞋子是夏天穿的；有些鞋子上是有图案的，有些鞋子上是没有图案的……进而就会按照不同的属性特征进行分类。

(a) 左边"靴子"，右边"不是靴子"　　(b) 右边"靴子"，左边"不是靴子"

图 4-7　鞋子分类活动

（二）充分利用日常生活中的机会

生活中的万事万物都有自己的特征，如果想让生活有条理，我们就必须按照类别进行整理。我们要利用生活中的现象让学前儿童体验、积累分类的概念。例如，带孩子去超市买东西的时候，让孩子带路去挑选特定类型的物品，如卫生纸在哪个区域（日化用品）、零食在哪个区域（食品区）等，如图 4-8 所示。家长可以邀请孩子一起收拾鞋子，收拾的时候可以跟孩子讨论，到底要按照什么标准来整理呢？是运动鞋放一起、高跟鞋放一起，还是大人的鞋放一起，孩子的鞋放一起？如图 4-9 所示。

分类

图 4-8　超市货架 　　　　　　　图 4-9　鞋柜

在幼儿园，教师也要充分利用学前儿童整理玩具的机会，让学前儿童积累分类的经验。

◎**问题思考：**

生活中蕴含着哪些分类概念，如何引导儿童自然地获得这些概念？

◎**案例 4–1：给点心分类**[①]（中大班）

开始：

告诉孩子们今天的点心由多种成分组成，如什锦杂果里有饼干、坚果、葡萄干和芝麻棒。问孩子们："我想知道我们在什锦点心里能找到多少种不同的东西。"观察哪些孩子可以数出不同的成分。

过程：

倾听孩子们描述他们观察到的不同点心的特点，并据此扩充词汇，如尺寸（小、更大）、形状（长、圆、薄）、质地（凹凸不平、光滑、脆、糊状）、颜色（深色、浅色、棕色或黄色）、口感（甜、咸），以及其他孩子们发现的与特征相关的词汇。观察并评论孩子们是把点心分成一堆，分开吃每一种点心还是先把它们混合到一起食用。这里还包含减法的评论，如你有 5 个葡萄干，但是你吃掉了 2 个，现在剩下 3 个。使用诸如"所有""一些"等词语，如"瑞安吃掉了他所有的葡萄干，但是雷雷的那堆里还剩下"一些"或者"多""少"（我的饼干比你的多）。在表格合适的栏中，用星号或者孩子选的其他符号标出孩子们最喜欢的食物。

孩子们的话：

"我有两种葡萄干，棕色的和黄色的。""我最喜欢饼干，但是我没有很多。"

"1、2、3、5、8，我这堆里有 8 颗花生。饼干棒又长又细，但是芝麻棒又长又粗。"

"我可以把我的饼干堆起来，但是苹果片太滑了，它们一直往下掉。"

"我想用我的葡萄干换你的饼干。"

"我本来有很多巧克力棒，但是我全都吃完了。"（把两个断了的饼干棒和一个完整的饼干棒从短到长排列）"这个断掉了很多，这个断了一点儿，这个一点儿也没断。"

[①] 爱泼斯坦. 我比你大，我五岁：学前儿童数学能力的发展 [M]. 霍力岩，等译. 北京：教育科学出版社，2012.

结束：

把点心都收拾干净，让孩子们讨论他们觉得最好吃的东西。记录下孩子们最喜欢哪个和最不喜欢哪个。

其他可选材料/活动：

（1）把不同类型的多口味点心放在一起，如把全麦饼干、各色各味的鱼形饼干和片状或块状的黄色和白色奶酪放在一起。

（2）混合玩具。在小组活动时间，让孩子们拿来大量小玩具并把它们混在一个大碗里，然后对其分类，比较它们的各种特征并记下各自的数量。

延伸：

让孩子和父母为什锦点心带来一种原料（如可以让孩子们切开做色拉的蔬菜或水果）。在小组活动时间，让孩子们边做色拉边谈论食物的不同特征（外表、构造、口感）。然后在点心时间吃掉他们做的东西。

让孩子们从杂志上剪下各种食物的图片并做成班级食谱。让他们从家里也带一些图片来，特别是那些自己喜欢或熟悉的民族或地区的食物。和孩子们一起边看图片边写食谱，内容就是图片上的原料清单及孩子们认为添加这些原料的顺序。把食谱放在生活区或阅读区，鼓励孩子们用图片、字母、数字和单词画下或写下自己的什锦点心食谱。

提供一份什锦点心并写下孩子们的偏好，如红红最喜欢西红柿，小冉也一样，宁宁最喜欢黄瓜。记下孩子们的偏好并讨论最受欢迎和最不受欢迎的食材。

案例评析：

（1）这个活动不是"刻意"的分类活动，但是分类活动的前提是对事物属性特征的认识，所以这个活动把学前儿童的注意力集中到属性特征的感知上。

（2）此活动利用生活环节来开展，抓住了生活中的契机，使得数学学习与生活联系在一起，非常自然地突出了数学的生活性及在生活中的运用，从而潜移默化地传递给学前儿童"数学是有价值的"这样一种价值观。

（3）分类活动中，教师还拓展了加减法的内容，这体现了教师具备融会贯通的能力，即把数学相关知识关联起来的能力。

（三）提供多维度的材料

当学前儿童进行分类时，我们希望他能够习得多重分类法，即对一组物体可以确定多种分类标准，既可以按照颜色分，还可以按照形状分，等等。那么我们提供的材料首先就要具有多维度特征，以支持学前儿童这一行为的产生。如图4-10所示,学前儿童可以按照小汽车和公交车分类,可以按照车头的方向分类,可以按照颜色分类,还可以按照有无司机分类。如图 4-11 所示,教师提供的帽子有颜色、季节、材质、适合谁戴、有无帽檐等特征,可供学前儿童仔细观察,从不同角度进行分类。

图 4-10　待分物体——车　　　　　图 4-11　待分物体——帽子

⊙案例 4-2:幼儿园数学活动"多角度分类(集合)"(大班)[①]

活动目标:

(1) 能按照物品的不同特征进行多角度分类。

(2) 能记录集中分类标准。

(3) 能正确表述自己的分类理由。

活动准备:

(1) 物品准备:大小不同、人物和动物的指偶玩具若干,大小不同、红色和黄色、有图案和没有图案的铃鼓若干,大小不同、黄色和红色的小皮球若干。实物文具分别有厚和薄、正方形和长方形的书若干,有大小不同的塑料和铁、双层和单层的笔盒若干,有条形和方形的、白色和黑色的橡皮擦若干。其他物品还有分类盒、记录纸、玩具标记卡、文具标记卡、笔若干。

(2) 知识经验准备:大班学前儿童经过前期的学习已经具备了丰富的生活经验,教师在学前儿童经验的基础上启发他们参与活动,学习集合与分类的数学知识。

活动过程:

一、以"帮助小熊商店整理商品"的游戏,复习按商品的某一特征属性分类,并把分类的方法记录在记录纸上。

(1) 请学前儿童选一种物品,看一看、想一想这些物品有什么不同的地方,可以怎么分,把分类的方法记录在记录纸上。

(2) 学前儿童分组操作,教师观察他们是否按物品的某一特征进行分类。

---

① https://wenku.baidu.com/view/b312c06e541810a6f524ccbff121dd36a32dc4f0.html。

(3) 师幼分享交流：你分的是什么？按什么特征来分？是怎么记录的？自己看得懂吗？

二、引导学前儿童在刚才分类的物品中再找出一种特征，按物品的另一特征分类。

(1) 你们看一看，你分的这个物品还有没有其他不同的特征，还可以怎么分。

(2) 学前儿童再次操作，教师引导学前儿童仔细观察同类商品的不同特征，进行多角度分类，要求学前儿童分一次记一次。

(3) 师幼分享交流。

三、学前儿童分组操作练习，巩固对不同物品进行多角度分类。

(1) 整理餐具：出示班级学前儿童使用的不同餐具，让学前儿童分组进行分类。学前儿童集合与分类核心经验见表4-2。

案例评析：按照不同维度特征对物体进行分类是学前儿童需要获得的分类核心经验。为了让学前儿童获得这一核心经验，我们必须提供适宜的材料，此案例中教师提供了大小、颜色、图案、薄厚等各个维度属性特征不同的物品，让学前儿童得以对同样物品按照不同维度进行分类。

表4-2 学前儿童集合与分类核心经验

活动类型	学前儿童的能力	活动案例	教师语言	核心经验	学前儿童生活中可选用的材料
匹配	识别出相同点，进行正确匹配	"找朋友"	哪只袜子和这只袜子一模一样呢？	物体的属性特征可以用来对物体进行分类，使物体组成不同的集合	学前儿童生活中熟悉或常用的成对的物品（如成对的袜子或手套）
二元分类	根据一个物体属性特征的是与否，把物体分成两个集合	"人物分类"	如果你穿的是红色衣服请站在这个圈里，如果你穿的不是红色衣服请站在那个圈里	同一物体可以按照不同的方式进行分类	有显而易见属性特征的物品（如把衣服和裤子分开，把牙刷和杯子分开）
多元分类	根据一个或多个属性，把一个集合分成多个小集合	"树叶分类"	我们已经按照颜色给树叶分好类了，如果我们再按照形状来分，会发生什么？		不同颜色、类型、尺寸的物品（如各类鞋袜、学习用具、玩具）

续表

活动类型	学前儿童的能力	活动案例	教师语言	核心经验	学前儿童生活中可选用的材料
根据一种属性分类	运用匹配组成一个集合	"我的规则是什么?"	是的,我把所有星星珠串放在一起了	物体的属性特征可用来对物体进行分类,组成不同的集合。同一物体可以根据不同的方式进行分类	有共同属性特征也有不同属性特征的物品(如颜色相同但大小不同的杯子)
集合比较	询问"哪个更多或最多",用表格或计数符号进行比较	"鞋子分类"	今天大家穿了什么鞋子?我们在下雨天进行鞋子分类会怎么样?	集合可以用来比较和排序	一个月内不同天气记录的比较,男孩和女孩数量的比较

（2）学前儿童操作：请学前儿童自己对不同种类的物品进行分类，并且鼓励他们利用自己的方式进行书面记录。

（3）整理玩具：让学前儿童按照柜子上的标记整理玩具，整理完一种就说一说分类的理由。

单元回顾

⊙ 单元小结

本章第一节讨论了学前儿童感知集合的发展特点，在这一节里首先呈现了集合的概念、集合的表示方式、集合的特点和学前儿童感知集合的意义——感知集合是学前儿童认识事物的起点、感知集合是学前儿童形成数学概念的基础；其次呈现了学前儿童感知集合的发展特点——3岁前的泛化笼统知觉阶段、感知有限集合阶段、感知集合元素的阶段、对集合的理解进一步提高和扩展。最后呈现了学前儿童掌握分类概念的发展特点，从属性特征的角度来说其发展特点有：从根据事物的外部明显特征到根据细节特征进行分类，从根据外部特征到根据社会属性特征进行分类。从学前儿童思维的角度来说其发展特点有：按一维特征分类，按二维特征（或以上）分类，层级分类，多重分类。

本章第二节主要论述了学前儿童感知集合与分类的教育。首先呈现了不同年龄阶段学前儿童感知集合与分类的发展要求，学前儿童集合与分类能力的教育策略。分类之前，引导学前儿童认真观察；充分利用日常生活中的机会；提供多维度的材料。最后呈现了学前儿童感知集合活动案例并进行了评析。

⊙ 拓展阅读

1. 梅纳新. 学前儿童数学教育［M］. 上海：复旦大学出版社，2012.

2. 金浩，林泳海，黄瑾，等. 学前儿童数学教育概论［M］. 上海：华东师范大学出版社，2000.

3. 周燕. 学前儿童数学教育与活动指导［M］. 2版. 长沙：湖南大学出版社，2020.

4. 林泳海，曾一飞. 幼儿感知集合的特点及教学［J］. 山东教育，2002（Z6）：9－11.

5. 熊小燕. 学前儿童数学集合概念教学的策略［J］. 早期教育（教科研版），2011（12）：28－29.

6. 张慧和，张俊. 幼儿园数学教育［M］. 北京：人民教育出版社，2004.

7. 张慧和，张俊. 幼儿园数学教育活动指导［M］. 北京：人民教育出版社，2013.

⊙ 思考与练习

简答题

1. 学前儿童感知集合的意义是什么？
2. 学前儿童感知集合的发展特点是什么？
3. 学前儿童掌握分类概念的发展特点是什么？
4. 请就一个分类活动进行评析，注意分析这节活动的目标、重难点、使用的材料、学前儿童的表现、教师的支持等方面。

第五单元 学前儿童模式能力的发展与教育

导 言

近几天来,在活动区域内,几名学前儿童在靠近墙角的位置玩"拼火车"的游戏,他们的目标是谁的火车更长。这时明明突然大声地说:"我的火车是一个黄积木,一个红积木,一个黄积木,一个红积木……"老师走到孩子们的身边轻轻地告诉他们:"这是一种数学模式。"

数学学习是每个人一生之中学业成长的重要方面,而数学思维从学前儿童的早期就已经开始发展。作为学前教育阶段不容忽视的一个内容,学前儿童的数学学习与教育的问题近年来越来越多地受到各方人士的高度重视。但是将数学教育简单地理解为算术教育或计算教育加以机械式训练,忽视学前儿童早期对数概念及数关系的真正理解等现象却普遍存在。因此,我们对学前儿童数学教育的认识仍有待进一步发展。在全球进行课程改革的形势下,模式作为发展学前儿童数学认知能力的一个重要部分和有效途径激发了认知心理学家、研究人员和教师的共同探讨。

学习目标

1. 了解模式的概念及学前儿童模式能力发展的意义。
2. 掌握学前儿童模式能力发展特点。

3. 掌握发展学前儿童模式能力的教育策略。

思维导图

学前儿童模式能力的发展与教育
- 学前儿童模式能力的发展
  - 模式的概念
  - 学前儿童模式能力发展的意义
  - 学前儿童模式能力发展的特点
- 发展学前儿童模式能力的教育
  - 学前儿童模式学习的发展要求
  - 发展学前儿童模式能力的教育策略

第一节　学前儿童模式能力的发展

一、模式的概念

在学前儿童数学教育中，模式（pattern）是指在物理、数学等现象中可被发现的所有具有预见性的序列，它反映的是客观事物和现象之间本质的、稳定的、反复出现的关系，[①] 具体表现为重复出现的有规则性的图案、花样、动作、声音或事件等。模式具有两个根本特点：重复性和可预测性。模式序列中的基本单位根据一定的规则循环出现，我们可以通过概括模式单元之间的关系来获得模式规则，进而预测模式的发展。

根据模式的基本单位循环规则的不同，模式主要有重复模式和发展模式两种。重复模式是指模式单元保持不变，由多个相同的单元构成，如"哭脸、笑脸、哭脸、笑脸……（AB，AB，AB……）"；发展模式则是指模式单元按一定的规律不断发展变化，由按照同一规律发展变化的单元构成，如"红蓝、红蓝蓝、红蓝蓝蓝、红蓝蓝蓝蓝……（AB，ABB，ABBB，ABBBB……）"。[②]

例如，由胡萝卜、苹果和玉米组成的模式单元，无限地按照"ABC，ABC，ABC……"重复下去，如图 5-1 所示。而由胡萝卜和苹果组成的模式单元则按照"AB，ABB，ABBB，ABBBB……"发展下去，如图 5-2 所示。

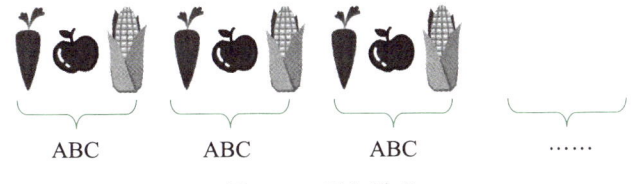

图 5-1　重复模式

[①] 黄瑾. 学前儿童模式认知的发展与教育活动设计 [J]. 幼儿教育，2012（7）：34-35.
[②] 史亚娟，庞丽娟，陶沙，等.3—5 岁儿童模式认知能力发展的研究 [J]. 心理发展与教育，2003：46-52.

　　　　AB　　　ABB　　　ABBB　　　ABBB……

图 5-2　发展模式

　　按照基本单元的不同，模式分为重复模式、循环模式、滋长模式和变异模式。其中，循环模式如"潮起、潮落""日出、日落""春、夏、秋、冬""周一到周日"等，滋长模式如"1，11，111……"，变异模式如"△○，△□，△◇……"。

　　按照组成模式的载体不同，模式分为实物模式和符号模式两类。实物模式是指以实物或动作、声音等实体的形式呈现的模式，如"敲鼓、击掌、跳，敲鼓、击掌、跳……"的动作模式，"红蓝、红蓝、红蓝……"的视觉模式等；符号模式则是指通过字母、数字、文字等抽象的符号系统来表达的模式，如数列"0，1，0，1，0，1……"或者"12，12，12，12，12……"。

二、学前儿童模式能力发展的意义

　　模式能力对学前儿童数学能力的发展有十分重要的意义，它对学前儿童抽象思维能力的发展具有重要影响。模式是学前儿童认识顺序及组织他们周围世界的一种方式，它是指注意到物体、形状和数的排列方式，并用模式来预见排列中将要出现什么东西。

　　数学是模式的科学，模式是数学的基本主题，甚至可以说模式是数学的实质。模式能力是学前儿童数学认知能力的一个重要组成部分，对其发展有重要的影响。

　　一方面学前儿童在进行模式的识别、扩展、描述、转换、交流等活动时，必须先仔细考察模式的各元素及它们之间的关系，意识到一组事物中各事物之间的异同，从纷繁复杂的表象中辨别出事物本质的特征，并按这些特征对模式的各元素进行分类、排序、运算等，进而概括出模式的结构及其中的规律性联系。

　　另一方面，通过寻找、发现模式，学前儿童能抓住事物的本质和规律，预测和推断事物的发展进程。[①]

　　数学有其自身独特的结构，模式是帮助我们理解这种结构的重要途径。学前儿童早期的模式活动为其高年级更为抽象的数学知识，如函数、代数和观念的学习奠定了基础，并能促进学前儿童理解和掌握数学与其他学科之间的联系。研究

---

①　黄瑾．"模式"核心经验概说［J］．幼儿教育，2016（7）：6-7.

表明，学前儿童的模式识别能力与其学习任务的成功有高相关性。数学成绩较低的学生通过模式活动的方法，学习学校数学教育的标准内容，其数学成绩得到了显著的提高。模式与排序关系密切：这反映了，一方面学前儿童必须对排列的逻辑顺序关系有基本的了解才能创造模式，另一方面排序涉及辨认一个渐次等增减的模式。①

三、学前儿童模式能力发展的特点

学前儿童能够自发地在环境里发现各种模式，如他们喜欢唱歌词重复的歌曲，热衷于重复性的游戏动作，习惯于每天在洗澡和阅读后就睡觉的作息时间安排，喜欢听情节中蕴含着重复性或发展性模式规律的童话故事，等等。皮亚杰认为人生来就能感知模式，发现看似无关信息之间的相似之处，并把它们整合成一个整体。的确，儿童在婴儿时期就已经开始感知模式。其最初感知的是空间上的模式，如房间里有规律摆放的家具、摇篮上方有规律悬挂的铃铛等；也可以感知一些习惯性的动作，如"推开门""妈妈走进来""喂宝宝"等。虽然学前儿童早期就对日常生活中的某些模式产生了粗浅认知，但这不是对模式概念的清晰而稳定的认知。

研究表明：学前儿童早期的模式认知能力有一个逐步发展的过程。一般而言，3岁左右的学前儿童已经具备了初步的模式认知能力，4岁以后随着数学认知能力及抽象逻辑思维能力的不断发展，学前儿童的模式认知能力有了更明显、更快速的发展。

（一）模式认知能力的角度

模式认知能力是学前儿童对客观事物之间本质的、稳定的、反复出现的关系的概括与预测能力，包括模式识别、模式复制、模式扩展、模式比较和转换、模式创造、模式描述。学前儿童模式认知能力的发展以模式的辨别和复制为基础，通过进一步的成长，进而能够对模式进行创造和转换，经历了从简单到复杂的过程。②

模式识别指辨别出模式单元由哪些元素组成，各模式单元之间的相互关系是怎样的。模式识别能力是其他各水平层次的基础。模式的复制、扩展、创造，以及其

---

① 杨峥峥.4—5岁儿童模式与排序能力发展的研究——城市与农村儿童的比较［D］.华东师范大学，2007.

② 田方，黄瑾.聚焦儿童早期数学模式能力的发展——国际儿童模式能力评估与干预研究述评［J］.外国中小学教育，2019（3）：32－46.

中发生的比较、转换、描述和交流是在模式识别的基础上发展起来的模式运用能力。例如，教师拿一条项链给孩子看，然后引导其辨别出这条项链是按照什么样的规律串出来的。又如，午后散步的时候，教师引导孩子看楼房上图案的规律。这些都聚焦于学前儿童模式识别能力的发展。

模式复制指形成与原有模式具有相同结构的模式。例如，教师呈现了"红绿、红绿、红绿……"的参照，学前儿童照着这个参照摆了一个一模一样的规律。但是当我们判断学前儿童这一能力时，一定要注意是否必须"一模一样"才属于模式复制，如上述活动中，学前儿童摆了"绿红、绿红、绿红……"那么他摆得对吗？是否具有了模式复制的能力？要想回答这一问题，我们必须再回到模式复制的定义，我们要弄清楚的是模式复制中复制的是什么？模式复制中复制的是"结构"，也就是"模式单元由哪些元素组成，各个模式单元之间的相互关系"。上述案例中，教师呈现的是"AB"模式，学前儿童摆出的也是一个间隔一个的"AB"模式，所以上述案例中，学前儿童也体现出了模式复制的能力。

模式扩展是在模式识别的基础上，对后续模式进行预测并继续扩展的任务，它是建立在模式识别基础之上的对模式发展或变化的预测。模式扩展需要分析模式的整体结构及其中的规律性联系，从而对模式在任何时间、空间中的发展变化进行预测。模式扩展是提高学前儿童逻辑推理能力的有效途径。

模式扩展也有不同的难度，如图5-3所示，第二排的任务要比第一排的任务难，因为要填充的部分不是一个完整的"模式单元"。

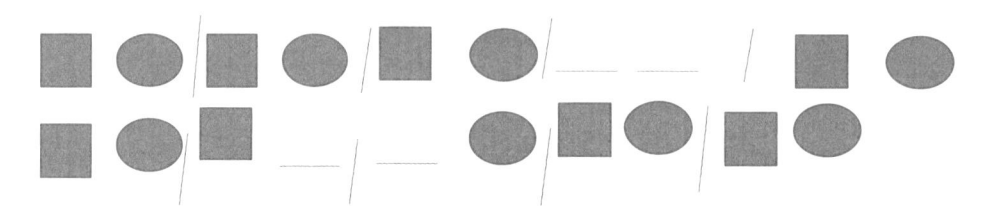

图5-3 不同难度的模式扩展

模式创造是指通过对模式结构的学习，自主创造出一种新的模式结构。它要求学前儿童形成自己创造的不同结构的模式，这需要明确构成模式的要素，并对所要创造的模式结构有清楚的计划和设想，这种对模式结构的学习，有助于发展学前儿童的创造性思维。例如，给学前儿童任意颜色的珠子，让其按照规律穿出来；或者让学前儿童编一段有规律的舞蹈；等等。

模式比较和转换是指能够在分析模式结构异同的基础上，把握住决定模式结构的本质要素，用不同的表现形式表征同一模式。达到这一水平的学前儿童，能够通过分析模式结构的异同，透过表面信息，掌握决定模式结构的本质要素。例如，通过对动作模式"跑跳、跑跳、跑跳……"与视觉模式"红蓝、红蓝、红蓝……"的分析比较，学前儿童会发现尽管它们在表现形式上不同，却有相同的结构，都可以概括成"AB"。

模式描述是指使用标准的符号、图形等数学语言描述和表征模式，对模式结构进行更确切的概括和更高程度的抽象性表达。如图5-4所示，学前儿童自己首先创造了一个递增模式，然后用英文字母把这一模式表征出来，这名学前儿童还把每个模式单元都圈了起来，说明其对模式结构有了非常清晰的掌握，他已经从具体形象的模式载体过渡到用抽象符号来表征模式了。

图5-4 模式描述

（二）模式类型的角度

学前儿童在早期模式认知能力发展过程中，对不同类型模式规律的认知具有明显的差异。一般来说，学前儿童往往更容易认知重复模式（由重复的单元构成的模式），对于发展模式（按照某一规律发展变化的模式）的认知有一定的困难，这和学前儿童在早期生活中接触较多的是具有重复性特征规律的模式有关，加之对发展模式的学习要涉及分类、推理、概括及辨识数量递增等多方面的认知能力，学前儿童受早期抽象逻辑思维能力发展的局限，还难以从本质上把握一组事物的规律性特征并进行进一步的预测和推断。因此，一般来说，大班学前儿童才会掌握递增或者递减的发展模式，中小班学前儿童接触的都是重复模式。

同样，学前儿童对以实物为凭借的模式和以符号为凭借的模式的认知也具有明显的差异。一般而言，学前儿童对模式的识别和推断易受凭借的影响，他们往往容易认知以具体的实物或动作、声音为凭借的模式，而对以抽象的符号或数字、字母等为凭借的模式的认知则比较困难。[1][2]

---

[1] 康静焱，李惠梅，闫明烁，等.3—6岁儿童模式认知能力的发展[J].教育导刊（下半月），2019（10）：39-43.

[2] 黄瑾.学前儿童模式认知的发展与教育活动设计[J].幼儿教育，2012（7）：34-35.

第二节 发展学前儿童模式能力的教育

一、学前儿童模式学习的发展要求[①]

开展模式能力的教育之前,我们首先应该清楚学前阶段模式学习的内容和要求,见表5-1。

表5-1 模式学习的内容和要求

项目	小班	中班	大班
内容和要求	1. 学习辨认和描述简单的物体排列规律。 2. 复制:按规律间隔排列物体	1. 学习按照多种规律排列物体,例如"AB,AB,AB……""ABC,ABC,ABC……"。 2. 学习按照物体的排列规律推导出空缺处应该排列哪一个物体	1. 识别、复制、创造发展模式或变异模式。 2. 学习利用多种形式表征物体的排列规律。例如,用"抬头低头、抬头低头"这一动作模式来表征"红绿、红绿、红绿"这一视觉模式。 3. 用数学语言描述模式

从上面的表格可知,小班学前儿童模式学习的基本内容是模式识别与模式复制,且是较为简单的模式结构和重复模式;到了中班,学前儿童开始接触更为复杂的模式结构单元(ABC,AABB),并且开始学习模式的扩展和填充;到了大班,学前儿童开始接触递增或递减的模式,并且开始了模式比较和转换及模式描述的学习。

二、发展学前儿童模式能力的教育策略

1. 引导学前儿童发现模式结构

模式的学习,要注意使学前儿童真正理解模式。教师应从观察生活中有规律排

[①] 梅纳新. 新编幼儿园教育活动设计与指导[M]. 上海:复旦大学出版社,2016.

列的事物入手帮助学前儿童理解规律。例如，和学前儿童一起发现和体会按照一定顺序排列的队伍，观察环境中有序排列的图案，等等。但是如何让学前儿童真正理解和掌握模式结构呢？一般情况下，教师会不停地让学前儿童"读"模式，如"红蓝、红蓝、红蓝、红蓝"，但是学前儿童在读的过程中，也许只是在读这些颜色，并没有抓住模式结构，如果我们用方框把模式单元圈出来，则会让学前儿童把注意力放在模式结构上，如图5-5所示。

图5-5 用方框圈出模式单元

2. 引导学前儿童发现生活中的模式

大量的研究告诉我们，学前儿童在日常生活中，在没有成人影响的条件下也能自然地获得很多非正式的数学学习经验，某些偶然出现的生活情境也能成为刺激学前儿童数学思维的机会，这里的关键是成人能否将这样的情境转化为促进学前儿童建构数学概念的重要资源。对于学前儿童模式认知活动而言，渗透于生活情境或游戏之中的活动远比单纯的教学活动更有价值。事实上，在学前儿童的生活世界里充满了各种与模式认知学习相关的情境，如学前儿童在搭积木等建构类游戏中发现和复制模式，在歌曲、节奏乐和手指游戏中探索和创造模式，在美工等创作活动中（如运用印章、形状模板等进行创作）表现和运用模式，在故事和绘本阅读中寻找和描述模式，在自然环境中（前后摇摆的秋千，有规律可循的花瓣、鸟鸣声等）发现和寻找模式，在运动游戏中通过身体动作表现和体验模式，等等。

⊙案例5-1：运动模式[①]（中班）

活动开始：

让孩子排成一排或一圈，告诉他们："我们要玩一个模式游戏，看看你们能不能找出这些模式。"让第一个孩子站着，第二个坐着，第三个站着，然后问孩子们："下一个人应该怎么做呢？"按这种方式完成一排或一圈，让孩子们猜测每个孩子都应该做什么，直到每个人都有机会轮到一次。

过程：

设计其他"AB，AB……"游戏模式，如轮流抬起一只胳膊和一条腿，或者脸

[①] 爱泼斯坦. 我比你大，我五岁：学前儿童数学能力的发展[M]. 霍力岩，等译. 北京：教育科学出版社，2012.

朝前、朝后。完成2~3次游戏之后，让孩子们自己来设计游戏模式。在游戏过程中让孩子们帮你数一数他们做每种动作或在各个位置的人数（如数一数站着的和坐着的人数分别是多少），当你大声说出数目的同时也要用手指向对应的孩子。

在游戏过程中，教师应使用与模式设计有关的单词和短语，如模式、设计、先一边然后另外一边、每隔一人半个、一样和不同、这排的下一个人、重复同样；也要使用一些词语来形容孩子的动作和位置，如上—下—上、起立—坐下—起立、向前—向后—向前、高—低—高、扭摆—弯腰—扭摆等，并鼓励孩子们去描述模式、位置和移动。

孩子们的话：

"轮到小磊站立了。"

"你站起来我蹲下去。"

"我想和小红做一样的动作。"

"看，我用洋娃娃做了个模式。"

"坐着的人和站着的人一样多。"

"我们可以按'男孩、女孩、男孩、女孩……'这么排。"

"站着的人先走。"

活动结束：

让孩子们提议一种运动模式，使他们可以过渡到下一个活动。例如，隔一个孩子可以走到衣帽架去为户外活动做准备，而剩下的一组则采取爬行的方式过去。

其他可选材料或活动：

让一个孩子通过轻拍其身体的两个不同部位开始一种动作模式，如轻拍头和膝盖。让所有的孩子用重复的模式拍头和膝盖，问问别的孩子是否有新想法，可以变化动作从而使活动更加活跃。例如，孩子们可以合拢两条腿，然后再分开。

一旦孩子们掌握了"AB，AB……"模式，便可以介绍其他（如"AA，BB……"）运动模式，如让两个孩子把手放在头上，紧挨着的另两个孩子把手放在屁股上，再接着的两个孩子再把手放在头上，如此循环。

孩子们掌握了这些简单模式（"AB，AB……"和"AA，BB……"）后，就可以介绍更复杂的模式了，如"A，ABA，AB……"和"AB，C，A，B，C……"模式。

延伸：

分发给孩子们一些带有可活动部位的玩具（如玩具人、娃娃、塑料动物），让他们能够将其排列成不同的位置及运动模式。

在户外活动时间玩一些模式游戏，使用某种运动模式让孩子从一个位置运动到另一个位置（如从门到爬梯）。让孩子设计新的位置和运动模式作为当天的过渡活动。

案例评析：一方面，这个活动让数学模式的学习和运动结合起来，帮助学前儿童通过一系列的身体活动来感知模式的奇特和有趣；让模式的学习"动起来""玩起来"，而不是静静地坐在那粘贴、摆弄。另一方面，传统教学中学前儿童接触的视觉模式居多，听觉模式和运动模式较少，这一活动聚焦运动模式，让学前儿童通过多种感官来感知模式，也为模式的转换打下了基础。生活中的模式，如图5-6所示。

图5-6 生活中的模式

3. 注意模式的多元表征

从模式的载体来看，学前儿童接触最多的是视觉模式，因为颜色、形状等视觉属性是容易被感知的。例如，当给学前儿童呈现一串按"红黄、红黄、红黄"规律排列的串珠，希望其能用自己想到的任何形式来表现这一模式规律时，有的学前儿童找出活动室里的有颜色的串珠或积木来表现，但也有的学前儿童会用积木、剪刀、画笔等材料表征"一块积木两块积木、一块积木两块积木、一块积木两块积木"或"正放的剪刀倒放的剪刀、正放的剪刀倒放的剪刀、正放的剪刀倒放的剪刀"等模式。

学前儿童多元表征模式能力的发展

但是，学前儿童的模式认知是一个多感官参与的过程。有研究者指出，教师应该鼓励学前儿童从视觉、听觉、动觉上感受相同的模式规律，帮助其自身尝试将模式的一种表征形式转化为另外一种表征形式。多元表征泛指多元外在表征，即指将一个学习对象用叙述性表征（如口语、书面语言、数学公式、逻辑表示等）、描绘性表征（如图片、图画、数学模型、各种手势、表情动作等）多种形式显示出来。

⊙案例5-2：插图的边框与画框①（中班）

开始：

问问孩子们是否知道什么是画框，听听他们的描述。告诉孩子们他们将要为图画制作画框或边框，向他们展示一幅已制作好的带画框的样品，如将红色贴纸和蓝色贴纸红蓝相间地粘贴在图画的四周。提醒孩子们，他们的计划是用图片做一个模式（pattern），看他们是否能够说出是什么模式。

发给每个孩子一个装有装饰材料和胶水的篮子，让他们选择为一张或多张图片做画框，告诉孩子们，他们可以使用这些材料来装饰，并提示他们可以尝试制作自己的模式。

过程：

对孩子们使用材料的方式进行归类和评价，或者讨论他们设计出的图案。例如，你可以说："你的边框上有一颗蓝星星和一条白边，接着再有一颗蓝星星和一条白边，贴满了整个边框。"或者说："你在你的纸上只用了纽扣。"鼓励孩子们描述他们正在使用的材料及要做的图案，让他们看一看其他孩子使用的材料和制作的图案，重点说明他们之间的相似和差异。加入新的词汇，如模式、每隔一个、画框、边框、设计和装饰。

孩子们的话：

"我在使用星形和正方形。我在整个边框贴满了它们。"

"先贴一个大圆，再贴一个小圆，再贴一个大圆。它们的颜色是红色、绿色、黄色，红色、绿色、黄色。"

"我想要再贴一个菱形，但是这儿没有空地儿啦，我把贴纸粘满四周和中间啦。"

结束：

在便利贴上写下孩子们的姓名并贴在他们的作品上，或者鼓励他们自己写上名字，把做好边框的图片挂起来或者让孩子放到他们的柜子里以便放学后带回家。教师和孩子们一起把没用完的材料分类整理并收拾干净。

延伸：

在艺术区，把图片和装饰材料发给孩子，让他们在活动时间粘贴在彩色美术纸

---

① 爱泼斯坦. 我比你大，我五岁学前儿童数学能力的发展［M］. 霍力岩，等译. 北京：教育科学出版社，2012.

上。当孩子们结束绘画后，问问他们是否想为自己的作品做个画框。

做一本家庭相册（如可使用三孔活页夹），每个孩子一页，让家长带来孩子和父母的照片。在小组活动时间，让孩子为自己的单人照和全家照制作相框。

案例评析：教师将模式认知和手工艺术活动结合起来，在活动开始前就明确地提醒学前儿童这是一个"模式"活动，引导和暗示学前儿童观察不同画框的形状和颜色可以以一种有规律的形式进行装饰。学前儿童可以在动手操作中创造属于自己的规律。这类活动把模式的概念非常自然地嵌入到了日常活动中。

多元表征比起单一的表征具有角色互补功能、限制解释功能及结构深度理解功能。在数学教学上，创设或操作多元表征来适应知识和思维，可以帮助学前儿童更快地形成数学抽象表征，达到对数学本质的理解。[①] 模式多种形式的表征则可以为学前儿童模式认知能力的提升，尤其是模式比较与转换能力的发展奠定一定的基础，进而促进学前儿童思维的变通与扩展。

因此，我们在平时教育中，应该注意让学前儿童运用多种感官理解模式。例如，在下面的案例中，教师首先播放儿歌《拍手歌》，随后让学前儿童跟着节奏一起做动作（教师出示动作的图示），最后让学前儿童用符号表示其中蕴含的模式。这个案例蕴含着听觉模式（音乐）、动觉模式（动作）和符号描述。

拍手歌
如果感到幸福你就拍拍手
如果感到幸福你就拍拍手
如果感到幸福就快快拍拍手哟
看那大家都一起拍拍手
如果感到幸福你就跺跺脚
如果感到幸福你就跺跺脚
如果感到幸福就快快跺跺脚哟
看那大家都一起跺跺脚
如果感到幸福你就拍拍肩
如果感到幸福你就拍拍肩
如果感到幸福就快快拍拍肩哟
看那大家都一起拍拍肩

---

① 李静. 基于多元表征的初中代数变式教学研究 [D]. 西南大学，2011.

4. 突出模式教育的游戏性

数学集体教学活动、数学区角活动、生活中的数学活动是幼儿园数学教育的 3 个基本途径。在实践中，我们发现涉及模式的活动大多是材料操作，如开展"种花""种草""种菜""串项链""做手链""造房子"等活动；活动的重点也大多落在"AB 模式→ABC 模式→ABB 或 AAB 模式→AABB 模式"等的学习上。事实证明，纯粹按照知识要点安排活动进程，只单纯采用材料开展教育教学，不仅难以引起学前儿童的学习兴趣，更难以有效促进学前儿童的主动学习和有意义学习。对于学前儿童来说，游戏是他们学习和生活的重要部分，在帮助学前儿童学习模式的过程中，教师也要注意游戏性的原则。例如，在音乐区里，学前儿童可以自由选择图示，组成不同的规律，然后用动作表示出来；在音乐区里，教师提供装有不同量水的玻璃瓶，学前儿童敲击瓶子感受渐变音高的同时理解发展模式；在绘本区里，教师为学前儿童提供一些绘本，然后让其进行表演游戏，如《鳄鱼怕怕，牙医怕怕》《打瞌睡的房子》《好饿好饿的毛毛虫》等。

单元回顾

⊙ 单元小结

教育学界越来越认同"数学是关于模式的科学"。模式是一种跳出顺序排列的表面特征而发现序列结构的思维方式。数学模式常常被描述为：任何可预测的规律，通常包含数、空间或者逻辑关系。通过对本章的学习我们应该明确学前儿童模式能力的发展特点，以及根据学前儿童模式能力发展规律和特点设计和组织相关的教育活动。为此我们需要注意以下几点：

1. 拓宽对幼儿模式学习意义的认识，认同幼儿模式学习的价值。
2. 把握模式及儿童模式学习的发展特点。
3. 根据学前儿童模式能力发展的特点设计教育活动，引导学前儿童发现模式结构和生活中的模式、注意模式的多元表征，突出模式教育的游戏性。

⊙ 拓展阅读

1. 夏娟，刘婷，郭力平．美国早期学习标准数学领域之模式子领域的内容分析及启示［J］．幼儿教育，2010（Z5）：84-87．

2. 田方，黄瑾．聚焦儿童早期数学模式能力的发展——国际儿童模式能力评估与干预研究述评［J］．外国中小学教育，2019（3）：32-46．

3. 王冲.4—6岁儿童模式能力与推理能力的发展研究[D]. 陕西师范大学,2018.

4. 魏勇刚,尹荣,庞丽娟. 儿童模式认知的推理机制[J]. 心理科学,2010(3):649-650,648.

5. 张娴雯. 学前儿童模式扩展能力的研究[D]. 上海师范大学,2018.

6. 黄瑾. 学前儿童模式认知的发展与教育活动设计[J]. 幼儿教育,2012(7):34-35.

⊙ 思考与练习

一、简答题

1. 学前儿童模式能力的发展特点?
2. 学前儿童模式学习的意义?

二、论述题

1. 请记录一个学前儿童的模式学习活动并尝试对其做出分析和评价(认知水平、学习特点、参与状态、学习困难、需要的后续支持等)。
2. 请查找一本蕴含模式的绘本故事,并思考如何利用这个绘本开展模式活动。

三、活动设计

根据本章所学,尝试设计一节适合某一年龄段的学前儿童模式学习活动。

第六单元 学前儿童数概念和数运算的发展与教育

导 言

超市里欣欣和妈妈一起选购商品。玩具车的价格是 5 元一个、小饼干的价格是 3 元一袋、酸奶的价格是 8 元一盒。妈妈给了欣欣 10 元钱，那么欣欣可以购买几样她喜欢的东西呢？

数学与人们的日常生活息息相关。科研中运用数学，科学家可以更好地进行研究；生活中运用数学，人们可以顺利地进行购物等活动。研究证明，人们在婴儿时期就已经对数学有所感知，但是这种感知只是一种最初的、未经过训练的人类本能。[1]

学习目标

1. 掌握学前儿童数概念和数运算能力发展特点。
2. 掌握学前儿童数概念和数运算能力的教育策略。

---

[1] 周欣. 儿童数概念的早期发展 [M]. 上海：华东师范大学出版社，2004.

思维导图

- 学前儿童数概念和数运算的发展与教育
  - 学前儿童数数能力的发展
    - 学前儿童数数能力的发展特点
    - 学前儿童数数能力的发展要求
    - 发展学前儿童数数能力的教育策略
  - 学前儿童数量集合比较能力的发展
    - 学前儿童数量集合比较能力的发展特点
    - 学前儿童数量集合比较能力的发展要求
    - 发展学前儿童数量集合比较能力的教育策略
  - 学前儿童加减运算能力的发展
    - 学前儿童加减运算能力的发展特点
    - 学前儿童数运算能力的教育策略
  - 学前儿童数学符号能力的发展与教育
    - 学前儿童数学符号能力的发展特点
    - 学前儿童表征物体数量的4个水平
    - 发展学前儿童认识数学符号能力的教育策略

第一节 学前儿童数数能力的发展

一、学前儿童数数能力的发展特点

数概念的发展包括数数，学前儿童数数能力水平的高低代表了学前儿童数概念的发展水平。数数是学前儿童早期数概念发展中最重要的技能之一。[①] 学前儿童早期这一能力的发展和完善要经历相当长的时间。大多数学前儿童的数数能力的最终完善要到小学一年级才能完成。因为数数是一个比较复杂的认知活动，它涉及视觉、动觉、记忆和语言几方面的活动，以及对这些活动的组织和协调。此外，数数是一个涉及许多潜在技能的复杂过程，而这些潜在技能需要学前儿童花费大量时间才能掌握。学前儿童必须通过一定的学习和练习才能逐步掌握这一技能。

数数能力的发展涉及不同的子技能的发展和协调。数数，即数词和要数的单位实体之间的一一对应。数数能力包括 3 个组成部分：数词的学习、正确计数单位实体、数词与计数的单位实体一一对应，如图 6-1 所示。[②]

数词的学习 → 计数的单位实体 → 一一对应

图 6-1 数数能力的组成部分

（一）数词的学习

数词是学前儿童数学学习的重要工具，掌握数词是学前儿童最终在表征水平上

[①] 梅纳新.学前儿童数学教育［M］.上海：复旦大学出版社，2012.
[②] 赵振国.3—6岁儿童估算和数感的发展研究［D］.华东师范大学，2006.

理解抽象数字系统的第一步。数词通常应用于非常广泛的情境，包括唱数、数物体、基数、序数、测量及代名词。前3种是学前儿童先接触的数学情境，尤其是基数的掌握为序数、测量及代名词奠定了基础。富森（Fuson）等人将学前儿童数词的学习分为了两个阶段：初步获得数词阶段及数词的完善阶段。

富森划分的五个阶段

（二）正确计数单位实体

仅能说出数词还不能算作数数。学前儿童若要完成数数的行为，则必须首先建构可计数的单位实体，即数数必须有可供数的事物。这种事物可以是看得见的客观物体或视觉刺激（如图像）及听觉刺激，也可以是想象中的物体。在数数过程中学前儿童借助计数实体的媒介作用发展了对数的最初的理解。随着学前儿童对数的理解的发展，他们所需要依赖的实体的抽象程度不断提高，到最后，学前儿童不用依赖任何媒介就能完全理解一个数的含义[①]。

格拉泽斯菲尔德及其同行提出了5种具有不同抽象水平的可数实体

（三）数词与计数的单位实体一一对应

数数技能的第3个组成部分是在数词和计数的单位实体之间建立一一对应的关系。对学前儿童而言，这种一一对应的关系由两个部分组成：数词和指示动作之间在时间上的一一对应、指示动作和单位实体之间在空间上的一一对应。也就是说，指示动作作为一种媒介把数词和计数的单位实体从时间和空间上联系起来。由于学前儿童手、眼、口、脑协调能力差，在数数过程中经常会出现以下几种一一对应方面的错误：一种是数词和指示动作不同步，一种是指示动作和计数的单位实体之间没能一一对应，还有一种是前面两种一一对应错误的组合。学前儿童在数数过程中完成一一对应的能力很大程度上受物体空间排列方式和集合大小的影响。对学前儿童而言，集合越大越容易出现数数错误，物体在非直线空间排列情况下的数数要比直线排列情况下更难，所以错误也相对会多一些。研究表明，学前儿童数数过程中的一一对应能力在3岁至4岁半之间发展很快。

二、学前儿童数数能力的发展要求

基于学前儿童数数能力的发展特点，对于小、中、大班的学前儿童来说可以先

---

① 周欣. 儿童数概念的早期发展［M］. 上海：华东师范大学出版社，2004.

从手口一致的点数及数身边的事物开始,逐步发展他们的数数能力,见表6-1。

表6-1 学前儿童数数能力在不同阶段的发展要求

项目	小班	中班	大班
学习内容	1. 能手口一致地点数5个以内的物体,并能说出总数或者按数取物。 2. 能用数词描述事物或动作,如我有4本图书	1. 能手口一致地点数10以内的物体,并能说出总数。 2. 会用数词描述事物的排列顺序和位置	1. 能手口一致地点数10以上的物体,并能说出总数。 2. 学习按群计数。 3. 学习倒数

小班学前儿童数数能力发展的重点在于能够将数字和身边具体的事物联系起来。而中、大班的学前儿童数数能力发展的重点则在于能够不受顺序和位置的干扰,并利用抽象的数字表示具体的事物。

三、发展学前儿童数数能力的教育策略

(一)学前儿童正确数数的原则

罗奇尔·格尔曼(Rochel Gelman)和加利斯特尔(Gallistel)提出了正确数数的5个原则,即如果学前儿童想要成功地完成数数任务,就必须掌握以下5个原则:

(1)一一对应原则,指学前儿童必须理解数的集合中的每一个物体只能对应一个数词。也就是说,一个数词只能用一次,一个物体也只能数一次。

(2)固定顺序原则,即用于给每个物体加标签的数词的顺序应始终如一。这是由数词系统本身特定的顺序和规律决定的。也就是说,不管是数什么物体,不管从什么顺序数,数词系统都规定是从1,2,3开始往后数的,如图6-2所示。

图6-2 固定顺序原则

(3)基数原则,指学前儿童理解用于数某个集合最后一个物体的数词同时代表了这个集合的总数。掌握这一原则有两种评价方法:一种是要求学前儿童说出一个集合的物体的数量是多少(说出总数);另一种是要求学前儿童从许多物体中拿出特定数量的物体(按数量取物)。

(4)抽象性原则,指前面所说的数数的3个原则可用于任何一种集合,即任何由可数实体组成的集合都可以计数。如图6-3所示,不管是数苹果还是数胡萝卜,

都应该遵守——对应原则、固定顺序原则和基数原则。

图 6-3 抽象性原则

（5）顺序不相干原则，即一个集合的总数与点数这个集合中的每一个物体的顺序没有关系，不管是从左往右数还是从右往左数，总量是不变的。研究表明，学前儿童对这一原则的了解也要有一个过程：学前儿童在开始时总是运用数数的惯用方式，即从左往右按物体的排列顺序数，认为这是唯一的正确数数的方法。5 岁学前儿童中仍有不少人认为从一排物体的中间或反方向开始数是不对的数数行为。

（二）促进学前儿童正确数数的具体策略

为了让学前儿童掌握这 5 个数数的基本原则，我们可以从以下几个方面来尝试[①]：

1. 利用生活情境帮助学前儿童主动数数

学前儿童掌握数知识是为了解决实际问题，绝不是仅仅为了知道"这是几个"，因此成人拿着抽象化的数字符号或者纸质数学作业放在孩子面前时，他们是不会感兴趣的。学前儿童的数学是来源于生活并运用于生活的，我们生活中到处充满着让学前儿童接触数知识的机会，如家里有几个人要吃饭就要拿几个碗。去超市时，家长可以让孩子去挑选一定数量的商品，如让孩子去拿 3 包纸、2 袋糖等。成人应该学会捕捉机会，提高自己对数知识的敏感度，引导学前儿童运用各种感官在不同情境中感知、理解和运用数、量及数量关系。

2. 让学前儿童数不同的实体

最开始时，很多学前儿童认为 2 就是 2 个橘子，不能是 2 个苹果或者 2 个人，这表明其不具备抽象性。因此，我们应该让学前儿童数不同的实体，数数视觉上的桌子、椅子、人、卡片、橘子、苹果等，数数听觉上的各种声音，数数做出的动作，

---

① 乔慧，张佳钰，黄瑾. 数概念，从孩子学数数说起［J］. 为了孩子：2—7 岁（下）. 2020（10）：18-19.

还可以数头脑中想象的实体。当学前儿童积累了大量数数经验之后就会发现，不管是2个橘子，2声猫叫，还是2声拍手声，或是想象的2块糖，都是2。学前儿童从而会慢慢发展出数数的抽象性。

案例6-1：10以内的点数（中班）[①]

活动目标：

（1）能手口一致地点数10以内物品并说出总数。

（2）在操作中让学前儿童感知1~10的数量关系。

（3）乐于参与数学活动。

活动准备：

（1）教具准备：彩色串珠、数字卡片、圆点卡。

（2）经验准备：学前儿童已经能够非常流畅地从数字1数到10。

活动过程：

1. 预备活动

师幼互相问好。

走线，线上游戏：拍手歌，学前儿童边走线边念儿歌，并创编相应的动作。

2. 探索活动

教师出示"彩色串珠"，请学前儿童数一数每种颜色的串珠上有多少粒"珠宝宝"，如红色1个、绿色2个、粉色3个、橙色4个、天蓝色5个、紫色6个、白色7个、棕色8个、蓝色9个、金黄色10个。要求学前儿童手口一致地点数，同时，与数字卡片上的数字对应。

3. 集体游戏

（1）数串珠，说数字。学前儿童同教师指令说出不同颜色的串珠数量，如蓝色的串珠一串有9个，紫色的串珠一串有6个。

（2）数字宝宝找朋友。

4. 操作活动

请学前儿童自己结组来比比谁数的"数字宝宝"更快、更准确。

5. 活动延伸

在日常生活中点数10以内的物品，帮助学前儿童积累相关的经验。

案例分析：

活动中，当学前儿童建立了初步的数概念时，教师应十分关注其对此的运用，

---

① http：//data.06abc.com/20110523/74940.html.

使之成为帮助他们解决问题和学习新知识的基础。

点数要求学前儿童学会手口一致地点数实物并能说出总数，即学前儿童能口说数词、手点实物使每个数词与集合内的每个元素建立一一对应的关系；数的结果会用数词表示。家长可以有意识地引导学前儿童点数物品。例如，在逛超市时，让孩子数数有多少种水果；买菜回来让孩子数数买了几种菜；让孩子数数家里有多少人，有多少把椅子；等等。

3. 允许学前儿童从不同的方向数

相关研究已经指出，对于学前儿童来说，材料的摆放及方向都会干扰他们的数数结果。一般情况下，学前儿童会从左往右数物体，这也许跟教师的教育行为有关，因为教育实践中，教师会认为"从左往右这样按顺序数，才不会数乱"。这就造成了，当我们要求学前儿童从不同方向数的时候，正确率不高。因此，我们应该让学前儿童积累按照不同顺序进行数数的经验，使其既可以从左往右数，也可以从右往左数，还可以从上往下数……我们提供给学前儿童待数的物体不仅要有横排的排列方式，还要有竖排的排列、波浪形的排列、圆圈的排列等。图6-4所示为两组不同方式排列的材料。

图6-4 两组不同方式排列的材料

4. 促进学前儿童一一对应数数的能力

当学前儿童刚开始数数时，很难做到嘴巴、手指头和待数物体的一致性，要么是嘴巴快了，要么是手指快了，但是学前儿童基数概念获得的前提就是手口一致地点数。因此，我们要想办法发展学前儿童一一对应数数的能力。我们可以运用格子游戏来促进学前儿童这一能力的发展。例如，我们可以让学前儿童多玩飞行棋游戏，学前儿童掷骰子，骰子为几个点就走几步，每一步都

图6-5 飞行棋游戏

有一个格子的位置,这种游戏从视觉上帮助学前儿童把一连串的数词分割开了,如图 6-5 所示。

第二节 学前儿童数量集合比较能力的发展

皮亚杰的守恒研究发现,对于学前儿童而言,即便他们已经获得了数数的技能,但是他们也不会在比较两个集合的时候主动运用这项技能,反而依赖于视觉性提示来解决数量比较。目前提出了好几种假设:第一,学前儿童不具备一定的数数能力。第二,学前儿童信息处理能力比较差。学前儿童不运用数数是因为他们无法记住这种测查中的提问。有些学前儿童虽然数了,但是他们并没有用数的结果来做出数量多少的判断。对这些学前儿童来说,他们可能已经忘了他们数过的数量。第三,学前儿童对自己的数数能力缺乏自信心。第四,他们不知道数数的方法比他们所用的其他方法更有效。第五,学前儿童缺乏用数数比较集合的学习经验。

由于这些因素的存在,我们有必要了解一下学前儿童数量集合比较能力的相关知识。

一、学前儿童数量集合比较能力的发展特点

(一)学前儿童理解两个集合的大小关系的能力发展较早

研究表明,婴儿在几个月时就已经可以感受两个不同集合数量的差异。大概在四五个月时,婴儿能对物体的持续量的多少做出判断,如大小或长短。他们在这一年龄只是对量的多少有一个整体上的认识。这种能力可能是他们后来对不持续量进行比较的基础。

3 岁和 4 岁的学前儿童不仅能对与数量和一一对应有关的信息进行推断,还能

区别总数是多少和两个集合比较的活动之间的差别。

(二)学前儿童在用数数比较集合时的局限性和潜力

学前儿童在学前阶段可以数得很好,可以运用数数去找出一个集合的总数,但是往往还不能用数数对两个集合的数量大小进行比较。他们在比较两个固定集合时极易受视觉暗示的影响,就像学前儿童在皮亚杰的守恒测验中的表现一样。学前儿童的年龄越小,他们在比较集合时就越可能受长度或密集程度等视觉暗示的影响。这样就会经常出现错误的答案。学前儿童在比较集合数量时,往往运用表6-2所示的几种策略。

表6-2 学前儿童进行数量比较时的策略

策略水平	策略名称	策略举例
1	目测 (视觉提示)	左边是几个雪花片,右边是一大堆雪花片,学前儿童用眼睛一看就能判断出来。或者第一排松散地摆着5个雪花片,第三排紧密地排列着5个雪花片,第三排看起来较长,学前儿童就判断第三排雪花片多
2	一一对应	第一排有7个圆点,第二排有6个圆点,学前儿童给两排圆点找朋友,最后发现第一排圆点还有一个没有好朋友,所以第一排圆点多
3	数数	第一排有5个雪花片,第二排有6个雪花片。学前儿童先数数第一排,再数数第二排,然后根据6比5大,判断第二排雪花片多

> **小贴士**

皮亚杰的守恒测验

把两个数量相等的集合的物体排列成平行的两排呈现给学前儿童。这两排物体最初是摆成一一对应的形式。等被试者肯定了这两排物体的数量相等以后，主试者就提醒被试者"注意看"。然后，主试者则改变其中一排物体的排列长度（延长或缩短物体间的距离），使这一排物体看起来比另一排长一些或短一些。主试者这时再让被试者比较两个集合的多少。

向学前儿童展示两排圆片，并且圆片的放置方式完全对齐，学前儿童很容易就能说出，两排圆片是一样多的，如图6-6所示。

图6-6 一一对应排列的圆片

改变第二排圆片的排列长度，学前儿童则会出现认为第二排圆片更多的现象，如图6-7所示。

图6-7 非一一对应排列的圆片

⊙ 问题与思考：

你认为学前阶段，学前儿童具有数量守恒能力吗？请结合文献思考这一问题。

（三）学前儿童是否用数数来比较集合，受活动情境因素的影响

从上面表格可以看出，学前儿童在比较集合的数量时有不同水平的策略，运用数数这一策略进行比较对学前儿童来说有一定的挑战性。学前儿童在数量集合比较中是否选择运用数数的方法来解决问题受活动情境条件中几方面因素的影响，如集合的大小、材料的种类、材料的出示方式及教育者的引导行为和语言。

1. 集合的大小

集合的大小会影响学前儿童是否用数数进行数量集合比较。学前儿童在比较小

的集合时更愿意用数数的方式。

2. 材料的种类

对于幼小的学前儿童来说，他们很可能受不同材料的影响。例如，尺寸较大或者颜色更鲜艳的材料更有可能引导学前儿童去主动数数。而且大的彩色图像更能够提高学前儿童运用数数和匹配方法的准确率。

3. 材料的出示方式

平行排列方式的弱点是它会提供具有误导性质的视觉暗示，特别是这一排物体的排列长度和它的数量的大小成反比的时候。学前儿童在没有视觉暗示的情况下更倾向于用数数的方法来比较两个集合的大小。如果我们把两排物体采用相互垂直的方式排列，不同于习惯上的平行排列方式，则可以促进学前儿童用数数的方法来比较。

4. 教育者的引导行为和语言

教育者的引导行为和语言，如动作或指导语，有可能使学前儿童做出不同的回答。年幼的学前儿童倾向于把说话人的动作和行为看作是他们言语含义的一部分。学前儿童有可能把教育者的引导行为和语言当作一种有意的暗示。

二、学前儿童数量集合比较能力的发展要求

根据皮亚杰等学者的研究，视觉和目测能力在学前儿童集合比较能力最初的发展过程中有十分重要的作用。因此，教师首先可以帮助学前儿童有意识地利用视觉进行不同集合间的比较，同时利用数数的方式进行验证。学前儿童数量集合比较能力在不同阶段的发展要求，见表6-3。

表6-3　学前儿童数量集合比较能力在不同阶段的发展要求[①]

项目	小班	中班	大班
发展要求	1. 进行20以内的唱数。 2. 通过点数说出10以内物体的数量。 3. 采用目测的方法直接说出3以内物体的数量。 4. 根据所出示物体的数量（5个以内）从一堆物体中拿出数量相等的物体	1. 进行50以内的唱数。 2. 进行10以内的倒着数、接着往下数。 3. 通过点数说出20以内物体的数量	1. 通过点数说出20以内物体的数量。 2. 进行100以内的唱数（1个1个地往下数和10个10个地唱数到100）。 3. 不受物体摆放形式的影响，通过点数说出20以内物体的数量。 4. 按群计数，如2个2个地数或5个5个地数的方式正确计数20以内的物体

[①] 陈杰琦，黄瑾. i 思考 数学核心经验游戏包 [M]. 南京：南京师范大学出版社，2012.

三、发展学前儿童数量集合比较能力的教育策略

（一）提升学前儿童的数数能力

运用视觉提示的策略进行数量集合不可靠，容易出错。运用一一对应的策略进行数量集合比较，较为费时费力。因此，随着学前儿童年龄的增长、经验的累积，我们希望其能够运用数数这一策略进行数量集合比较。如果要用此方法进行比较，首先要提高学前儿童的数数能力，那么我们就要引导学前儿童数不同的实体（具体物体、动作、声音、符号、表征等），从不同的顺序数数，利用格子游戏促进学前儿童的一一对应能力，等等。

⊙ 案例6-2：森林小客人[①]（小班）

活动目标：

（1）在游戏、情境中运用一一对应的方法解决问题。

（2）能发现物品用途，并按标记给物品归类。

（3）体验数学游戏活动的乐趣，愿意与同伴共同游戏。

活动准备：

（1）礼物（食物、玩具和服装）及小动物图卡，分类标记。

（2）课件：小动物的家、音乐《我是汽车小司机》。

活动过程：

一、活动导入

情境导入活动，激发兴趣。

教师："今天要去森林里的小动物家去做客，我们要准备些什么呢？"学前儿童进教室观看礼物，交流礼物的名称及主要特点。

教师："这是什么礼物？可以做什么？"

教师："这么多礼物，我们怎么拿过去？"引出一人拿一个，发现礼物数量和学前儿童人数不一样多。

二、去森林里，用一一对应的方法坐大巴车的座位

教师："礼物准备好，我们要出发了，我们怎么去？"引出坐大巴车去。

教师："车上的座位够不够坐呢？我们怎么才可以知道？"请学前儿童练习一一对应坐座位，发现椅子和人数的关系——不一样多。

[①] 闵莅夏. 科学活动：森林小客人[J]. 儿童与健康，2019（8）：57-58.

教师:"还有一把椅子是谁坐?"引导学前儿童找出坐此位置的人——教师扮演司机,播放音乐出发去森林。

三、游戏:猜猜房子里的小动物

观看课件图片。

教师:"这几间漂亮的小房子是谁的家呢?"引导学前儿童观察标记猜测小动物,并揭晓答案。

小结:每间小房子住了一只小动物。

四、游戏:送礼物

教师:"小动物家到了,我们先要干什么?你打算把礼物送给谁?"引导学前儿童说出自己的想法。

教师:"小动物知道有这么多礼物可以收,有吃的、有玩的,还有穿的,它们真高兴!它们还想请小朋友帮忙把礼物摆整齐。"观察标记,理解意义,分组请学前儿童将礼物归类,并检查各组礼物。

小结:根据礼物特征,将小动物图卡和分类标记卡贴在黑板上,如表6-4所示。

表6-4 黑板上的小动物图卡和分类标记卡

	小猫	小狗	小羊	……
食物				
服装				
玩具				

五、结束部分

教师:"今天到森林里来做客,你们心情怎么样啊?天晚了,我们该做什么啦?"引导小朋友和小动物告别,坐大巴车回家。学前儿童站两队,手拉手出教室。

教师:"你们是怎么拉手的?两队的人数怎么样?这个宝宝没有朋友怎么办?"

活动延伸:

在日常活动中,引导学前儿童探索一一对应方法的应用,如排队、分发餐具等。在区域活动中,投放一一对应的活动材料,让学前儿童进行游戏和练习。

案例分析:一一对应是比较集合数量是否相等较直接、可靠的方式,对于小班学前儿童或者发展水平不高的学前儿童,我们不必强求其一定要运用数数进行集合比较,可以引导学前儿童运用"找朋友"这样一一对应的策略,让其在慢慢接触的过程中去感知数量之间的关系。也就是说,学前儿童通过尝试一一对应的匹配操作能更好地为其进行"比较活动"做准备。小班学前儿童的注意力容易分散,不能持久地参与活动,而且他们对自己感知到的东西缺少表达的习惯和方法,因此萌发他们参与活动的兴趣,培养他们表达自己的想法很重要。游戏和情境是小班学前儿童非常感兴趣的活动,本活动围绕"去森林里做客"的情境展开,引导学前儿童在准备礼物、坐车、送礼物等游戏和情境中掌握一一对应的方法。

(二)引导学前儿童感知数词位置与数量之间的关系

如果学前儿童想用数数的方法比较两个集合,就必须具备3个前期经验:会数两个集合并知道总数是多少,数完第二个集合还记得第一个集合的总数,知道数词位置与数量之间的关系。这3个经验中第3个经验对学前儿童来说是最有挑战性的,所以我们应该利用各种材料让学前儿童积累这个经验。

图6-8(a)所示的蓝红数棒,可以让学前儿童理解每一个数字就是一个单位;几个单位就代表了几个数词对应的量;数词越大,对应的数棒越长。另外,图6-8(b)所示的教师自制教具也具有同样的设计理念:数词越大,积木就越高。这种让抽象概念变得"可视化"的教具是非常符合学前儿童"具体形象思维"的特点的。

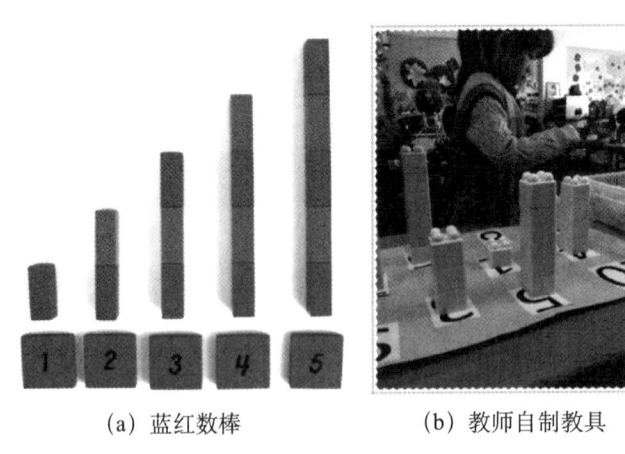

(a)蓝红数棒　　(b)教师自制教具

图6-8　"数"和"量"相一致的材料

第三节 学前儿童加减运算能力的发展

一、学前儿童加减运算能力的发展特点

1. 学前儿童加减运算能力的发展具有阶段性

学前儿童对加减运算概念的理解始于物体的持续量（如水、沙等）的增加和减少，然后发展到物体的非持续量（单个物体）的增加和减少。

学前儿童最初是在实物的水平上进行加减运算的，随着年龄的增长，更高层次的加减运算能力可以从两个方面反映出来：一是抽象的水平逐步提高，二是运算方法选择的灵活性增加。

儿童加减运算能力的发展阶段

学前儿童的加减运算能力经历了一系列的发展阶段。最初，学前儿童必须借助感知性实体，即实物的演示来进行，其在开始时只能解那些涉及具体事物的加减运算题。然后，他们慢慢地把实物和口头数数结合起来加以运用。大量研究表明，数数在学前儿童做加减运算题的能力中担任重要的角色，因为他们最初不可能在抽象的水平上思考加减运算题。最后，学前儿童可以完全运用抽象的单位实体，开始用数的组合知识和口诀解加减运算题。也就是说，学前儿童能够运用数符号系统本身进行计算。

研究表明，大部分学前儿童都会经历以上所说的几个发展阶段，但每个学前儿童在每一个阶段的发展水平可能不同，达到各阶段的年龄也可能不同，各阶段持续时间的长短也不一样。学前儿童加减运算能力的发展阶段给我们的教学提供了一个依据，教学所用的方法应和学前儿童的发展阶段一致，并能最大限度地运用学前儿童已有的丰富的非正式数学知识。

2. 学前儿童学习加减运算从解口述应用题开始

学前儿童最初学习简单的加减运算是从学解简单的数学口述应用题开始的，而不是从抽象的数字试题开始的。

口述应用题是根据日常生活、生产实践中的实际问题，以语言形式呈现的含有情节内容的数学问题。一方面，故事或字词问题把运算和真实生活情境相结合是教学的核心要素，学前儿童正是通过此过程在头脑中建构整数运算的概念的。研究表明，学前儿童是在问题解决的过程中形成数学知识的，而不是孤立地学习这些知识然后再去单独运用这些知识。

口述应用题有助于学前儿童掌握与加减相关的术语本身具有的丰富意义，如"和""加上""取出""减""多一个""少一个"，在项链上增加一些珠子，在游戏中区分各种颜色的玩具硬币，或者把孩子分成几个小组。学前儿童通过解决这些具有实际意义的问题把具体的物体模型与某些抽象的数字模式联系起来。例如，"多一个"就是与计数顺序中的下一个数字相联系，"少一个"则是与计数顺序中的前一个数字相联系。这时，学前儿童开始把这些计数模式等同于"加1"或"减1"，建构了加减运算与计数的联系。总之，口述应用题用语言描述了"真实生活"中的一些数量事件，给学前儿童提供了可以帮助他们理解加减运算的具体情境，而且这些情境都是学前儿童所熟悉的。

另一方面，像"往袋子里扔豆子而得分"这类真实的活动，或者像"红队再加入一个队员，会有多少人"这样的真实问题，会激发学前儿童积极、努力地寻找问题的答案。其他一些与教学实物有关的、人为设计的问题，或只用练习册上的彩色图片进行提问，则会使学前儿童感到困惑。而且这些问题也很难激发他们寻找答案的动机。学前儿童通常较在意那些他们认为具有特殊意义的事物或是生活中重要的事物。

过早地引入运算符号会给学前儿童造成学习上的困难。也就是说，学习加减运算从介绍正式的算式开始会给学前儿童造成学习上的困难。

3. 学前儿童学习减法要难于加法

学前儿童学习加减运算时，先学会理解的是加法运算，学习减法要难于加法。原因如下：

（1）受生活经验的影响。学前儿童在生活中遇到的累加的情境较多。例如，计数就是从小到大。

（2）受运算方法的影响。学前儿童一般运用顺着数和倒着数的方法计算。在进行加法运算的时候，可用顺着数的方法来解决；在进行减法运算时，可用倒着数的方法计算。生活中学前儿童倒着数的经验相对较少,所以其对此会感到困难。

因为减法是加法的逆运算,学前儿童用数的组成知识学习减法时,需具备两个数群关系的逆反能力,即将两个部分数合起来等于总数,转换成总数减去一个部分数,等于另一个部分数。其实在解决减法问题时,很多学前儿童运用的是加法而不是减法,如提问学前儿童"小熊一共有 10 个苹果,给了鸡妈妈 3 个,还剩几个?"学前儿童可能会回答"7 加上 3 等于 10,所以还剩 10 个"。可见,当加法转换成减法时,需要做一个逆转,因而学前儿童学习减法要难于加法。

二、学前儿童数运算能力的教育策略

(一)加减运算的教育内容和要求

加减运算要求学前儿童不仅要理解抽象的数字的含义,同时还要能够利用抽象的数字表示某个具体的事物或者进行运算。教师必须清晰地认识到学前儿童加减运算是一个相对漫长的过程,在学前儿童的不同阶段有不同的发展要求,见表 6-5。

表 6-5 学前儿童加减运算能力在不同阶段的发展要求[①]

项目	小班	中班	大班
发展要求	1. 知道拿走物体,原来的数量会减少。 2. 知道添加物体,原来的数量会增多	1. 进行 5 以内数的分解与组合。 2. 借助实物或情境理解 10 以内集合的数量变化	1. 进行 10 以内数的分解与组合。 2. 用算式来表示生活中遇到的数量变化和加减问题。例如,3 个草莓和 5 个草莓放在一起可以用"3 + 5 = 8"来表示

(二)学前儿童加减运算的具体教育策略

1. 充分利用自然的和非正式的活动经验

数运算教学应该始于自然的和非正式的活动经验,这些经验使学前儿童熟悉数量及数量之间的关系。如果给学前儿童提供了游戏的机会及需要解决的字词或故事问题,并且鼓励他们创编自己的问题,就可以引导他们构建自己对减法的理解。学前儿童既会加法又会减法时,可以让他们学习掌握决定该使用哪种运算的线索。例如,家里来了两个好朋友,每个好朋友吃 2 块饼干,那么 2 个好朋友就需要 4 块饼

---

① 陈杰琦,黄瑾.i 思考 数学核心经验游戏包[M].南京:南京师范大学出版社,2012.

干。又如，加餐的时候，3个小朋友合用一个盘子，盘子里一共有6块饼干，那么每个小朋友就只能有2块饼干。另外，学前儿童玩扑克牌的过程中也蕴含着加减运算的概念。所有这些经验都属于学前儿童的非正式的活动经验，即不是通过教师的传授而获得的，这些非正式活动积累的经验对学前儿童来说是宝贵的，我们要促进他们积累这些经验。

2. 表演运算故事

对学前儿童来说，在真实的生活情境下进行运算可以激发他们的积极性，可以使他们注意到数学的实际用途。我们可以让学前儿童利用周围的真实物体作为小道具来表演故事。例如，红红从图书角借了6本书，林林借了2本书，他们一共借了多少本书？林林和红红去了一趟图书角，产生了书的总数的问题。又如，学前儿童利用手里的小鸟道具来表演"一只树上有2只小鸟，又飞来了3只，现在一共有几只"这类情境的题目。

⊙案例6-3：姜饼人[①]（大班）

活动目标：

（1）理解故事情节，尝试用多种方式表示姜饼人逃跑过程中的数量变化。

（2）体验故事表演的乐趣。

活动准备：

（1）故事背景图、人物图片（姜饼人、老奶奶、老爷爷、老黄牛、小松鼠、小熊等）。

（2）装扮道具（围裙、牛角头箍、自制松鼠尾巴、拐杖、自制熊掌等）。

（3）算式卡片（1+1=2、2+1=3、3+1=4、4+1=5等）。

活动过程：

一、欣赏故事

教师："今天我来和你们说一个姜饼人的故事。仔细听一听，故事里的姜饼人会发生什么事情呢？"

（1）教师边讲述故事"姜饼人"，边演示人物图片，如图6-9所示。讲述故事时，人物对话和旁白中"又来了一头老黄牛""小松鼠也来了""小熊也来帮忙""人越来越多，队伍也越来越长了"等要作为重音强调。演示人物图片时，要通过图片之间距离的变化来显示人物一个一个加入的过程。故事内容

[①] 赵琳，钱丽珍. 基于多元表征的幼儿数运算集体教学活动的设计理念——以数学集体教学活动"姜饼人"为例［J］. 幼儿教育，2013（Z1）：19-21.

如下:

在森林的小木屋里,一个老奶奶做了一个漂亮的姜饼人。正在老奶奶得意的时候,姜饼人一下子从桌子上站了起来,冲出了门逃走了。老奶奶发现了马上去追姜饼人,边追边说:"站住、站住!"姜饼人很得意地说:"你抓不住我,因为我是姜饼人!"老爷爷看见了,也拄着拐杖追了上来,边追边说:"站住、站住!"姜饼人说:"你们抓不住我,因为我是姜饼人!"老奶奶、老爷爷追着姜饼人跑啊跑,又来了一头老黄牛。老黄牛边追边说:"站住、站住!"可姜饼人哈哈大笑:"你们抓不住我,因为我是姜饼人!"瞧,人越来越多,队伍也变得越来越长了。快看,小松鼠也来了,它甩动着大尾巴边追边说:"站住、站住!"可姜饼人大笑着说:"你们抓不住我,因为我是姜饼人!"最后,小熊也来帮忙,它摇晃着胖乎乎的身体,边追边说:"站住、站住!"姜饼人还是说:"你们抓不住我,因为我是姜饼人!"人越来越多了,姜饼人回头得意地说:"哈哈,看我多厉害,这么多人都抓不住我,因为我是姜饼人!"

图 6-9 姜饼人

(2) 教师提问:"发生了什么事情?哪些人来追姜饼人了?"

教师(小结):"老奶奶、老爷爷、老黄牛、小松鼠和小熊一个接着一个来追姜饼人了,人越来越多,队伍也越来越长了。"

二、故事表演

教师:"姜饼人的故事真有趣,大家一起来表演一下吧!哪个小朋友想演谁就用动作来告诉大家,大家猜出来了就请他来表演。你们确定好之后可以用道具装扮一下自己。不表演的小朋友当观众,一边观看表演一边讲故事。"

(1) 第一次表演:重点是熟悉故事内容。

(2) 第二次表演:重点是在故事表演的同时,教师和学前儿童进行问答。例如,"又来了一个谁,现在一共有几个人在追姜饼人了?""队伍里一共有几个人?"

(3) 第三次表演:重点是在故事表演的同时,教师引导学前儿童用算式归纳出故事情节的发展变化。例如,"能不能用一道算式来表示?"问答后,教师边总结边出示算式"1+1=2""2+1=3""3+1=4"等,并以"2+1=3"为例,引导学前儿童说说算式中的每个数字所表示的意义,如"2"表示姜饼人和老奶奶,"1"表示老爷爷,"3"表示现在队伍里一共有3个人。

活动延伸:

(1) 教师可根据本班学前儿童的数运算水平和实际教学情况,灵活地展开相应的故事情节。例如,兔子双胞胎姐妹也来帮忙了,加入了大伙的队伍;老奶奶跑不动了,停下来歇歇;老爷爷也跑不动了,也停下来歇歇……引导学前儿童列出相应的算式,理解"+2""-1"等数运算概念。

(2) 教师提供各种道具,在数学区角活动中开辟一处用于表演《姜饼人》剧目的小舞台,小观众可用算式卡片点戏,小演员需根据算式卡片编戏、演戏。

案例分析:

数学集体教学活动"姜饼人"借助一个有趣的故事情境帮助学前儿童体验和发现故事情节中的数运算概念,巧妙地融合了实物加减运算教学、口述应用题教学和列式运算教学3种教学形式。在多元表征环境中感知数运算概念的基础上,学前儿童逐步运用各种形式尝试对数运算概念进行表征,并试图建构不同表征形式之间的联系,从而加深对数运算概念的理解。"姜饼人"中所蕴含的数学核心概念是数运算中的数量变化,即给一个集合里添加物体能使集合变大。

表演运算故事的过程中,教师应做到:

(1) 提供多种材料以融合实物加减教学和口述应用题教学,让学前儿童在实物情境表征、口语表征和动作表征中初步感知故事情节中的数运算问题。

(2) 运用恰当的语言进行师幼互动,以呈现故事中的数运算问题,加深学前儿童对数运算概念的理解。

(3) 在实物加减教学和口述应用题教学的基础上进行列式运算教学,鼓励学前儿童运用数学符号来表征故事情节中的数运算概念,培养学前儿童的符号表征能力。

(4) 灵活推动故事情节发展,鼓励学前儿童运用符号来表征故事情节中的其他数运算概念,并在数学区角活动中进行逆向操作,以培养学前儿童双向转化的表征能力。

3. 创设运算的具体问题情境

加减运算的学习应该设置在真实的生活背景下。例如，假设小林和小红从图书角借了 10 本书，每次归还不同数量的书本到图书角，请他们计算每次还剩下多少本书。又如，把小朋友分在不同的组里，假设一个组有 5 名小朋友，另一个组有 3 名小朋友，那么哪组的小朋友更多一些？多几个？我们是怎么知道的？

当学前儿童熟悉了教师设计的故事性问题后，他们也可以口述或者记录下自己独创的问题，记录下或者口述解决的方法。

通过以上各个步骤让学前儿童对数运算概念有所理解，是提高他们数学能力的教学方法。如果只是教他们机械运算方式，如让学前儿童伸出 10 个手指，弯曲 2 个，剩下 8 个，即 10 减 2 得 8，这种方式虽然快捷，但无法增进学前儿童的理解力和思考力。

> **小贴士**
>
> ### 促进数学和科学探究的材料
>
> 学前儿童几乎能对所有的物体和各种材料进行操作。教师们必须确保教学中包含促进探索及思考数学课科学探究的内容。
>
> ① 包含数字、数学或科学符号的文字材料：各种标志牌、标签、小册子及印有图表的广告。
>
> ② 上面带有数字的材料：计算器、纸牌、体温计及用骰子玩的简单棋盘游戏。
>
> ③ 用木头、塑料或纸板做的数字（确保它们足够结实，以便学前儿童抓握、分类、复制和临摹）。
>
> ④ 学前儿童很容易进行计数的单个的东西：小球、积木、贝壳、筹码和瓶盖。
>
> ⑤ 成对的用来建立一一对应关系的东西：钉子和钉板、彩色记号笔和笔帽、鸡蛋盒和玩具鸡蛋。
>
> （资料来源：安·S. 爱泼斯坦. 有准备的教师：为幼儿学习选择最佳策略 [M]. 李敏谊，张晨晖，郑艳，等译. 北京：教育科学出版社，2012.）

第四节 学前儿童数学符号能力的发展与教育

数学符号在数学教育心理学中一般被称为数学外在表征或数学表征,其相关研究主要集中在数学多元表征方面。[1] 但学前儿童早期书面数学符号习得方面的研究并不多。

数学符号运用对个体思维和认知发展有重要影响。首先,它是学前儿童从具体数学思维向抽象数学思维转化的标志。当学前儿童能阅读和理解数学符号时,这种把数从具体事物参照体系中独立出来的过程就趋于完善。其次,它提供了一种学前儿童和成人共享的认知模式,为学前儿童和成人进行数的交流提供了基础。当学前儿童开始运用这些符号时,它们便很快成为学前儿童数学思维的一部分,并为学前儿童进一步的数学学习提供更宽泛的可能和前提。[2]

一、学前儿童数学符号能力的发展特点[3][4]

日常生活中充满了数字,学前儿童在理解和使用数字之前就已经开始接触数字,如门牌、电话、闹钟、车牌、运动衣上都有数字。不同的情境下,数学符号代表的意义不同。因此,让学前儿童认识数字,不是纯粹的让他们认读数字,而是要引导他们理解数字所表达的实际意义,理解数字是在抽取实物相关特征的基础上,对其本质特征的一种概括和提炼。学前儿童在生活中接触到的数字较多是用以表征数量的,此外还有表征次序或位置的,以及表征名称或时间的。学前儿童平常接触的数

---

[1] 王成营. 数学符号意义及其获得能力培养的研究[D]. 华中师范大学, 2012.
[2] 周欣, 王滨. 4—5岁儿童对书面数符号的表征和理解能力的发展[J]. 心理科学, 2004 (5): 1132 - 1136.
[3] 柳笛, 杨纯. 儿童数量表征研究评述[J]. 华东师范大学学报(教育科学版), 2017 (5): 138 - 145, 163.
[4] 田方. "数概念"核心经验概说[J]. 幼儿教育, 2016 (25): 11 - 13.

字所表征的含义大致有以下 4 种类型。

(一) 表征基数

基数是指用来表示集合中元素个数的数。与命名数、参照数不同，基数和序数是学前儿童建立数感的重要基础。基数能够回答"多少"的问题。例如，"今天班里来了几个小朋友"，如果答案是"20"，则"20"就是一个基数，它表示班里出勤的小朋友这一集合的数量。理解基数的含义是进行数数及数运算的首要基础。

(二) 表征序数

序数是用以表示集合中元素排列次序的数。序数并不表示数量，而是具体指明排列次序。序数还能用来比较数量属性，如如果一个玩具娃娃在五个娃娃中第二高，那就是还有一个娃娃比这个娃娃高，是第一高的。基数和序数的含义既有区别又有联系，如学前儿童在数一盘糖果时，点一块，数一块，点到最后一块时，数出的数字"6"就表示了这盘糖果的数量，这是基数的含义；若学前儿童手点第 6 块糖果，说出数字"6"，代表的就是序数的含义。刚开始学习基数和序数时，很多学前儿童容易将两者混淆，这是学前儿童发展过程中的正常现象。理解这一点，有助于教师根据学前儿童的特定回答，洞察他们的思维过程，从而帮助他们形成稳定的基数和序数的概念。

(三) 表征命名数

命名数是指用来给一个集合中的元素命名的数，如电话号码、电视频道、社会保险号、邮编、运动衣上的数字、房间号等，它们只是一个名称或分类编号，主要用以标记和识别。

它们并没有实际的数学意义，不表示数量、身份或其他的测量结果。

(四) 表征参照数

参照数是指以共享的衡量标准。例如，当钟表上的时针指向 10 时，孩子们就知道户外活动的时间到了。我们把这个数称为"参照数"，因为它是可以共享的衡量标准。这些数字是用作参照的，就像命名数一样也没有实际的数量意义，如我们经常会说"明天下午 4 点见"或者"明天暖和，大概有 25 ℃"。尽管参照数也可以排列或比较，如 20 ℃要比 10 ℃暖和，或者下午 3 点要比下午 4 点早一个小时，但我们一般不对这些数字进行数学思考。

二、学前儿童表征物体数量的4个水平

除了识别、阅读数学符号之外,学前儿童还要学会用数学符号去表征,学前儿童表征数量时,具有下面4个水平,见表6-6。

表6-6 学前儿童表征物体数量的4个水平[1]

表现水平	定义	实例
1	随意性反应(在纸上写出的是与数量毫无关系的符号)	如涂鸦、画画或想象中的文字
2	图像式反应(写下的符号反映了数量,同时也反映了实物的特征)	如实物的形状、颜色或大小
3	图符式反应(符号只反映了数量,但不反映物体的其他特征)	如画竖线、数点等
4	符号式反应(规范的阿拉伯数字表征反应方式)	1,2,3,4……

对学前儿童来说,只有发展到最高水平,才能用阿拉伯数字表征数量,这也就是为什么《指南》指出,学前儿童可以用数字、图画、图表或其他符号记录(任意形式都可以,不一定非要用阿拉伯数字来表征)。

三、发展学前儿童认识数学符号能力的教育策略

1. 引导学前儿童注意生活中的各种数学符号[2]

对学前儿童来说,表征的主要凭借物是事物的形象,而事物的形象又都来自平时生活中大量感知所积累的事物的表象。实践证明:表象越丰富,表征就越丰富。生活中蕴含着大量的数学符号,我们应该引导学前儿童去阅读和感知,如图6-10所示。

学前儿童在接触上述这些生活中的数学符号时,会在生活环境中理解数学符号的意义,体会数学符号给人们生活带来的方便。这些生活中的数学符号能帮助学前儿童积累表象、丰富符号经验、形成初步的符号意识。

2. 不要机械书写数字

学前儿童的数学活动以接触10以内的书面数学符号和简单的算式为主。10以内的数学知识内容基本符合大部分中班学前儿童的发展水平,但学习重点应放在对

---

[1] 周欣. 儿童数概念的早期发展[M]. 上海:华东师范大学,2004,1.
[2] 谢玉萍. 浅谈幼儿数学表征能力的培养[J]. 教育导刊(下半月),2011(4):32-35.

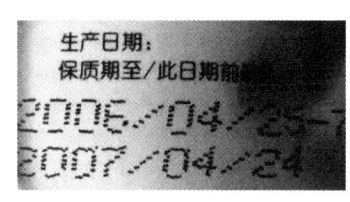

图 6-10 生活中的数学符号

1~10 书面符号的表征及理解上,涉及书面算式的教学内容不宜过多,且一定要结合实物和学前儿童的生活经验进行。① 尤其是当学前儿童的小肌肉没有发育充分时,千万不能让其机械地一遍一遍抄写这些数字,我们可以让学前儿童用小木棍、橡皮泥、毛线摆数字,在沙子、面粉上书写数字,或者利用蒙台梭利里面的数字沙板提升学前儿童对符号表征的学习兴趣,如图 6-11 所示。

图 6-11 替代手写数字的其他活动

3. 一定要把数学符号和量对应起来②

表征从心理操作的实质上讲,是建立一种匹配和对应关系。因此,引导学前儿童通过操作建立各种匹配和对应关系,是培养学前儿童数学表征能力的关键。"操作物群(即感知数量)→在物群与数学符号之间建立联系→完全的符号操作"是一个渐进的过程。玛丽·巴拉塔·洛顿(Mary Baratta Lorton)将这个过程概括描述为 3 种水平:概念水平(此阶段的学前儿童具有物群数量的概念)、联系水平(此阶

---

① 周欣,王烨芳. 幼儿园中班数学教育与儿童书面数符号学习 [J]. 幼儿教育(教育科学), 2006 (6): 19-22, 46.

② 谢玉萍. 浅谈幼儿数学表征能力的培养 [J]. 教育导刊(下半月), 2011 (4): 32-35.

段的学前儿童能在物群数量与数字之间建立联系）和符号水平（此阶段的学前儿童能理解数字是表示物群数量的符号）。

受此启发，建议教师以学前儿童所掌握的数学符号类型为依据，在尊重学前儿童自创符号表述的基础上，进行数学教育时可采用以下两种方式帮助学前儿童建立关系：

第一种方式是物群数量与物群数量的匹配对应，即让学前儿童能在物群与物群之间建立对应联系。例如，对于"3只鸡"，学前儿童可通过画出"△△△"与其对应。

第二种方式是物群数量与数字之间的匹配对应，一是将物群与数学符号进行匹配对应，即如果给学前儿童数字"5"，他能找出或制作5个物品；二是数学符号与物群匹配，即如果给学前儿童5个物品，他能找出或写出数字"5"。

⊙案例6-4：认识 ">" 和 "<"[①]（大班）

活动目标：

(1) 认识并理解 ">" "<"。

(2) 能够正确地运用 ">" "<" 比较10以内数量的多少。

(3) 对数学符号感兴趣，体验数学游戏的快乐。

活动准备：

(1) 大嘴鱼课件。

(2) ">" "<" 符号。

(3) 学前儿童操作卡片。

活动过程：

一、情境游戏，引入课题

(1) 教师："欢迎来到数字王国，我是王国里的小公主，今天我为大家介绍一位特别的客人，掌声欢迎大嘴鱼。（边说边出示大嘴鱼）大嘴鱼特别能吃，但它有个习惯，喜欢吃数量多的东西。前面的红盘子和后面的绿盘子装有苹果，你们猜猜它会吃哪一盘？为什么？（见图6-12，请个别学前儿童作答，课件展示大嘴鱼在吃红盘子里的苹果）"

(2) 教师小结："前面的红盘子里有5个苹果，后面的绿盘子里有3个苹果，5比3多，所以大嘴鱼就把红盘子里的苹果吃光了。"

(3) 教师："（教师在画面中再出示另外两盘水果）这两盘水果中，大嘴鱼又会

[①] 李秀梅. 大班数学：学习符号 ">" "<" [J]. 苏幼教育, 2010 (2): 59-60.

吃哪一盘呢？为什么？（课件展示大嘴鱼在吃绿盘子里的水果）"

（4）教师小结："前面的红盘子里有2个橘子，后面的绿盘子里有6个梨，6比2多，所以大嘴鱼就把后面绿盘子里的梨吃光了。"

图 6-12　大于号的形象图

二、认识并理解 ">" "<"

（1）教师："有两个符号跟大嘴鱼的嘴巴一样，它的开口总是对着数量多的一边。"

（2）教师边说边出示 ">" "<"："请你们找一找它们的开口在哪里？对了，你们都找到了，这两个符号有个名字，这个叫大于号、这个叫小于号。（教师边说边徒手画这两个符号）"

（3）教师："咦，看看，前面有5个小朋友，后面有2个，我想在它们中间放一个符号，你们觉得放哪一个？为什么会放这个符号？"

（4）教师小结："对了，前面的5个小朋友比后面的2个小朋友多，所以应该放大于号。"

（5）教师："看看，蚂蚁来咯，前面有3只蚂蚁，后面有4只蚂蚁，你觉得中间应放一个什么符号？为什么？"

（6）教师："哇，真棒，前面的3只蚂蚁比后面的4只蚂蚁少，所以应该放小于号。"

（7）教师小结："你们真棒，当大数在前，符号的开口向前，当大数在后，符号的开口向后。符号的开口总是向着数量多的一边。"

三、学前儿童操作游戏

（1）第一次操作："老师再考考你们，我这里有一张操作卡，请你数一数，看看哪边应该填大于号，哪边应该填小于号，记住哦，大于号和小于号的开口总是对着数量多的一边。"

（2）教师小结，展示正确答案。

（3）第二次操作："请你先看清楚操作卡上放的是大于号还是小于号，然后请你把这些小动物全部分下去，怎样分才对？"

（4）教师小结，展示正确答案。

四、互动游戏

（1）教师将学前儿童分成两组，在地板上贴上">"，旁边画两个圈。教师："我们来个比赛，老师把你们分成两组，看清楚你们组的中间有一个什么符号，">"或"<"符号的开口对着哪边，想想哪一边应该站多一点小朋友。我们围着圆圈走，音乐停了，就要站好。看看哪个组又快又正确。"

（2）教师把结果记录在黑板上，反复玩3次。

（3）验证："我们一起来看看你们的结果，哪个组赢了？"

活动延伸：

（1）教师小结："当大数在前，小数在后时，中间填的是大于号；当小数在前，大数在后时，中间填的是小于号。也就是说，大数在前，开口向前；大数在后，开口向后。开口总是向着数量多的一边。"

（2）提升："那么，如果当两种动物一样多的时候，应该怎么记录呢？"

案例分析： 数学符号相对而言是比较抽象的知识。对于处于前运算阶段主要以具体事物或形象学习为主的学前儿童来说，学习数学符号的重点在于理解数学符号的含义，将数学符号和具体的运算过程结合起来。">"和"<"的学习可以帮助学前儿童更好地理解数字和它们背后对应的数量关系。

通过引入"大嘴鱼吃东西"这样的概念，更加生动活泼，有助于激发学前儿童的学习兴趣。在活动中教师既引导学前儿童学习，同时也鼓励学前儿童自主探索，多次及多种形式帮助学前儿童理解">"和"<"，并学会运用">"和"<"。

4. 利用绘本进行数学符号教育[①]

找一些蕴含数学符号的绘本，因为这些绘本中的数学符号都是跟情境相关联的，有利于学前儿童理解数学符号的确切意义。

例如，《鼓鼓和蛋蛋的梦想》讲述的是想成为作家的狼鼓鼓与想成为旅行家的放羊女蛋蛋的故事。鼓鼓想吃掉蛋蛋的10只羊，蛋蛋用计每天把羊分成两群。教师可以通过让学前儿童用眼睛看图、用耳朵听老师读故事的方法，感受分与合的秘密。

"按照昨天的约定，我来拿10只羊了。"

"我的羊是10只，可是这里的羊是5只和5只啊。"

回到家的鼓鼓两只手各拿5个小石头，把两堆合在一起，不正是10个吗？

"我来拿羊了，10只，5只和5只两部分总数是一样的，都是10只。"

[①] 李朝梅. 运用数学绘本进行教学的尝试［J］. 湖南教育（D版），2017（1）：38-39.

"可是这里的羊是 6 只和 4 只。"

回到家的鼓鼓把 6 个小石头和 4 个小石头合在一起，不也是 10 个吗？

"今天的羊是 7 只和 × 只……"

通过重复的节奏，从故事的第三天学前儿童就开始主动推演情节的发展。部分与整体就这样用数的分合故事进入孩子们的心中。

单元回顾

⊙ 单元小结

数概念和数运算的学习是整个学前儿童数学学习中最重要的部分。数概念是学习其他数学概念的基础。在日常生活中，数可以用来表示各种客观事物的量，量可以用数学符号来表示。学前儿童生活在数的世界中，会在日常生活中不断接触和用到数。数运算是日常生活中非常实用的数学能力，当学前儿童积累了丰富的实物操作经验，能够熟练掌握并使用计数和倒数的策略时，他们就能够更好地理解数量的变化、部分与整体之间的关系等，从而有助于之后进行更加复杂的数运算。

本章首先讨论了数数。数数能力包括 3 个组成部分：数词的学习、正确计数单位实体、数词与计数的单位实体一一对应。学前儿童需要掌握数数的 5 个原则，即一一对应原则、固定顺序原则、基数原则、抽象性原则、顺序不相干原则。为了让学前儿童掌握这 5 个原则，我们应该：利用生活情境帮助学前儿童主动数数、让儿童数"不同的实体"、允许学前儿童从不同的方向数、促进学前儿童一一对应数数的能力。

数量集合比较部分，呈现了学前儿童进行数量集合比较的策略：目测、一一对应、数数；发展学前儿童数量集合比较能力的教育策略：提升学前儿童的数数能力、引导学前儿童感知数词位置与数量之间的关系。

数运算部分，首先呈现了学前儿童数运算能力的发展特点：学前儿童加减运算能力的发展经过了 3 个阶段，即学前儿童要完全依靠实物来演示题目中的行动或关系；学前儿童把外部直接演示的过程逐步内化，他们把注意力从物体转换到数词；学前儿童运用数的组合知识和口诀做加减题。学前儿童加减运算的具体教育策略：充分利用自然的和非正式的活动经验、表演运算故事、创设运算的具体问题情境。

数学符号部分，首先呈现了学前儿童数学符号方面需要理解的四类数符号，即基数意义、序数意义、命名数、参照数。然后呈现了学前儿童表征物体数量的 4 个水平：随意性反应、图像式反应、图符式反应、符号式反应。为了促进学前儿童数学符号水平，我们可以引导学前儿童注意生活中的各种数学符号、不要机械书写数字、一定要把数学符号和量对应起来、利用绘本进行数学符号教育。

⊙ 拓展阅读

1. 周欣. 小班儿童数学认知的发展［J］. 幼儿教育，2007（11）：22.
2. 周欣. 中班儿童数学认知的发展［J］. 幼儿教育（教育科学版），2008（5）：43–45，51.
3. 周欣，黄瑾，赵振国，等. 大班儿童数学认知的发展［J］. 幼儿教育，2009：35–39.
4. 王燕，卢筱红，徐旭荣，等. 学前儿童数学教育与活动指导［M］. 南京：南京大学出版社，2015：127–171.
5. 查尔斯沃斯. 3—8岁儿童的数学经验［M］. 潘月娟，译. 北京：人民教育出版社，2007：1–17.
6. 梅纳新，周仁志. 学前儿童数学教育［M］. 上海：复旦大学出版社，2012：43–63.
7. 夏力，郑丽霞，邵小佩，等. 学前儿童科学教育活动指导［M］. 上海：复旦大学出版社，2014：96–129.
8. 张俊. 0—6岁小儿数学教育［M］. 上海：上海科学技术出版社，2004.
9. 周欣. 儿童数概念的早期发展［M］. 上海：华东师范大学出版社，2004：59–92.

⊙ 思考与练习

一、简答题

1. 学前儿童加减运算能力的发展经历了哪三个阶段？
2. 如果要求学前儿童能够用数数进行集合的数量比较，必须具备的前期经验是什么？

二、论述题

1. 请记录一个学前儿童的数概念与数运算学习活动并尝试对其做出分析和评价（认知水平、学习特点、参与状态、学习困难、需要的后续支持等）。
2. 请查找一本蕴含数概念和数运算知识的绘本故事，并思考如何利用这个绘本开展此类活动。

三、活动设计

根据本章所学，尝试设计一节适合某一年龄段的学前儿童数概念与数运算的活动。

第七单元 学前儿童几何图形的发展与教育

导 言

在数学区域活动中，小朋友们正在用图形卡片拼摆图形。明明和聪聪都需要一个正方形，但是区域中的材料只剩下一个了，两个人起了争执。"我的机器人就差这一个正方形了，我更需要它！""没有这个正方形，我的小房子就拼不成了，它是我的！"老师注意到明明和聪聪的争吵，走过来说："你们试一试，能不能用其他图形拼成一个正方形呢？"明明和聪聪赶忙拿起手中的图形开始拼摆。"老师，两个三角形可以拼成一个正方形！""老师，两个长方形也可以拼成一个正方形！""老师……"明明和聪聪在拼合图形的过程中，了解到了可以使用其他图形拼成自己想要的图形，感知到了图形之间的相互关系。那么，学前儿童都需要掌握哪些图形？学前儿童认识图形时有什么特点，组合图形时又有什么特点？教师如何为学前儿童提供支持，更好地开展教育呢？

学习目标

1. 了解几何图形的基本概念及几何图形的基本变换。
2. 掌握学前儿童认识几何图形的发展特点及其教育策略。
3. 能够运用所学知识设计学前儿童认识几何图形与几何图形组合活动。

思维导图

学前儿童几何图形的发展与教育
- 学前儿童认识几何图形的发展与教育
  - 几何图形的基本概念及分类
  - 学前儿童认识几何图形的发展特点
  - 学前儿童认识几何图形的教育
- 学前儿童几何图形组合的发展与教育
  - 几何图形的组合与变换
  - 学前儿童学习几何图形组合的意义
  - 学前儿童几何图形组合能力的发展特点
  - 学前儿童几何图形组合的教育

第一节 学前儿童认识几何图形的发展与教育

一、几何图形的基本概念及分类

几何图形是对客观物体形状的抽象和概括,具有普遍性和典型性。认识几何图形是学前期儿童数学学习的重要内容,能够帮助学前儿童认识和分辨现实生活中形形色色的事物,发展空间知觉和初步的空间想象能力,为后续学习相关知识奠定基础。

几何图形是指点、线、面及它们的几何,包括平面图形和立体图形。平面图形,又称二维平面图形,是指在同一平面内的点、线、面所构成的几何图形,表示空间的长度和宽度。立体图形是指由空间点、线、面所构成的几何图形,它是由面围成的封闭空间,表示空间的长、宽、高。学前儿童数学教育中几何图形的学习包括平面图形和立体图形两个方面。

(一)平面图形

学前儿童对平面图形的学习主要包括:圆形、正方形、三角形、长方形、椭圆形和梯形。

1. 圆形

圆形是在平面内,到一定点的距离等于定长的点的集合,如图7–1所示。圆是由封闭曲线围成的,半径都相等。

图7–1 圆形

2. 正方形

正方形是有一个角是直角且有一组相邻边相等的平行四边形，如图 7-2 所示。正方形的 4 个角都相等，4 条边也都相等。

图 7-2　正方形

3. 三角形

三角形是由不在同一直线上的 3 条线段所围成的封闭几何图形，如图 7-3 所示。

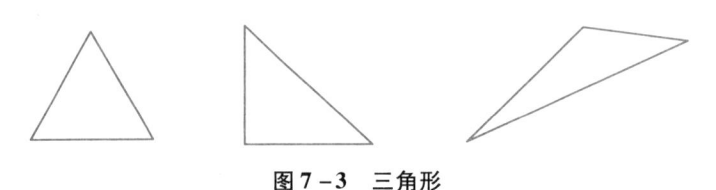

图 7-3　三角形

4. 长方形

长方形是有一个角是直角的平行四边形，如图 7-4 所示。长方形的 4 个角都相等，两组对边分别相等。

图 7-4　长方形

5. 椭圆形

椭圆形是在平面内，到二定点距离的和等于常量的点的集合，如图 7-5 所示。椭圆形也是由封闭曲线围成的，长轴和短轴不相等。圆形是椭圆形的特殊情况。

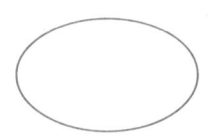

图 7-5　椭圆形

6. 梯形

梯形是只有一组对边平行的四边形，如图7-6所示。不平行的两条边叫梯形的腰，平行的两条边叫梯形的底。正方形、长方形和梯形都是四边形的特殊情况。

图7-6 梯形

(二) 立体图形

学前儿童对立体图形的学习包括：球体、圆柱体、长方体、正方体。

1. 球体

球体是一个半圆以它的直径为轴旋转所得的曲面围成的集合体，如图7-7所示。球的截面是一个个大小不同的圆形，经过球心截得的圆形为最大圆形。

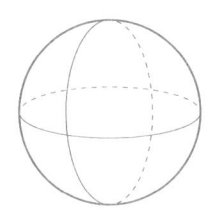

图7-7 球体

2. 圆柱体

圆柱体是以长方体一边所在直线为轴旋转一周形成的曲面所围成的几何体，如图7-8所示。其展开图为一个长方形和两个圆形。

图7-8 圆柱体

3. 长方体

长方体是底面是长方形的直平行六面体（底面是平行四边形且侧棱和底面垂直的平行六面体），如图7-9所示。其表面展开图的6个面都是长方形或4个面是长方形、2个面是正方形。

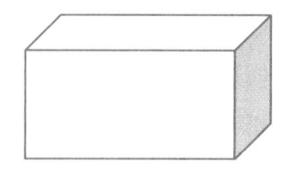

图 7-9　长方体

4. 正方体

棱都相等的长方体叫正方体,如图 7-10 所示。其表面展开图为 6 个正方形。

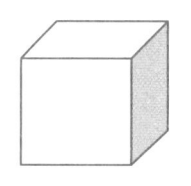

图 7-10　正方体

二、学前儿童认识几何图形的发展特点

(一) 学前儿童认识几何图形的一般特点

1. 认识各种几何图形的顺序

学前儿童认识几何图形的能力随年龄的增长而逐渐提高,认识几何图形的种类逐渐增多。学前儿童在认识几何图形时表现出明显的顺序性,遵循先平面图形后立体图形的顺序。学前儿童认识平面图形的一般顺序为:圆形、正方形、三角形、长方形、半圆形、椭圆形、梯形、菱形等。学前儿童认识立体图形的一般顺序为:球体、立方体、圆柱体、长方体、圆锥体等。此外,学前儿童在认识立体图形时易与平面图形混淆。

学前儿童认识几何图形的顺序一方面与学前儿童的生活经验有关,经常接触到的几何图形认识较早;另一方面与几何图形本身的复杂程度有关。

2. 几何图形感知与词的联系

学前儿童对几何图形的认识属于空间知觉的范畴,与此同时还涉及语言的表征过程。学前儿童从初步感知几何图形的外部特征到能够用相应的词语对其命名和表达,需要经历一个发展过程。相关学者对这方面进行了较为详细的研究,认为这一发展需要经过配对、指认、命名的过程。配对是指找出与给定的范例图形相同的几何图形(见图 7-11),学前儿童不必知道这些图形的名称,只要找出相对应的图形即可。指认是指学前儿童根据教师说出的几何图形的名称,指出相对应的几何图形(见图7-12),学前儿童不需要自主说出几何图形的名称,但是当出现这个几何图形的名称时,其知道所指的是哪个几何图形。命名是指学前儿童自主说出给定几何图形的名称,如教师拿着一个几何图形:"我今天带给你们一个图形宝宝,谁能告诉我,这个是什么形状?"学前儿童辨认几何图形的难易程度:配对最容易,指认次之,命名最难。其中,掌握各种几何图形的正确名称是帮助学前儿童辨认各种图形的有效手段。

图 7-11 匹配任务

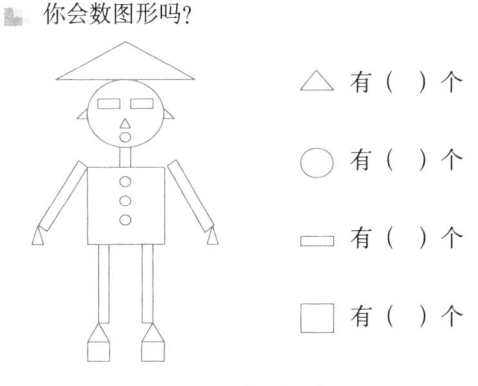

图 7-12 指认任务

(二)学前儿童认识几何图形的年龄特点

1. 3~4岁学前儿童认识几何图形的特点

3~4岁的学前儿童能够正确认识和区分圆形、正方形、三角形,并且能够按照这些几何图形找出实际生活中与之相对应的物品,对其他平面图形具备一定的匹配能力,能够根据成人给出的例子找出相匹配的图形。

学前儿童早期认识几何图形只能关注其外部轮廓,较难关注几何图形之间的细微差别。例如,学前儿童在画三角形时,往往只能画出其近似图形。4岁以后才能逐步区分曲线图形和直线图形。也就是说,3~4岁的学前儿童对图形只是笼统的感知,并不能关注其边角属性特征。如图7-13所示,教师让学前儿童在纸上粘纽扣(匹配),有的纽扣是圆形的,有的纽扣是正方形的。教师问:"圆形的纽扣和正方形的纽扣有什么不同啊?"学前儿童回答:"圆的不扎,那个正方形的扎手。"

此外,学前儿童认识几何图形往往受几何图形摆放位置的影响。学前儿童认识某种几何图形,但未完全掌握时,改变几何图形的摆放位置,不按其习惯摆放,学前儿童就难以辨认。例如,教师拿出一个"正着的三角形"(顶点朝上)问小班学

图 7-13 "粘纽扣"任务

前儿童:"这是什么图形?"学前儿童回答:"三角形。"然后,这名教师当着这名学前儿童的面转动三角形,使其"躺下",又问学前儿童:"这是什么形状?"学前儿童回答:"不知道了……有点像炮筒!"这说明,小班的学前儿童认识几何图形还没有达到图形守恒的水平。

2. 4~5岁学前儿童认识图形的特点

4~5岁的学前儿童能够正确认识圆形、正方形、三角形、长方形、半圆形、椭圆形和梯形,并能够逐步理解平面图形边角的基本属性特征。能够对相似的几何图形进行比较,找出相同点和不同点,如能够说出正方形和长方形的异同,正方形有4条边、4个角,4个角都一样大;长方形有4条边、4个角,4个角也都一样大。但是正方形是4条边都相等,而长方形是两条边长,两条边短,对边相等。

4~5岁的学前儿童能够做到图形守恒:掌握几何图形的基本特征后,学前儿童认识几何图形不再受几何图形的大小、颜色、摆放位置等的影响,能够正确地辨认和命名几何图形。例如,拿着同样一个"躺下"的三角形问中班学前儿童是什么形状,一般来说,其会很肯定地回答是三角形,并且还会充分地说明理由:"因为有3个角和3条边,就是三角形!"

中班学前儿童还能够区分面和体,并知道面是体上的。当然,他们还不知道面和体之间的确切关系。

3. 5~6岁学前儿童认识几何图形的特点

5~6岁的学前儿童能够正确认识所有几何图形,能够在中班的基础上进一步理解几何图形的典型特征。研究指出,大班学前儿童可以在一定抽象水平上概括和理解几何图形之间的关系。例如,正方形、长方形、梯形、菱形、平行四边形等,可以将之概括为四边形,因为它们都有4个角和4条边。根据几何图形的基本特征,采用更广泛的名称来概括,可以帮助学前儿童的知识更加系统化,促进其抽象思维的初步发展。

大班学前儿童能够认识一些立体图形,并正确命名,说出其基本特征,包括球体、圆柱体、正方体、长方体。例如,正方体有6个面,每个面都是正方形。

> 小贴士

（一）3~4岁学前儿童认识几何图形的特点

1. 对平面图形有较好的配对能力。
2. 大部分小班学前儿童对圆形、正方形和三角形能达到正确认识的水平。

（二）4~5岁学前儿童认识几何图形的特点

1. 扩展了正确认识平面图形的范围。
2. 能理解平面图形的基本特征。
3. 能对相似的平面图形进行比较，找出它们的相同和不同。
4. 能做到图形守恒。

（三）5~6岁学前儿童认识几何图形的特点

1. 能正确认识所有几何图形。
2. 进一步地理解几何图形的典型特征。

三、学前儿童认识几何图形的教育

（一）学前儿童认识几何图形的发展要求

根据《指南》和有关学前儿童认识几何图形的书籍材料得出，学前儿童不同年龄阶段在认识几何图形方面的学习与发展目标，见表7-1。

表7-1 3~6岁学前儿童认识几何图形的发展要求[1][2]

3~4岁	4~5岁	5~6岁
1. 感知和发现周围物体的形状是多种多样的，对不同的形状感兴趣。 2. 能注意物体较明显的形状特征，并能用自己的语言描述。 3. 认识并区分圆形、方形和三角形	1. 在指导下，感知和体会有些事物可以用形状来描述。 2. 能感知和发现常见几何图形的基本特征，并能进行分类。 3. 认识并区分长方形、椭圆形、半圆形、梯形。 4. 辨认简单几何图形（如长方形、三角形、梯形等）改变方位后还是同一种几何图形	1. 认识并区分球体、正方体、长方体和圆柱体。 2. 认识并找出平面图形和立体图形之间的关系，如圆形和圆柱体

---

[1] 陈杰琦，黄瑾. i思考 数学核心经验资源包 教师用书 [M]. 南京：南京师范大学出版社，2013：17.
[2] 中华人民共和国教育部. 3—6岁儿童学习与发展指南 [Z]. 2012-10-09.

（二）学前儿童认识几何图形的教育策略

1. 感知生活中的各种几何图形

数学来源于现实生活，研究事物与事物之间的数、量、形等关系与形式，抽象性是其根本特征。但是，3~6岁的学前儿童的抽象逻辑思维发展不充分，对于数学知识的学习还处于直观形象思维。因此，学前儿童的数学学习与其实际生活密切联系符合其年龄特点和认知规律。在几何图形的学习中，也要密切结合学前儿童的实际生活经验。生活中存在着各种各样的几何图形，生活中存在的物体都有其形状。如图7-14所示，钟表的表面是圆形、凳子面是正方形、桌子面是长方形、柱子是圆柱体、冰箱是长方体等。学前儿童在每天的生活中可以学习几何图形的知识，在充满形状的世界里游走，建构对几何图形的认知，形成丰富的感性经验。

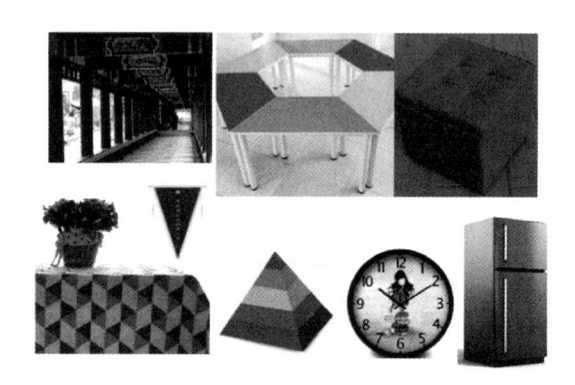

图7-14 生活中的各种几何图形

因此，我们在教学过程中也应从学前儿童的实际经验出发，在最初认识几何图形时，为学前儿童搜集各种形状的材料，如纸盘、纽扣、纸盒、固体胶等。有意识地引导学前儿童关注和讨论生活中的这些几何图形，带领学前儿童一起看一看、摸一摸、聊一聊这些几何图形都是什么样子的。此外，在教学过程中，要做到把生活中的实物与抽象的几何图形进行一一对应来展示给学前儿童。例如，把"太阳"和"圆形"、"桌子"和"长方形"、"柱子"和"圆柱体"等一一对应，帮助学前儿童掌握抽象的几何图形概念。

数学也要回归现实生活。在几何图形的学习过程中，我们要引导学前儿童理解几何图形在生活中的应用，将生活中几何图形的应用和功能与认识几何图形结合在一起。如图7-15所示，我们要引导孩子思考，车轮为什么是圆形的，因为这样易于滚动；房顶为什么是三角形的，因为这样房顶的两边容易排走雨水；等等。引导学前儿童理解特定形状与其功能之间的关系，一方面可以帮助学前儿童理解抽象的数学知识,更好地体会各种形状的特征;另一方面可以让学前儿童感受数学在生活中的重要性,感知学习数学是有价值的。

图7-15 形状与其特定功能

⊙案例7-1:好玩的圆(小班)

活动目标:

(1)了解圆形的特征。

(2)能够找出日常生活中圆形的物体。

(3)体验数学活动的乐趣。

活动重点:

能够找出日常生活中圆形的物体。

活动难点:

了解圆形的特征。

活动准备:

生活中各种圆形的物品、多媒体课件。

活动过程:

(一)初探圆形特征

(1)教师出示生活中圆形的物品。

(2)教师:"仔细看一看刚才老师展示的这些物品是什么样的?它们有什么共同特征?"

小结:这些物品都是圆圆的。

(二)感知圆形特性

动手操作:学前儿童试着摸一摸、玩一玩教师准备的圆形材料,它们有什么秘密呢?

小结:圆形的物品边缘摸起来是圆滑的,可以滚动。

(三)寻找圆形物品

小游戏:请小朋友在班级内寻找圆形的物品,看谁找的又多又准。

案例评析：在一次户外活动时，小朋友在骑三轮车，其对圆圆的车轮产生了强烈的兴趣，因此设计本活动。在生活中，教师和家长应让学前儿童自己观察、发现除了车轮是圆圆的，还有哪些东西从直观上看是圆圆的，通过观察让其对圆形的物体感兴趣。用生活中常见的物体帮助学前儿童认识圆形，可以帮助其更清晰地理解圆形的特征这一抽象数学知识，并且能够使其大胆、清楚地说出来，能提高学前儿童的语言表达能力。

2. 提供丰富的、多样化的几何图形示例

教师在带领学前儿童认识几何图形时，应避免只呈现最典型的几何图形示例，这样会导致学前儿童思维固化。例如，在学习三角形时，只为学前儿童展示等边三角形，那么当出示其他形状的三角形或旋转角度时，学前儿童将不能很好地辨认出这也是三角形，如图7-16所示。相反，接触过多种三角形变式后的学前儿童可以清楚地说出："上下颠倒了，这也是三角形，怎么摆放没有关系，是一样的，它是三角形。"可见该学前儿童已经概括出三角形的抽象特征。

图7-16 三角形变式

三角形变式

绘本中蕴含的
数学因素

因此，在学习过程中，应出示各种各样的几何图形变式。观察"又长又瘦"的长方形和"又短又胖"的长方形可以使学前儿童加深对长方形的理解。三角形作为最多样化的一种几何图形，除了等边三角形，还有直角三角形、钝角三角形等多种形式。只有看到同种几何图形的不同示例之后，学前儿童才能有足够的信息来概括出某种形状的特征，做到不受几何图形的大小、颜色和摆放位置的影响，达到图形守恒。

我们还可以利用几何图形的绘本来给学前儿童呈现各种几何图形的变式，如图7-17所示的这本绘本中，蕴含着大量的三角形变式、正方形变式、长方形变式……那么我们可以通过绘本开展"找图形"的活动，如找一找某一页一共有多少个三角形。当学前儿童答案不一致时，进行讨论，为什么有的小朋友找到的多，有的小朋友找到的少，多出来的那个到底是不是三角形呢？借此活动掌握不同几何图形的变式，进而更好地概括几何图形的特征，达到图形守恒。

图 7-17 蕴含几何图形变式的绘本

⊙**案例 7-2：区域活动——积木板（中班）**

玩法：准备正方形、三角形、长方形等几何图形的拼图木板及其相应图形的积木。如图 7-18 所示，分别为长方形积木板、三角形积木板及正方形积木板，每个积木板中都呈现出这 3 种图形的不同变式，即大小不同或旋转一定角度，并使用不同颜色进行了区分。请学前儿童将相应的几何图形积木填到空缺处。

图 7-18 积木板

案例评析：在数学区域活动中投放积木材料，学前儿童接触几何图形的不同变式，在操作中感知每种几何图形的基本特征，且其在操作中可以多个角度旋转这些几何图形，进而掌握不论大小、颜色、位置如何，只要符合该种几何图形基本特征的就是这一几何图形。

3. 依靠视觉和触觉共同参与认识几何图形

学前儿童认识几何图形的过程实际是形状知觉的发展过程。因此，学前儿童在学习几何图形时要充分地进行感知，形成感性经验，进而概括出几何图形的基本特征，掌握几何图形的名称。学前儿童学习几何图形的路径是先掌握大量的实物经验，以日常生活中积累的有关几何图形的感性经验为基础，再配合说出的词，以达到认识几何图形的效果。在教学过程中，教师要为学前儿童提供操作的机会，充分调动其视觉和触觉,让学前儿童通过观察和触摸,在体验中感知几何图形的边、角关系,逐步抽象概括出几何图形的基本特征。

如图7-19所示,教师提供给学前儿童一些几何图形的拼版,让其在纸上拓印一些图形画,或者给既定的几何图形涂上颜色。在此类活动中,学前儿童会关注到几何图形的边角属性特征。如图7-20所示,教师引导学前儿童用橡皮泥把一个球体包裹起来,当学前儿童将其包裹起来之后,很自然地放到桌面上让其滚动,但是滚得很慢,学前儿童自言自语:"不够顺滑、有疙瘩,我得再揉一揉。"在这样的操作中,学前儿童意识到球的表面是应该是圆滑的,这样才能"顺利"地滚动。

图7-19 几何图形的涂色和拓印

图7-20 橡皮泥"包"形状

4. 使用正确的语言描述几何图形

学前儿童在认识几何图形的过程中,不仅需要视觉和触觉的共同参与,而且语言在其中的作用也不可小觑。一方面,教师要对各种几何图形的知识有全面的了解,在教学过程中确保自己语言的正确性,将严谨的知识传递给学前儿童;另一方面,要让学前儿童自己尝试用语言描述几何图形的特征。正确运用数学语言对几何图形的特点进行描述可以有效地帮助学前儿童加深对几何图形的理解,同时教师也可以通过学前儿童的语言来判断其对几何图形的掌握程度。

如图7-21所示,教师提供了一个"黑盒子",里面装着各种几何图形,刚开始的时候,教师在里面摸一个几何图形,并描述其特征,然后让学前儿童猜是什么几何图形。例如,教师说:"我摸到了一个几何图形,它有3个角,3个边。请问我摸到的是什么几何图形?"然后可以让学前儿童摸几何图形,让其尝试说出几何图形的特征,让其他小朋友猜。

图7-21 摸图形

5. 比较相似几何图形帮助认识新的几何图形

在认识某些几何图形的基础上，学前儿童可以通过比较的方法来认识新的几何图形。通过对几何图形之间的观察比较，学前儿童可以区分两种不同的近似几何图形的特征，找到相同点和不同点，从而在比较的过程中认识新的几何图形，掌握新几何图形的名称和特征。

幼儿园中经常使用的图形比较方法为重叠比较法，即将需要认识的新几何图形与已经认识过的近似几何图形相重叠，找出相同点和不同点，从而达到掌握新几何图形的目的。这种方法一般适用于中班学前儿童。例如，在认识长方形时，可以将长方形与已经认识过的正方形相比较：选择宽与正方形的边相等的长方形进行重叠，这时学前儿童可以清晰地看到，长方形的4条边是不相等的，有两条边是长边，两条边是短边，相对的两条边长度相等。通过这样的比较形式，和已有的知识经验相联系，可以帮助学前儿童理解长方形的特征。

⊙案例7-3：认识长方形（中班）[①]

活动目标：

(1) 认识长方形，知道长方形的基本特征。

(2) 能够区分长方形和正方形，了解它们的异同点。

(3) 感受几何图形比较的乐趣。

活动准备：

(1) 颜色各异的正方形娃娃、长方形娃娃若干。

(2) 正方形、长方形卡纸各一张；学前儿童每人一套正方形和长方形的彩色小卡纸（长方形的宽与正方形的边一样长）。

(3) 用卡纸做成的各种几何图形的饼干若干。

---

① 杜林兰. 幼儿数学教育 [M]. 海口：南海出版公司，2009：147-149.

活动过程：

（1）活动导入——出示几何图形，学前儿童回答。

教师："今天，我们班上来了一个可爱的宝宝，这个宝宝有4条一样长的边，4个一样大的角。小朋友看一看它是谁？"

（2）活动展开：

① 出示几何图形，加深学前儿童对它们的认识。

② 通过量一量，感知几何图形的特征。

③ 出示长方形宝宝，引导学前儿童认识长方形。

④ 通过学前儿童自己操作、加深认识。

⑤ 总结长方形和正方形的异同点（引导学前儿童先说，教师后说）。

（3）活动结束——通过游戏活动，巩固学前儿童对长方形和正方形的认识。

案例评析：整个活动设计的难度适中。活动环节的设计考虑了学前儿童的年龄特点。通过让学前儿童自己量一量、折纸等环节加深了其对长方形和正方形特点的认识。通过比较这两种相似的几何图形，找出相同点和不同点，学前儿童能够更加准确地掌握长方形的基本特征，并且能够将长方形与正方形相区分。游戏环节再一次激发了学前儿童参与活动的兴趣，巩固了其对长方形、正方形的认识。为了进一步巩固学前儿童对正方形、长方形的认识，教师还可以启发其找出教室里哪些物品是正方形的，哪些物品是长方形的。

6. 运用多种操作方式，巩固对几何图形的认识

采用单一的方式带领学前儿童认识几何图形容易形成思维定式。为了避免这一现象的出现，教师可采取多种操作方式，帮助学前儿童认识和巩固几何图形。

（1）涂色：可以给学前儿童提供一些白纸、不同颜色的铅笔，以及不同大小、形状的几何图形印章，让其在纸上随意印出几何图形，再涂上颜色，并说出是什么形状；或给学前儿童提供画有各种几何图形的纸，要求其某种几何图形涂上一种颜色，如图7-22所示。

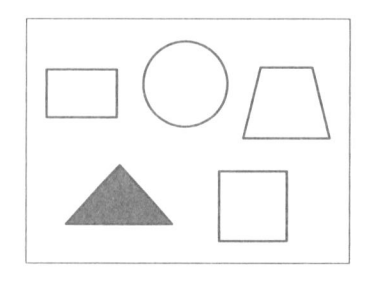

图7-22 涂色

（2）折叠：教师为学前儿童分发纸张，请其尝试一张纸可以叠出多少种不同的几何图形。例如，长方形的纸可以叠成三角形。

（3）分类：为学前儿童提供大小不一、颜色不同的各种形状，请其将同类型的几何图形放在一起。

（4）寻找：教师说出某一几何图形的名称，学前儿童寻找与之相对应的几何图形。几何图形既可以是现实生活中的各种物品，如纽扣、积木、纸盘等，也可以是教师自己准备好的各种几何图形。或者给学前儿童提供各种几何图形拼出的图画，让其找出各种平面图形，如图 7-23 所示。

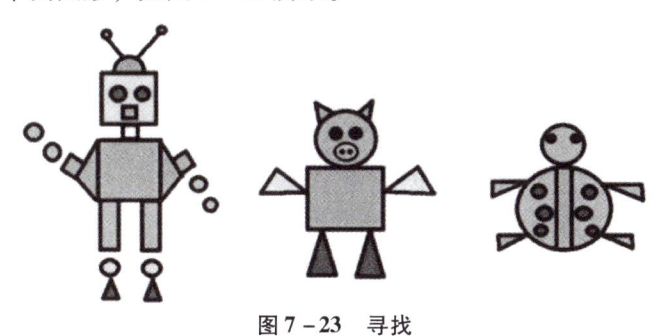

图 7-23　寻找

（5）点数：教师呈现一幅图，请学前儿童数一数图片中一共有几种几何图形，每种几何图形分别有多少个。

（6）拼搭：为学前儿童准备丰富的各种形状的材料，让其自己拼搭出想要的图画。

第二节　学前儿童几何图形组合的发展与教育

一、几何图形的组合与变换

（一）几何图形的组合

几何图形的组合是指将两个及两个以上的几何图形组合起来，形成一个几何图形或者一个几何图案。它体现了学前儿童对几何图形之间关系的认知、理解和应用能力。几何图形的组合依靠的是几何图形的基本变换，通过变换几何图形的位置达到拼出新的几何图形或几何图案的目的。几何图形的组合主要包含3个方面：

(1) 自由组合创造，即学前儿童利用几何图形随意进行拼摆。如图 7-24 所示，学前儿童拼摆七巧板，摆出自己想要的几何图形。

图 7-24 自由组合创造

(2) 用几何图形填充几何图案拼图，及时给出几何图案范例，由学前儿童进行拼摆。例如，教师为学前儿童出示几何图案拼图，要求其使用各种几何图形进行填充。此种方式包含两种情况，一种是同位匹配，即教师出示的几何图案拼图上的几何图形与学前儿童操作的几何图形材料完全一致，如图 7-25 所示；另一种是异位匹配，即教师出示的几何图案拼图与学前儿童操作的几何图形材料存在大小或颜色上的不同，如图 7-26 所示。异位匹配的难度要高于同位匹配。

图 7-25 同位匹配　　　　图 7-26 异位匹配

(3) 几何图形组合的心理表征。学前儿童在进行几何图形组合时伴有心理表征，如学前儿童在拼一个大的正方形时，直接拿起两个小三角形进行组合，不需要实际的试误操作过程，这表明其在心中已经进行了表征活动。

(二) 几何图形的基本变换

图形变换是指几何图形的位置可以改变，但其大小、角度、面积和边长保持不变。3种几何图形的基本变换包括旋转、翻转和移动。

1. 旋转

旋转是将几何图形转动一个角度，如学前儿童将几何图形转到一个角度，把某个形状拼到拼图中，如图7-27所示。

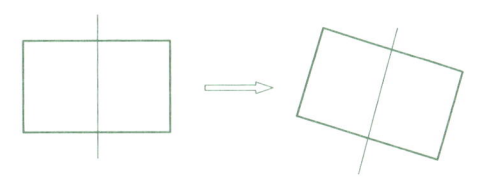

图 7-27 旋转

2. 翻转

翻转是指把一个几何图形变换到与原来位置成映像或镜像关系的位置，如图7-28所示。

幼儿的旋转与翻转

图 7-28 翻转

3. 移动

移动是指几何图形不经过旋转、改变大小或翻转，而改变原来的位置，即几何图形上的每一个点向同一方向移动了同样的距离，如图7-29所示。

图 7-29 移动

二、学前儿童学习几何图形组合的意义

1. 帮助感知理解几何图形的特征

学前儿童在几何图形组合的过程中，需要对各种几何图形进行组合以达到自己预期的目的。学前儿童想要拼成什么东西，这个东西是什么样子的，都由哪些部分组成，这些部分分别有什么功能，在寻找适合的几何图形以替代这些部分的过程中就可以实现帮助学前儿童理解几何图形的基本特征的目的。例如，学前儿童在拼小汽车的时候，会选择用圆形来表示车轮，因为圆形圆圆的可以滚动，会用长方形来表示车身，因为长方形可以更多地容纳乘客。

2. 帮助发现几何图形之间的关系

学前儿童不断地将各种几何图形进行组合拼摆，在这个过程中逐渐发现几何图形内部和几何图形之间的各种关系，同时也明白部分和整体的关系。例如，一个正方形可以由两个三角形组成。通过几何图形的组合，学前儿童可以更好地感知几何图形之间的边角关系。例如，三角形和正方形可以拼成一个梯形，三角形的边和正方形的边正好是相等的；两个直角三角形拼在一起就可以组合成长方形，两个直角三角形的小角拼在一起可以构成直角。

3. 形成几何图形及几何图形组合的心理表征能力

几何图形组合的学习可以培养学前儿童几何图形组合的心理表征能力。当学前儿童积累了大量丰富的几何图形组合的经验之后，便逐渐形成几何图形及几何图形组合的心理表征能力。他不必非要实际操作，把两个或多个几何图形真实地摆在一起才能够看出它们能够组合成什么样的几何图形。例如，当学前儿童玩积木的时候，通过不断地试误将两个三角形拼成了一个正方形，多次组合之后，积累了丰富的经验，下次再需要正方形的时候，他就不再需要实际的试误操作，直接就可以拿出两个三角形来拼成一个正方形。这也说明，学前儿童逐渐实现了几何图形及几何图形组合的心理表征能力。

4. 为学习分数和面积等复杂数学概念打下基础

学习几何图形组合可以为学前儿童学习分数和面积等知识奠定坚实的基础。[1] 例如，当用两个小三角形组合成一个大的三角形的时候，学前儿童明白这两个小三角形分别是这个大三角形的一半，也就是二分之一，以及两个小三角形的面积合起来就是这个大三角形的面积。即使在操作过程中并没有分数和面积这样的专业词语，但是他已经感知获得了有关分数和面积的感性经验。

通过学习几何图形组合获得的心理表征能力也有助于日后初高中学习几何知识。

---

[1] Clements D. H, Sarama J. Young Children's Composition of Geometric Figures: A Learning Trajectory [J]. Mathematical Thinking and Learning, 2004 (2): 163-184.

例如，在几何题中，经常有需要画辅助线的题目，几何图形心理表征能力强的同学可以很顺利地看出辅助线应该画在哪儿；相反，心理表征能力弱的同学就需要不断地尝试画不同的辅助线，来找到可以正确解题的那一条。

三、学前儿童几何图形组合能力的发展特点

1. 从尝试错误到通过心理表征来预期几何图形的组合

学前儿童的几何思维发展经过了一个从具体到抽象的过程。通过早期的具体操作，学前儿童可以逐渐获得对几何图形的抽象理解。[①]

学前儿童的几何图形组合能力需要从不断的尝试错误到可以通过心理表征来直接预期几何图形组合的过程。在学前儿童初期，组合成某一几何图形，学前儿童需要不断地尝试，一开始是无目的的尝试，随便拿起一个几何图形就往空缺处摆放，发现不合适后，再换另一个几何图形，循环往复，直到试出正确的那个几何图形。随后逐渐发展为有目的地尝试，学前儿童在选择几何图形前进行了一定的观察和思考，选择一个几何图形，然后通过有目的地不断旋转、翻转等方式来尝试摆放几何图形。随着经验的不断丰富，学前儿童组合几何图形时，不再需要实际的操作去尝试，直接在头脑中就可以完成这一过程，然后准确地进行几何图形组合，这就达到了心理表征预期几何图形的阶段。

"尝试错误"是学前儿童具体操作、感知几何图形特征和几何图形之间关系的体现，"对几何图形组合的过程进行心理表征"则是学前儿童的图形抽象思维发展的结果。学前儿童的几何图形组合能力正是经历了这样的发展过程。

2. 从根据几何图形的整体视觉来判断到考虑几何图形的边和角的关系

在完成几何图形组合任务的过程中，学前儿童需要对几何图形进行辨认和选择。在组合新的几何图案时，缺少的部分应该选择哪一个几何图形，这个过程就蕴含了几何图形的辨认和选择，即观察拼图中的空缺部位边是什么样子的，角是什么样子的，什么几何图形是这样的特征，放哪个几何图形可以正好填上这个空缺。范希乐（Van Hieles）夫妇对学前儿童几何思维发展水平的研究表明，学前儿童对几何图形的辨认包含两种水平：直觉辨认，即通过整体视觉来对几何图形的类别进行判断；特征辨认，即根据几何图形的特征，如边、角、边与边的关系、角与角的关系等来

---

① 常宏.3—6岁儿童平面几何图形组合能力的发展研究［D］.华东师范大学，2009.

进行判断。[1] 在几何图形组合任务中，学前儿童最初是根据几何图形的整体视觉形象对几何图形进行判断的，然后逐步表现出根据几何图形的边和角的特征来判断的能力，学前儿童通常是先注意到几何图形边的特征，然后才能注意到几何图形角的特征。

3. 从旋转到翻转

在图形组合中，两种基本的操作方法是旋转和翻转。旋转是指将几何图形转动一个角度。翻转是指把一个图形变换到与原来位置成映像或镜像关系的位置。学前儿童使用多个几何图形拼摆一个新的几何图形时经常涉及要旋转或翻转某一部分才能使图案完整。而旋转与翻转对学前儿童来说，其难易程度不同。旋转所涉及的是二维空间的移动，翻转则是三维空间的移动。故对于学前儿童来说，翻转的难度要高于旋转。学前儿童在拼搭几何图形的过程中逐渐积累经验，从旋转逐步过渡到学会翻转。

四、学前儿童几何图形组合的教育

（一）学前儿童几何图形组合的发展要求与教育内容

根据《指南》和有关学前儿童几何图形组合的书籍材料得出，学前儿童不同年龄阶段在几何图形组合方面的学习与发展目标，见表7-2。

表7-2 3~6岁学前儿童几何图形组合的学习与发展目标[2][3]

3~4岁	4~5岁	5~6岁
1. 在提供一种几何形体轮廓图的情况下，用至少3块几何形状板拼出这个简单几何图形。 2. 用不同的几何图形组合成一个新的几何图形	1. 能感知物体的形体结构特征，拼搭出该物体的造型。 2. 能借助几何形状组合范例图，用拼板拼出这个组合图形。 3. 在提供一种几何形状轮廓图的情况下，用至少5块几何形状拼板拼出这个简单几何图形	1. 能用常见的几何形体有创意地拼搭物体的造型。 2. 用小几何图形拼成一个大几何图形。 3. 对一个几何图形进行等分，如二等分和四等分

---

[1] VAN HIELE P M. A child's thought and geometry [J]. English translation of selected writings of Dina van Hiele-Geldof and P. M. van Hiele, 1984：243-252.
[2] 陈杰琦，黄瑾. i思考 数学核心经验资源包 教师用书 [M]. 南京：南京师范大学出版社，2013：17.
[3] 中华人民共和国教育部. 3—6岁儿童学习与发展指南 [Z]. 2012-10-09.

> 小贴士

等分

等分是指把一个整体分成相等的几个部分。

1. 等分平面图形

学前期只需掌握二等分(见图7-30)和四等分(见图7-31)。

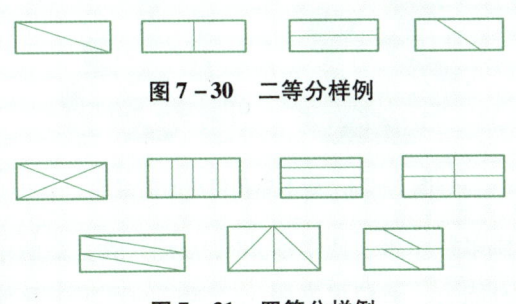

图7-30 二等分样例

图7-31 四等分样例

2. 等分立体图形

等分立体图形的形式可参照平面图形的等分形式,另外还可以从几何体的厚度角度进行等分。

(二)学前儿童几何图形组合的教育策略

1. 重视积木的作用

积木属于幼儿园区域活动中一项重要的游戏材料,积木游戏是学前儿童一项基本的活动与学习方式。由于积木存在高开放性、低结构性的特点,可以更好地帮助学前儿童学习和掌握数学知识。

积木搭建能帮助学前儿童正确感知空间、几何和形体,学前儿童玩积木游戏的经验,会促进学前儿童在几何空间能力上的发展,它比专门的数学活动带来的促进效果更显著。在玩积木游戏的过程中,学前儿童需要不断地思考应该使用什么形状的积木,用这些积木拼起来的形状是不是自己想要的图形;在搭建积木的过程中,他们还将不断旋转积木,寻找自己想要的结构。这些有趣的积木搭建游戏,可以使学前儿童在几何图形组合能力上得到很大的发展。[1]

---

[1] Casey, Andrews, Schindler, et al. The Development of Spatial Skills Through Interventions Involving Block Building Activities [J]. Cognition and Instruction, 2008 (26): 269-309.

因此，教师应在几何图形组合的学习中，重视积木的作用，提供丰富的积木材料，给予学前儿童更多玩积木的机会。积木游戏为学前儿童提供了动手操作的机会，使其在实际操作中感知几何图形的组合，积累感性经验，通过不断的亲身行动在脑海中建构几何图形之间的关系，培养抽象思维，逐渐向几何图形的心理表征过渡。如图7-32所示，两个三角形可以拼成一个正方形，两个正方形可以拼成一个长方形。

图7-32 积木中几何图形的组合

此外，教师要提供多种积木，使学前儿童在多个情境中运用多种不同类型的材料发展其几何图形组合能力，避免思维固化。常见的可用于几何图形组合的拼搭积木类型包括传统木质积木、磁力片、积塑类积木、七巧板、俄罗斯方块积木等，如图7-33所示。我们学习的过程中被利用的先前知识不是从记忆中原封不动地被提取，而是其本身也要根据具体实例的变异性而受到重新建构，这是一个双向建构的过程。认知灵活性就是体现一个人能否灵活解决问题的能力。在多种类型积木的操作中，学前儿童可以积累丰富的操作经验，提高认知灵活性。

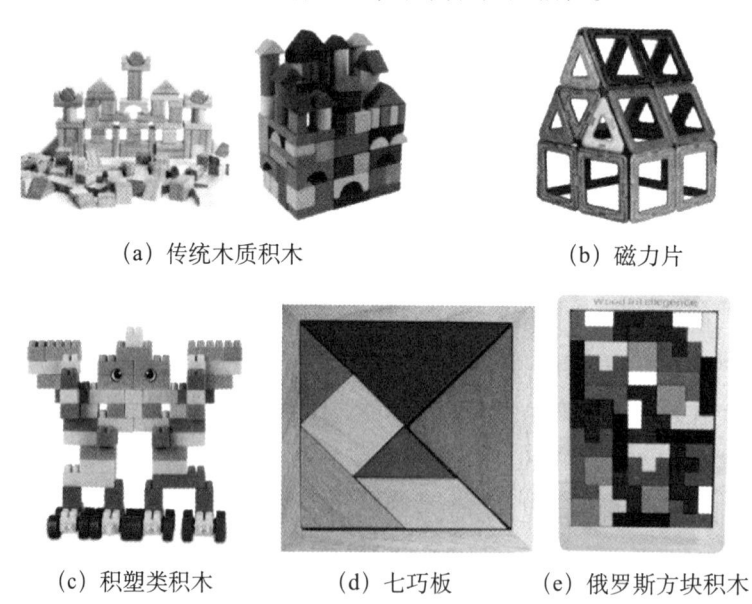

(a) 传统木质积木　　(b) 磁力片

(c) 积塑类积木　　(d) 七巧板　　(e) 俄罗斯方块积木

图7-33 多种类型的积木

⊙案例7-4：水立方（大班）[1]

活动目标：

（1）了解水立方的建构特点。

（2）能够使用积木搭建水立方。

（3）体会搭建积木的乐趣。

活动准备：

若干积木、水立方照片。

活动过程：

一、引出主题

出示水立方图片，了解水立方在哪里，为什么建造水立方。

二、观察发现水立方的特点

水立方是正方形的，中间是空的，水立方是一个密闭空间。

三、积木搭建过程

1. 教师示范搭建出积木水立方

请小朋友们说一说平时看见的房子是怎么建的？（引导学前儿童知道是从下往上建）我们用积木建水立方这样的房子也是从下往上建造的。水立方下边有4个边，而且它们是相互连在一起的，我们就用一块积木代替一个边（教师示范围合技能）。上边有顶，我们就在上边盖上积木。学前儿童自己搭建时注意搭建的顺序：从下往上，先围合再加顶。

2. 幼儿搭建

四、欣赏作品

五、评价总结

案例评析： 积木游戏是学前儿童十分喜爱的活动之一，教师利用传统的木质积木带领学前儿童一起探索几何图形的组合，这个过程能够调动其积极性，激发其对学习的兴趣。在搭建水立方这一活动中，学前儿童先是用4块积木搭建了水立方的底，拼成一个正方形，这一步是由于学前儿童在实际操作中感知正方形是有4条边的，并且4条边都相等。加上顶之后，学前儿童就拼成了一个正方体，在这个过程中，学前儿童能感受到平面图形和立体图形之间的关系，正方形是正方体的一个面。

2. 提供更多需要旋转和翻转的材料

翻转和旋转是几何图形组合的两种途径。通过不同形状图形的翻转和旋转，可

---

[1] 程欢. 积木游戏对5—6岁幼儿几何形体认知的影响实验研究［D］. 天津师范大学，2017.

以组合成各种各样的新几何图形。如图 7-34 所示,这是一个简单的几何图形组合,不需要翻转,只需要简单的旋转就可以完成,这仅适合年龄较小、缺乏几何图形组合经验的学前儿童进行操作,但即使是年龄小的学前儿童也容易对其失去兴趣。如果只为学前儿童提供此类示例,则其翻转几何图形的能力就不能得到很好的锻炼。而图 7-35 所示的材料则不同,对于学前儿童来说,这种拼摆十分具有挑战性,需要学前儿童进行丰富的旋转及翻转操作才能完成,其能力能够在操作中得到提升。因此,在几何图形组合的教学中,教师应为学前儿童提供更多需要旋转和翻转才能组合好的材料以提高其几何图形组合的能力。

不需要旋转与翻转

图 7-34 不需要翻转,只需要旋转的材料

图 7-35 需要旋转和翻转的材料

3. 提供有无分割线的不同难度的材料

在几何图形组合时,有无分割线的几何图形对学前儿童来说难度是不同的。学前儿童在拼摆有分割线的几何图形时相对容易,而面对没有分割线的材料时,往往较难完成几何图形的组合。如图 7-36 所示,七巧板是几何图形组合练习中经常使用的玩教具,在没有分割线辅助的情况下,即使是成人使用这 7 个图形拼成一个正方形也需要不断尝试,会花费一定的时间。但是增加分割线后,如何组合就变得十分清晰明了,学前儿童也可以快速地拼好。

因此,教师在为学前儿童提供操作材料时,要注意由易到难,先提供有分割线的材料让学前儿童进行操作,再提供有部分分割线的材料,最后再呈现没有分割线

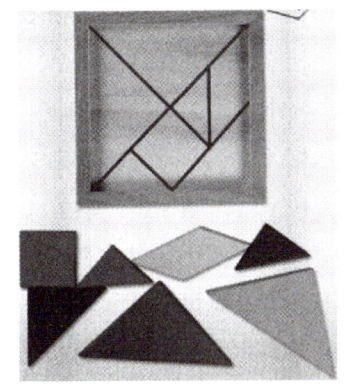

图 7-36　有无分割线的七巧板

的材料，并且在操作过程中教师要不断观察，根据学前儿童的现有水平及时调整材料的难易程度。另外，教师应在区域中投放不同程度的材料，以满足不同程度学前儿童的需要。

⊙案例7-5：做自己的星星（大班）[①]

活动目标：

（1）试着自己选择几何图形进行组合，拼成小星星。

（2）能够说出自己是用哪些几何图形进行组合拼摆的。

（3）在操作中感受几何图形组合的乐趣。

活动准备：

空白的星星模板，若干三角形、六边形、梯形、平行四边形等几何图形，记录纸。

活动过程：

一、谈话导入

夜晚天空中都有什么呢？请小朋友说一说星星是什么样子的。星星那么漂亮，大家都很喜欢星星，那么今天大家一起来拼出只属于自己的星星吧。

二、学前儿童独立操作

为学前儿童分发材料和记录纸，其可以随意选择使用哪些几何图形来拼星星，每拼好一种就在记录纸上把这种组合方式记录下来：都使用了哪些几何图形，每种几何图形用了多少个。

三、展示作品

请学前儿童分享自己是怎么拼成小星星的，小星星包含了哪些几何图形，分别

[①] 美国埃里克森儿童发展研究生院早期数学教育项目. 幼儿数学核心概念：教什么？怎么教？[M]. 南京：南京师范大学出版社，2015：174-176.

使用了多少个,说一说哪些几何图形拼在一起就能成为另一个几何图形。

活动延伸:

用自己制作的小星星来装饰教室。

案例评析: 在开展该活动之前,教师在数学区角活动中投放了积木拼图,这些积木都有具体的提示(分割线),学前儿童可以直接把积木放在上面完成拼图。由于太过简单,学前儿童很快就对这些拼图失去了兴趣,最后他们大多选择只有一个轮廓的模板,可以用不同组合的积木来完成拼图。基于这一现象,教师设计了此次活动。学前儿童都喜欢富有挑战性的活动,这一活动设计牢牢地抓住了学前儿童的兴趣。在活动中,学前儿童充分感知几何图形的特征,并且通过"两个梯形可以组合成一个六边形"获得了几何图形之间相互关系的经验。

4. 不要忽视立体图形组合

教师在实际教学工作中更多的是开展平面图形的组合,而往往忽视了立体图形的组合。在几何图形组合的学习中,立体图形的组合也同样重要。

如图 7-37 所示的磁力片可以组合成正方体及长方体等立体图形,在拼合的过程中,学前儿童可以感知平面图形与立体图形的相互关系,即正方形是正方体的一个面,几个正方形边和边对齐,上下左右围起来就是一个正方体。通过不断的操作,学前儿童就可以知道 6 个正方形可以拼成一个正方体,进而明白正方体有 6 个面。如图 7-38 所示,这是使用正方体进行组合的例子。教师为学前儿童出示示例,学前儿童摆放这些颜色不同的正方体以达到和示例一致的目的。这个过程所涉及的是学前儿童空间能力的发展。这对学前儿童来说是具有挑战性的活动,需要学前儿童展开思考,有利于学前儿童思维的发展。

图 7-37 磁力片拼长方体

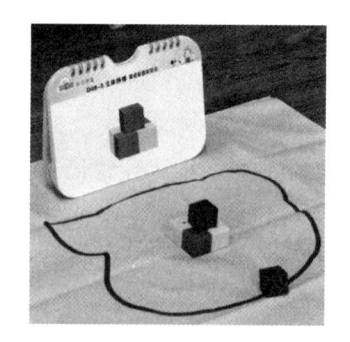

图 7-38 正方体的组合

因此,在几何图形组合教育时,我们要重视立体图形的组合。为学前儿童提供丰富的材料,引导学前儿童进行探索。

案例 7-6：神奇的纸盒（大班）

活动目标：

（1）通过观察、制作纸盒，感知平面图形与立体图形的关系。

（2）能够描述长方体的特点。

（3）体验操作的乐趣。

活动准备：

废旧纸盒、挂历纸、水彩笔、剪刀、夹子、双面胶等。

活动过程：

一、观察纸盒，初步感知立方体的特征

（1）看一看：观察自己带来的纸盒，是什么形状的（长方体）？

（2）数一数：长方体有几个面，分别进行标记。

（3）说一说：每个面是什么形状？

二、拆纸盒，感知立体与平面的关系

（1）请小朋友将纸盒沿黏合处拆开，观察纸盒变成了什么样子。

（2）如何将拆开的几何图形还原成纸盒呢？想一想平面的几何图形是怎么变成纸盒的？

三、做纸盒，巩固立体与平面的关系

学前儿童小组合作共同完成纸盒的制作。

案例评析：在立体图形的学习中，理解面与整个立体图形的关系十分重要。在这个案例中，教师通过带领学前儿童点数并标出数字来感受立体图形一共有几个面；通过拆纸盒、制作纸盒的操作，学前儿童进一步感知了面和体的关系，长方体是由 6 个面组成的。学前儿童在实际操作中获得了平面与立体的关系的相关知识经验，教师再进行提升总结，符合学前儿童的年龄特点及学习规律。

小贴士

认识立体图形的教学

1. 在观察、触摸立体图形的基础上认识几何体的特征。
2. 比较平面图形、立体图形及立体图形之间的不同。
3. 操作探索几何体的特征。
4. 在手工和建构游戏中加强对立体图形的认识。

5. 几何图形组合与生活情境相关联

数学来源于生活，也将为生活服务。著名的教育家卢梭（Rousseau）认为儿童的生活本身就是教育，课程应建立在自然的直接经验的基础上，儿童、自然、知识和社会是课程的来源。雷斯尼克（Resnick）（1991）认为生活化的教学内容可以帮助学生将抽象的数学知识与实际生活相联系，感受生活中的数学，体验数学实践和应用的重要性，从而形成正确的数学观念并转化成良好的数学意识。[①] 因此，几何图形组合的学习也要注重与学前儿童实际的生活情境相联系。如图 7-39 所示，学前儿童利用几何图形组合出了一幅美丽的画：三角形、梯形、平行四边形和正方形组合成一棵树；六边形、梯形、平行四边形和正方形组合成蝴蝶；六边形、平行四边形和三角形组合成蜜蜂；等等。每一个几何图形均是左右对称的。学前儿童所拼合的都是生活中真实见过的事物，并且也有运用了想象之后的艺术表达，如学前儿童拼摆的三角形的树，是结合现实生活进行想象之后的结果。图 7-40 所示是学前儿童利用磁力片拼搭的一个滑梯，这也是学前儿童通过自己的生活经验，将生活中见到的事物通过几何图形组合表征出来的。表征现实生活中的物体是艺术创作中十分重要的阶段，通过不断地拼搭积木，学前儿童表征事物的能力也会逐渐提高。

可见，与生活情境相联系的几何图形组合活动可以帮助学前儿童更好地关注到几何图形的特征和其在生活中的功用，并且实现数学与其他领域的融合以及促进学前儿童的其他能力的发展，帮助学前儿童全面成长。

图 7-39　几何图形组合成的花与动物　　图 7-40　几何图形组合成的滑梯

⊙案例 7-7：几何图形组合

活动目标：

（1）能创造性地用几种几何图形组合成新的几何图形。

（2）体验几何图形组合变化的乐趣。

---

① 王晴晴. 小学数学教学生活化研究[D]. 山东师范大学，2014.

活动准备：

各种大小、形状不同的彩色图形若干。

活动过程：

1. 激发兴趣

教师示范几何图形的组合，激发学前组合几何图形的兴趣。请学前儿童说一说教师都使用了哪些几何图形。

2. 尝试几何图形的组合

学前儿童选择几何图形，自由尝试几何图形的组合拼摆。

3. 幼儿展示

幼儿上前展示讲述自己组合成的图形内容，并说一说自己使用了哪些图形进行的组合。

案例评析： 本活动利用几何图形的拼合进行了艺术创作，拼出了学前儿童喜爱的事物，实现了数学活动与美术活动的相互融合。学前儿童在活动中既学习了几何图形知识，巩固了几何图形的基本特征和几何图形之间的相互关系，又锻炼了想象力和表征能力的发展，即如何用这些几何图形来将自己喜爱的事物表征并且拼摆出来。同时，在拼摆这些几何图形的过程中，学前儿童也感受到这些几何图形在现实中的功用，如小汽车的车轮是圆形的。本活动实现了数学知识与实际生活的联系，能帮助学前儿童感知数学的价值。

单 元 回 顾

⊙ 单元小结

本章主要讨论了学前儿童几何图形的发展与教育，包括两个方面：认识几何图形及几何图形组合的发展和教育。

第一节"学前儿童认识几何图形的发展与教育"阐述了几何图形的概念，即对客观物体形状的抽象和概括，指点、线、面及它们的几何，包括平面图形和立体图形。学前儿童认识几何图形的一般特点包括认识各种几何图形的顺序、几何图形感知与词的联系，同时也体现出一定的年龄特点。根据这些特点，教师在开展教育时要注意：使学前儿童感知生活中的各种几何图形；为其提供丰富的、多样化的几何图形示例；使其依靠视觉和触觉共同参与认识几何图形，使用正确的语言描述几何图形，运用比较相似几何图形的方法帮助认识新的几何图形，以及运用多种操作方式，巩固对几何图形的认识。

第二节"学前儿童几何图形组合的发展与教育"阐述了几何图形的组合的概念，即将两个及两个以上的几何图形组合起来，形成一个几何图形或者一个几何图案。几何图形的组合依靠的是几何图形的基本变换，包括旋转、翻转和移动。几何图形组合的学习对学前儿童来说具有非常重要的意义。在几何图形组合能力的发展过程中，学前儿童呈现出从尝试错误到通过心理表征来预期几何图形的组合、从根据几何图形的整体视觉来判断到考虑几何图形边和角的关系、从旋转到翻转的特点。教师在组织活动时要重视积木的作用，为学前儿童提供更多需要旋转和翻转的材料，提供有无分割线的不同难度的材料，不要忽视立体图形组合，注意几何图形组合与生活情境相关联。

⊙ 拓展阅读

1. 美国埃里克森儿童发展研究生院早期数学教育项目. 幼儿数学核心概念：教什么？怎么教？[M]. 南京：南京师范大学出版社，2015.

2. 莎莉·穆莫，布伦达·耶柔米. 数学不仅是数数[M]. 侯宇岚，陈芳，译. 南京：南京师范大学出版社，2013.

3. 黄瑾. 学前儿童数学教育与活动指导[M]. 3版. 上海：华东师范大学出版社，2014：174-224.

4. 赵振国. 学前儿童数学教育与活动设计[M]. 北京：北京大学出版社，2016.

5. 林嘉绥，李丹玲. 学前儿童数学教育[M]. 北京：北京师范大学出版社，2014.

⊙ 思考与练习

简答题

1. 简述学前儿童认识几何图形的一般特点和年龄特点。
2. 简述学前儿童几何图形组合能力的发展特点。
3. 谈一谈在幼儿园中应如何开展认识几何图形的教学。
4. 谈一谈在幼儿园中应如何开展几何图形组合的教学。

第八单元 学前儿童空间方位的发展与教育

导言

在幼儿园中我们会经常听到这样的对话。"我要把三角形放到正方体上面。""请你把娃娃放到床上,把盘子放到橱子里。""请某某小朋友做到某某的旁边。"……这些对话中都蕴藏着空间方位的概念。那么到底什么是空间方位?学前儿童的空间方位能力又是怎么发展的呢?教师需要做些什么才能更好地促进学前儿童对空间方位能力的学习呢?

学习目标

1. 了解空间方位的概念。
2. 掌握学前儿童空间方位的学习路径。
3. 掌握学前儿童空间方位的教育策略。

思维导图

学前儿童空间方位的发展与教育
- 学前儿童空间方位的发展
  - 空间方位概述
  - 学前儿童空间方位的核心经验
  - 学前儿童空间方位的学习路径
- 学前儿童空间方位的教育
  - 学前儿童空间方位的发展要求
  - 学前儿童空间方位的教育策略

第一节　学前儿童空间方位的发展

空间能力是智力的重要组成因素，其成绩可以预测学前儿童今后的发展方向。空间能力优秀的学前儿童往往在今后的数学、科学、工程、技术等方面的学习上有更好的学术表现。

空间方位与日常生活有密不可分的关系。例如，对生活中日常物品的位置摆放的辨别：台灯在桌子上面，饼干在抽屉里面；对活动中个体的空间方位的描述：小明跑在了小红的前面，小猫绕到了沙发的后面，这些都表现出空间方位在日常生活中有重要的作用。

一、空间方位概述

任何客观物体在空间中均占有一定的位置，并且同周围的物体存在空间上的相互位置关系，这就是物体的空间方位，也可以称为物体的空间位置，一般用上下、前后、左右等词汇表示。[1] 而空间的概念，从狭义上讲是指空间方位的概念，即对客观物体的相互位置关系的认识；从广义上讲，空间的概念除空间方位外，还包括对各种空间变换关系的认识，如辨识物体在空间中的移位、翻转或旋转变换等。[2]

二、学前儿童空间方位的核心经验

美国数学教师协会曾对儿童关于空间方位的理解和应用提出了一系列要求：儿童应当会描述、命名和解释空间的相对应位置并应用相对应位置概念；在探索空间过程中描述、命名、解释方向和距离并应用方向和距离的概念；根据简单的空间关

---

[1] 张俊. 幼儿园数学领域教育精要：关键经验与活动指导 [M]. 北京：教育科学出版社，2015：223－224.
[2] 黄瑾，田芳. 学前儿童数学学习与发展核心经验 [M]. 南京：南京师范大学出版社，2015：327.

系,如"靠近"和"在……里面",确定和命名位置。① 具体分为以下几个方面。

(一)感知和判断空间方位

感知和判断空间方位是学前儿童需要获得的关于空间的一项核心经验。例如,排队时判断自己在队伍中的前后位置;知道操场在教室外面,运动要到外面去;桌椅板凳等在教室里面,运动完要回到教室里;能理解教师发出的方位指令并根据指令调整自己或调整物体的位置。

辨别物体位置需要一个基准点(参照点),以基准点来确定物体的空间方位。例如,老师站在桌子和椅子的中间,如果以桌子为基准点,老师就在桌子的后面,如果以椅子为基准点,老师就在椅子的前面。基准点不同,空间方位截然不同。因此,在识别空间方位时,明确客体的基准点是很重要的。

物体的空间方位关系是相对的。例如,上下、左右、前后。上是对下而言的,左是对右而言的,前是对后而言的,倘若甲在乙的右边,那么乙就在甲的左边。如图8-1所示,奶奶在米桶的后面,米桶在奶奶的前面;奶奶在孙女的右边,孙女就在奶奶的左边,这是因为主体与客体的空间方位关系是相对的。

图8-1 空间方位关系的相对性

物体的空间方位关系是可变的。如图8-2所示,既可以说地球仪在桌子的上面,也可以说地球仪在书的旁边;既可以说钟表在墙上,也可以说钟表在黑板旁边。因此,一个物体的位置不是固定不变的,物体的位置是根据物体的基准点进行判定的,倘若基准点发生变化,那么物体的空间方位也会改变。

---

① 查尔斯沃斯. 3~8岁儿童的数学经验[M]. 潘月娟,译. 北京:人民教育出版社,2007:128.

图 8-2 空间方位的可变性

物体的空间方位关系是连续的。如图 8-3 所示,中间是小朋友打排球的区域,排球场的右侧是拔河区,排球场的左侧是篮球场。其实排球区、拔河区和篮球区都是一个连续的区域,相较于乒乓球区来说,它们都在乒乓球区的后面,不是完全分开的。

图 8-3 空间方位的连续性

(二)运用方位词描述位置和方向

《指南》明确提出:"能感知物体基本的空间位置与方位,理解上下、前后、里外等方位词""能使用上下、前后、里外、中间、旁边等方位词描述物体的位置和运动方向"。美国数学教师协会在 2000 年颁布的《早期儿童数学学习标准》也明确提出:"儿童应当学会描述、命名和解释空间的相对位置并应用相对位置概念。"由此可见,学前儿童在空间方位的学习中,运用方位词描述位置和方向是一个基本要求。

学前儿童学习方位词的运用具体分为两个阶段,第一个阶段是纯描述物体本身的空间位置（没有参照物），第二个阶段是可以描述物体的相对位置（在谁的哪里）。如图8-4所示，当教师问："铅笔在哪呢？"小班学前儿童会说："在上面。"即便是教师进行引导："铅笔在哪呢？请把话说完整。"处在第一个阶段的学前儿童的回答仍然是"铅笔在上面"。那么处在第二个阶段的学前儿童就会说："铅笔在桌子的上面。"让其说出书的位置也是一样的，第一个阶段的学前儿童会说"书在里面"，而第二个阶段的学前儿童会说"书在桌子的里面"。区别就是处在第二个阶段的学前儿童不仅说出了物体的方位，也把参照物说了出来：铅笔在桌子的上面，书在桌子的里面。

图8-4 方位词的运用

母鸡萝丝去
散步——方位语言
学习及空间表征

（三）符号再现空间关系

空间区分、空间知觉和对各种空间关系的理解既包含对生活中相关的空间方位关系的辨别与表征，也包括对其的理解与运用（能够借助头脑中的空间视觉对环境中的材料做出判定和反应）。[①] 学前儿童后期开始对自己所处的空间环境形成心理表征，也能对其中的空间关系建立模型，并且开始尝试使用符号这种抽象的方式再现物体的相对位置。例如，学前儿童可以绘画教室的布局图，用箭头表示方向，并初步理解空间方位示意图中的空间方位关系。如图8-5所示，教师首先在教室里创设了母鸡萝丝经过的地点，然后让幼儿用行动表演出母鸡萝丝散步经过的这些地点，之后又让幼儿画出母鸡萝丝走过的地点及这些地点的位置（见图8-6）。

---

① 黄瑾. 学前儿童数学学习与发展核心经验[M]. 南京：南京师范大学出版社，2015：330.

图 8-5　用身体表征母鸡萝丝走过的地点

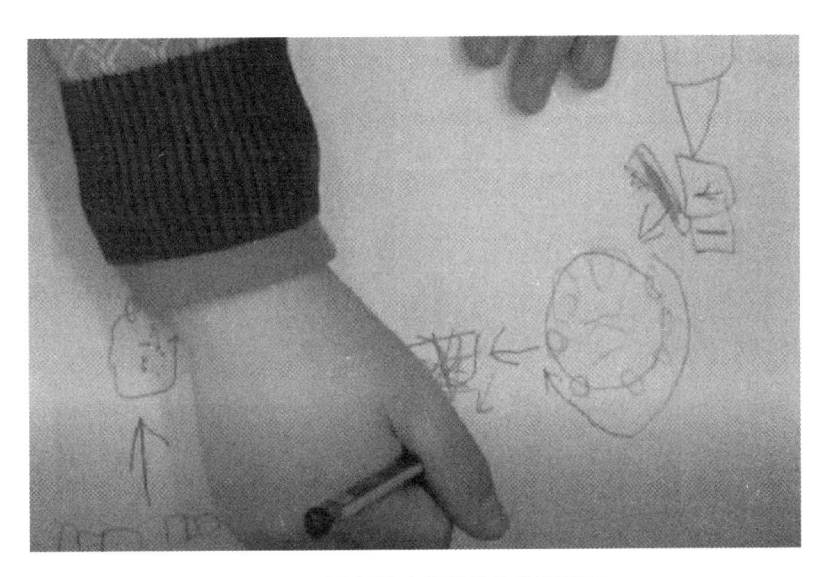

图 8-6　画出母鸡萝丝散步的路线图

（四）理解并重现三维物体的不同视角

特定视角的观察会影响我们对空间的体验和二维表征，同一个物体从不同的角度观察到的画面是不同的。我们应该引导学前儿童从不同的空间视角观察人、位置和物体，感受从不同角度观察同一物体时的不同的画面。教师向学前儿童出示操场鸟瞰照片（见图 8-7）和城市道路鸟瞰照片（见图 8-8），然后让其用图画表示出画面当中物体的空间关系，有的小朋友用两个圈圈表示操场，用长方形表示两边的马路，用椭圆形表示汽车（见图 8-9）。这说明学前儿童可以看得出物体之间的位置关系，并重现出来。但是视觉图像的空间感的建立对学前儿童来说相对困难，尤

193

其是空间感发展相对滞后的学前儿童,所以教师在教学过程中一定不能操之过急,要帮助学前儿童积累和辨认对空间方位的理解。

图8-7 操场鸟瞰照片

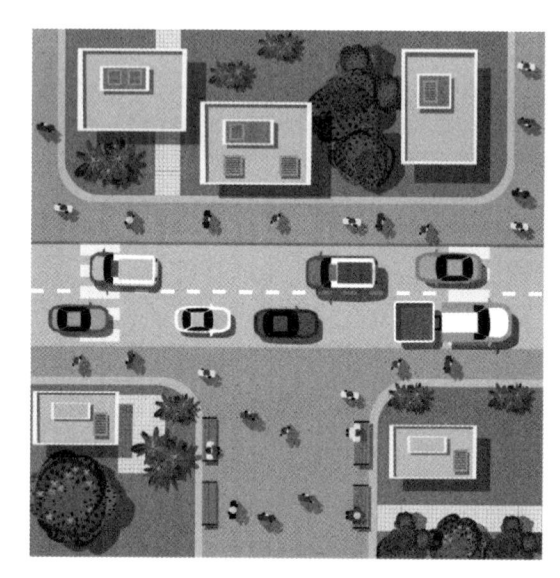

图8-8 城市道路鸟瞰照片

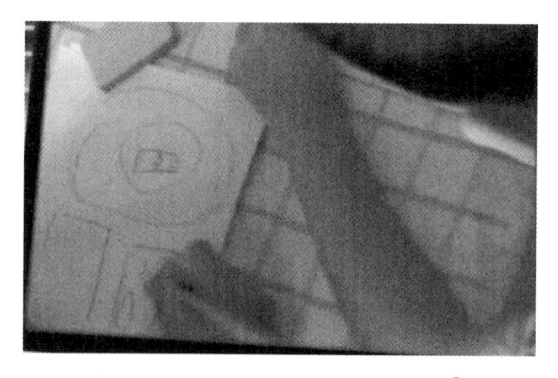

图8-9 重现三维物体的不同角度[1]

---

[1] 图片来源:中国大学MOOC:学前儿童数学教育,温州大学,李娟等。

三、学前儿童空间方位的学习路径

幼儿期的空间感是以周围环境和物体的"客体永久性"认识为基础的。皮亚杰在研究儿童空间认知能力发展的相关论述中表明，空间认知主要是基于儿童的知觉运动经验的发展，儿童的空间能力主要源自他们与周围环境的互动和建构[①]。从整个发展进程来看，学前儿童的空间方位学习具有以下特点。

（一）先上后下，再前后，最后是左右

学前儿童掌握基本的空间方位及词汇一般有上下、前后、左右、里外、旁边等，它们也表示以某物为坐标轴的三对基本方向，即竖直的相对方向是上下，纵向的相对方向是前后，横向的相对方向是左右。

由于空间方位本身的复杂程度不同，学前儿童对空间方位的认识和判断的难易顺序是：先上下、再前后、最后是左右。这主要是因为上下的方位一般是以"天地"为标准确定的，"天为上，地为下"，且"天地"具有永恒不变性，不会因为方向的改变而改变，所以容易辨别。而前后和左右的位置都具有方向性，会随着定向者自身位置的改变而发生变化，所以识别起来会有一些困难，尤其是辨别左右方位，比前后更难。

在幼儿园，小班的学前儿童辨别上下是没有问题的，如图8-4所示，小朋友清楚地知道铅笔在上面，本子在上面，书在里面，但是辨别不了左右。随着年龄的增长，到了中班，学前儿童慢慢开始知道旁边、中间等位置关系，如图8-10所示，小朋友能够清楚地知道花在汽车的旁边，小方块在两根柱子的中间。到了大班，学前儿童逐渐获得左右位置关系的概念，能够正确地分辨出

图8-10 上下、前后、左右的区分

自己的左手和右手；也能做到用左手摸自己的右耳朵，用右手摸自己的左耳朵；还可以知道自己的左边放着什么东西，自己的右边放着什么东西。左右的位置关系会随着身体的转动产生变化，即便是对于大班学前儿童来说依旧存在挑战，更不用说中班的小朋友了。因此，在幼儿园做操的时候，老师会在学前儿童的手上点一个小

[①] 赵振国.3—6岁儿童数量估算、数数能力及视觉空间认知能力发展关系的研究[D].华东师范大学，2009.

点，或者戴上一个手环来帮助小朋友区分左右手的动作。

学前儿童空间方位的学习虽然有一定的顺序（上下—前后—左右），但是由于学前儿童的个体差异性，会出现超前或滞后的现象，如有的小朋友在 2 岁多的时候就已经知道上下、里外、旁边这样的方位词，不仅如此还可以说出相对位置词——它的上面、它的旁边。我们此处讲的学习路径，针对的是一般情况。

（二）以自我为中心到以客体为中心逐渐过渡

人们在日常生活中判断空间方位时，一般会采用两种基准点：一种是以自身为参照判断客体相对于自身的空间方位关系；另一种是以客体（其他的人或事物）为参照，判断客体相互之间的空间方位关系。学前儿童在辨别空间方位时，会经历以自身为中心逐步过渡到以客体为中心的定向过程。

学前儿童辨别空间方位时，首先是从自身开始并且以自身为坐标来判断周围客体的空间方位的。学前儿童首先学会的是辨别自己身体部位的空间方位，将不同的空间方位与自己身体的部位相联系。例如，如图 8-11 所示，小朋友在教室里，容易知道的是自己的上面是天花板，身体下面是地板，自己的前面是老师。这时候学前儿童是以自身为出发点辨别客体的空间方位的，他们判断的是自身与客体的空间方位关系。但是如果问他们老师在黑板的哪里呢？小朋友是比较难理解的。

图 8-11 学前儿童以自我为中心判断空间方位

如图 8-11 所示，以自我为中心进行判断时，学前儿童知道钟表在自己的前面，随着经验的积累，其会慢慢明白钟表也在老师的后面，当其理解钟表在老师的后面时，就理解了以客体为基准点确定客体与其他客体之间的相互位置关系。这时候学前儿童就会清楚地了解钟表不仅在自己的前面，还在老师的后面，也在黑板的旁边，又在墙的上面。整个过程是一个以自我为中心到以客体为中心进行位置判断的转换过程。

以客体为中心对左右方位进行判断对学前儿童来说是一个巨大的挑战。如图 8-12 所示,佩奇(4 岁)知道乔治在自己的前面,也有可能知道瑞贝卡在自己的左边。但是,乔治在苏西的哪里呢?苏西又在瑞贝卡的哪里呢?这两个问题对于佩奇来说是比较困惑的,原因就在于佩奇不能再以自我为中心进行位置判断,而是需要以客体为中心进行位置判断。那么佩奇可以通过什么方式来判断乔治和苏西的位置呢?聪明的小朋友会让佩奇的身体旋转 180 度,和乔治面朝同一方向,这样就可以知道,苏西在乔治的右边了。

图 8-12 以客体为中心判断左右

以客体为中心进行方向辨别更能体现学前儿童对空间概念的掌握,这是因为从客体出发的位置反映的是客体与客体之间的位置关系,对学前儿童抽象思维的要求更高。

(三)从绝对化逐渐过渡到相对化

学前儿童刚开始时会把空间方位概念当作永恒不变的来理解,即他们会认为一个物体只有一个位置,随着时间的推移才会慢慢理解基准点不同,物体的位置也会发生改变,也就是空间方位概念的相对意义。如图 8-13 所示,在刚开始认识空间方位时,小女孩的认识是"我就在戴帽子的小男孩的后面",后面会慢慢知道"我还在不戴帽子的男孩子前面""我还在这两个男孩子的中间"。这足以说明位置不是绝对的,相对于不同的物体,位置会不同。

图 8-13 从绝对化逐渐过渡到相对化

第二节 学前儿童空间方位的教育

研究表明,空间思维是认知的重要组成部分,对学业成绩和日常活动都有很大的帮助,如学习科学和数学,使用地图等。不仅如此,几何空间能力还和科学、技术、工程和数学领域的教育及职业成功的差异水平相关联(Liben,2007;National Research Council,2005;Wai,Lubinski,& Benbow,2009)。那么我们应该如何对学前儿童进行空间方位的教育呢?

一、学前儿童空间方位的发展要求

学前儿童空间方位能力在不同阶段的发展要求见表8-1。

表8-1 学前儿童空间方位能力在不同阶段的发展要求[①]

项目	3~4岁	4~5岁	5~6岁
空间方位	1. 能正确区分上下、前后、里外的方位。 2. 能按方位词(上下、前后、里外)指令行动。例如,请你把苹果放到桌子的上面	1. 能区分远近、中间、旁边的方位。 2. 能按远近、中间、旁边的指令行动。 3. 能用简单的方位词描述位置。例如,可以描述出"我在然然的前面。""我把书放到了抽屉里面。"	1. 能以自身为中心区分左右的方位。 2. 学习用方位词描述简单的路径。例如,向前走,路过一个红绿灯,穿过红绿灯再向前走500米,右拐就到肯德基了

根据《指南》和有关学前儿童空间方位学习内容的研究报告得出,小班(3~4岁)学前儿童的学习目标是能够感知最基本的空间位置,正确区分上下、前后、里外的方位,并且能够按照简单的方位词指令行动。中班(4~5岁)学前儿童涉及更多的方位词学习,如远近、中间、旁边,并且可以使用上下、前后、里外、旁边等简单的方位词描述物体的位置。大班(5~6岁)学前儿童涉及左右的区分,主要是

---

① 陈杰琦,黄瑾.i思考 数学核心经验资源包:教师用书[M].南京:南京师范大学出版社,2013:17.

以自身为中心区分左右,此外,学前儿童还要学习用简单的方位词描述简单的路径,根据简单的示意图正确取放物品。

二、学前儿童空间方位的教育策略

1. 生活中注意空间方位的讨论

研究表明,那些在 14~46 个月之间听到更多空间语言的幼儿,他们在 54 个月时的空间任务测试中表现更好。[①] 不仅如此,运用方位词描述位置和方向也是学前儿童空间发展过程中的核心经验之一,所以成人首先需要帮助学前儿童发展描述空间方位的词汇。如图 8-14 所示,桌子上有许多好吃的,教师问好吃的在哪里啊,如果学前儿童只是用一个动作指示或者回答一个短语——"在那儿",那么这个时候,老师就可以借助这个机会教会其如何更加准确地描述,如教师可以说:"是的,在桌子上有很多的餐盘,我们把食物放到了餐盘里面。"在日常生活中,教师的空间语言越准确、丰富,学前儿童的语言和理解也会更加准确和精细。当学前儿童听到的关系语言能够帮助他们编码与所找物品相关的位置信息时,那么他们也可以解决一个空间类比任务了。[②]

图 8-14 幼儿园加餐时讨论空间方位

但是有研究显示,日常教育实践中,幼儿园教师有意识地渗透空间方位语言的教育行为并不多,涉及的空间方位语言大多属于教师的无意识行为。例如,教师说:"来,我们把大家的作品都贴到墙上,方便每个小朋友欣赏。"排队时说:"全体向你的左边跨一步。"这类为了日常事务或者为了下一环节能够顺利开展无意识地说出来的空间描述词汇是随意的、不精确的、不丰富的,对学前儿童空间描述词汇的

[①] Pruden, Levine, Huttenlocher. Children's spatial thinking: does talk about the spatial world matter? [J]. Developmental Science, 2011 (6): 1417-1430.

[②] Loewenstein, Gentner. Relational language facilitates analogy in children [C]. 20th Annual Conference of the Cognitive-Science-Society, 1998: 615-620.

学习并没有很大的帮助。成人应该非常有意识地与学前儿童讨论空间方位，如图 8-15 所示，进餐时，家长可以说："妹妹在爸爸的旁边，哥哥在妈妈的旁边，妈妈在爸爸和哥哥的中间。"这样的精准、丰富的空间方位语言，与学前儿童当下体验的真实生活情境相关联，更容易让其获得。

图 8-15 家庭吃饭时讨论空间方位

2. 充分利用积木

积木是幼儿园中常见的一种材料，积木游戏是指学前儿童操作积木，进行物体造型的一种活动，积木的操作性和探究性非常符合学前儿童的发展特点和学习特点，与此同时，积木对发展学前儿童的数学能力和空间技能具有非常重要的意义。研究发现，积木游戏不仅可以刺激学前儿童使用更多的空间语言，还能使学前儿童在积木游戏中进行与数学概念相关的谈话，如数量和空间关系、匹配大小和积木之间的关系等。[1] 因此，积木游戏可以促进学前儿童早期数学能力的发展，如空间推理能力，获取几何形状知识、数学知识和解决问题的能力（Kamii, Miyakawa & Kato, 2004；Ness & Farenga, 2007；Reifel & Greenfield；Seo & Ginsburg, 2004；Wellhousen & Kieff, 2001）。研究还发现，幼儿期的积木搭建能力能有效预测初高中时期的数学学习能力。因此，我们一定要重视积木对空间和后续学业成绩的影响。

学前儿童对空间形体的感知主要指的是在搭建二维或多维积木时，他们会发现物体的外形会随着观察角度的变化而发生变化（Hanline & Phelps, 2001）。如图 8-16 所示，同样的积木造型，平视和俯视看到的样子是不一样的。

图 8-16 利用积木的作用

此外，积木是可以相互联系的，一个造型不是由单一的一块积木构成的，而是由很多块组成。例如，一个积木

---

[1] 李飞燕，康丹. 国外幼儿空间语言发展的影响因素研究述评［J］. 陕西学前师范学院学报，2019（5）：6-7.

是在另一个积木上方还是下方，或者它是对齐还是垂直的呢？这样的关系有助于学前儿童感知每一块积木之间的空间位置，如图8-17所示。

图8-17　积木是相互联系的

积木对学前儿童学习空间概念非常重要，但是积木作用的发挥离不开教师的指导：因为学前儿童的个体差异性，我们在教学过程中会发现一些特点。例如，研究发现，让学前儿童自由选择时，男孩比女孩更愿意去积木区，这时候就需要教师多鼓励女孩去进行积木的搭建。另外，因为学前儿童整体的搭建水平与自身经验和年龄存在正相关的关系，所以年龄小、经验少的学前儿童，在搭建积木的过程中需要教师和同伴的更多鼓励和支持（Bullock，1992）。如图8-18所示，学前儿童刚开始搭建时只会平铺，后来学会垒高，再慢慢地可以搭建出一个底座，在这些经验的基础上才会搭建出一些变式来。因此，教师应该促成学前儿童从搭建一些最简单的图样到复杂的一些变式，其支持策略包括提供各种难度的模拟参照物、与学前儿童一起搭建、鼓励学前儿童，或者提出一些有启发的、拓展搭建思路的要求。例如，学前儿童在搭建高速公路时，教师提问："汽车没油了怎么办？上高速要收费吗？"那么学前儿童就有可能搭建加油站和收费站。

(a) 平铺　　(b) 垒高　　(c) 底座　　(d) 造型

图8-18　积木搭建

◉ 案例 8-1：大班学前儿童区域活动——积木的"学习故事"[①]

材料：

彩色积木（放在大桶里，几个孩子共享，有需要的话就去桶里拿）

过程：

然然在搭一个房子，她首先搭了一个底座，然后搭了一个烟囱，如图 8-19（a）所示。然然搭好房子之后发现大桶里有一个番茄的图片和一个小菠萝，然然说："我的家叫番茄花园，这是我的菠萝仆人。"如图 8-19（b）所示。随后，她看到同伴搭了一个汽车，所以她也学同伴搭了一个汽车，如图 8-19（c）所示。最后，他们就玩起了到别人家做客的戏剧游戏，如图 8-19（d）所示是别人到她家做客，她的菠萝仆人在鞠躬欢迎别人。

（a）搭建底座和烟囱 　　（b）放置番茄和小菠萝

（c）搭建汽车 　　（d）做客游戏

图 8-19　积木的"学习故事"

[①] 李娟，奇文杰. 教师观察了解儿童需要理论支撑. 幼儿教育·教育教学，2014（7）：6-8.

案例分析：教师应该如何干预让学前儿童搭建的积木更加丰富呢？

丰富的积木操作可以使学前儿童更加容易感受到积木和积木之间的空间方位关系。

（1）游戏前：材料的提供。教师需要考虑积木的种类。积木从颜色上可以划分为彩色和原木色。有研究表明，原木色的积木更有利于学前儿童将更多的精力聚焦在建构的复杂性上，所以教师应该尽可能为其提供原木色的积木材料。

教师需要考虑积木的摆放。积木进行分类摆放会帮助学前儿童提高建构水平，因为材料分门别类地摆放会提高其选择材料的目的性。案例当中的老师是把积木放在了一个大桶里，小朋友需要去大桶里寻找自己想要的材料，也许他在翻找的过程中，碰到哪块积木就用了哪块，而不是事先有目的地选择。

教师需要提供模拟参照物，如图 8-20 所示。模拟参照物会启发学前儿童对搭建物的思考，帮助其丰富搭建作品。模拟参照物的提供由易到难分别为：教师用积木搭建一个房子，小朋友照着教师搭建的房子也搭一个；教师用积木搭建了房子以后拍成照片，把照片贴到墙上，小朋友看着二维的照片搭建房子；教师拿一个房子的模型放在区域中，小朋友看着搭；教师把房子的模型拍成照片贴到墙上，让小朋友看着搭。案例中然然所搭建的房子结构比较简单，相对来说缺乏丰富性和复杂性，当教师提供一些模拟参照物的时候，房子的搭建效果可能会更好。

图 8-20　模拟参照物

（2）游戏中：引导性介入。教师需要通过语言进行引导性的介入。当我们发现学前儿童的建构行为一直维持在较低水平上，或者有明显可改善与提升的空间，教师可以通过提出问题和设置困难的方式来改进学前儿童的搭建方法。例如，当学前儿童搭建了一栋房子时，教师可以问学前儿童："他家的卧室在哪里呀？"倘若小朋友搭建了一辆车，教师可以问："没有车库，你的车要停在哪里呢？"这种情况下，学前儿童可能会思考：我需要搭出卧室、厨房、卫生间、书房等结构，还需要一个车库，这样所涉及的空间关系会更加复杂。

（3）游戏后：鼓励分享。搭建游戏结束后，教师还可以鼓励学前儿童进行作品分享。学前儿童在分享的过程中会说自己搭建了什么，这时候教师可以进行鼓励："请问你用了什么形状的积木？用了几块？请问你为什么要把三角形的放在上面呢？请问你这里为什么要用圆柱体？"通过这样的提问和分享可以帮助学前儿童更加清楚地了解不同形状的积木的特性，掌握基本的空间概念。

此外，教师还可以提供更多的辅助性材料，因为许多研究者认为游戏的辅助性材料有助于增加游戏的复杂化。研究发现，学前儿童的行为和材料的布局、搭配有直接关系。单纯提高游戏材料的复杂程度并不能使其产生更复杂的游戏行为，而增加一些辅助性材料，则会引发其相应的行为。如图 8-21 所示，学前儿童可以把这些交通道路的标志运用到搭建中。如图 8-22 所示，箭头表示方向，代表了向前、向后、向左、向右，还有环岛绕圈，学前儿童在搭建房子的过程中不仅能学到空间方位，指示性的箭头也会让空间方位关系更加丰富。

图 8-21 交通道路的标志

图 8-22　交通道路的标志运用到积木搭建中

一位开端计划的教师说:"我曾经质疑积木角的游戏,因为大多数时候积木被用作单一的物体拿到其他区角,用作'手机'或'枪',自从我重新布置了这个区域,加入小车和树,孩子们开始建造、铺路、建桥,甚至房屋。我们今天要读一本图画书,展示人类居住的各种不同场所。我准备把书留在积木角,希望这能给幼儿带来新想法。"

3. 利用照片

在日常生活中,空间关系是不断变化的,照片可以创造一个有关空间的、简易的、可共享的视觉表征,并且可以反复地用于深入讨论。例如,小朋友在玩闯关游戏的时候,我们可以拍下照片跟她讨论:你在两个凳子的中间穿过去了,然后越过了这个箱子,再绕过了这个椅子,如图 8-23 所示。在这个过程中,学前儿童通过自己的行动加上语言的描述会更加理解"穿""越""绕"等方位词。又如,2 岁的小朋友在玩捉迷藏游戏的时候,总是把自己的头藏起来,如图 8-24 所示,因为他觉得他看不到别人,别人也就找不到他了。我们可以拍下照片和孩子讨论:你藏在了哪里啊(藏在了大衣的后面),你还能看到自己吗?再如,出去旅游时拍了照片,如图 8-25 所示,可以和孩子讨论:你们到了哪里啊(到了山顶上),你看到山下都有什么呀(房子、道路),为什么可以看到这么多东西呢?是什么样子呢?和你在山下面看到这些物体的样子相同吗?我们可以通过照片进行直观的对比,进行讨论,让学前儿童感受从不同角度看待物体的不同。

图 8-23 闯关游戏　　　　　　　　　图 8-24 捉迷藏游戏

图 8-25 山上视角

4. 利用身体运动游戏

我们在做身体运动游戏时可以利用歌曲，跟随着歌曲进行运动。例如，对于歌典《左手右手》，小朋友可根据歌词"当困难来临的时候，请你举起你的左手"（见图 8-26），做出相应的动作。我们还可以运用绘本，有研究表明，绘本可以促进学前儿童空间方位的认知。例如，《母鸡萝丝去散步》，如图 8-27 所示。小朋友熟悉故事以后，教师就在教室放了一些东西来表示绘本中提到的院子、池塘、篱笆等地方，让小朋友根据绘本的故事来走母鸡萝丝散步的路线。小朋友经过这些地方的时候要用方位词描述出来：走过院子，绕过小池塘，跃过干草堆，经过磨坊，穿过篱笆，钻过蜜蜂房，最后按时回家，如图 8-28 所示。在这个过程当中，学前儿童是通过多感官通道来学习物体的空间概念的。

图 8-26　《左手右手》

图 8-27　《母鸡萝丝去散步》

图 8-28　学前儿童走母鸡萝丝散步的路线

⊙案例 8-2：左右手猜猜猜

活动目标：

制作左右手小书。

活动过程：

如图 8-29 所示，黄色是左手小书，蓝色是右手小书，另外还有一些小的图片，图片上是左手或者右手做出来的一些手势，学前儿童需要分辨出这些图片是左手还是右手，然后贴到左手小书或者右手小书里。在学前儿童分辨不出来的时候需要靠做出图片上相应的动作来判断图片是左手还是右手。

案例评价：这样的活动不是机械地记忆左手还是右手，在活动过程中有对空间的辨析，在思维上更加具有挑战性，同时也能激发学前儿童的学习兴趣，比较有趣。

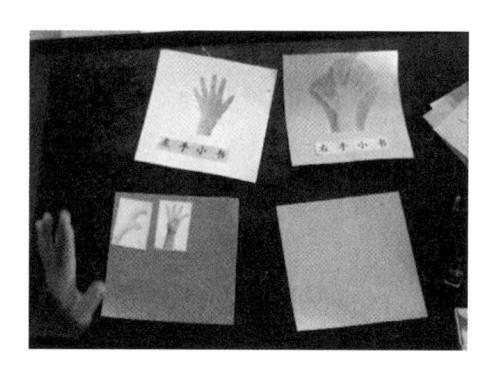

图 8-29　左右手小书

5. 促成二维和三维之间的转换

理解并重现三维物体的不同视角是学前儿童学习空间概念的核心经验之一。特定视角的观察会影响我们对空间的体验和二维的表征，教师需要促成学前儿童从二维到三维的转换，帮助学前儿童从不同的空间视角观察人、位置和物体。如图 8-30 所示，教师在教室里拍摄了一些照片，如桌子、铃铛、水杯等，照片有这些物体的不同角度，有从侧面拍的、有从前面拍的、有从正面拍的、有从下面拍的……照片拍出来之后贴到纸上，然后让学前儿童去分辨这些物品。当学前儿童有争执，分不清楚照片中是什么的时候，还拿出了实际的物体来进行对比。这个过程有利于学前儿童从不同的视角观察物体。此外，材料的难易程度也可以进行区别，彩色的照片相对简单，黑白的照片更有挑战性。

还有一些活动可以促使学前儿童从二维视角转换到三维视角。例如，教师事先在纸上画上小点点，点点之间的排列有一些规律（如图 8-31 中的点点是 "V"形），老师说："你觉得这个可以用教室里的什么东西来把它表征出来呢？"有的小朋友用书来表征，有的用盘子来表征，等等。学前儿童在这个学习过程中可以注意到照片中的点点有多少个，需要用多少个物体来表示，点点之间又是什么样的关系，点点排列成了什么形状，我应该怎么来表征。

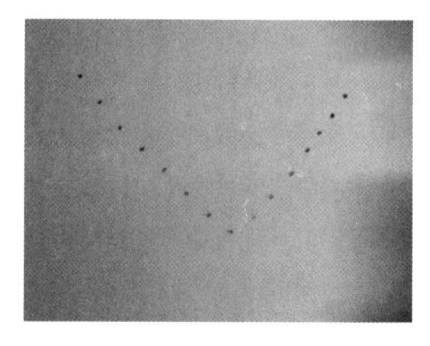

图 8-30　重现三维不同视角　　　　图 8-31　由二维到三维的转换

6. 利用绘画与绘制地图

对于很多语言尚未完全发展的学前儿童来说，绘画表征是最好的出发点，通过绘制地图的方式可以把空间方位关系表征出来。如图 8-32 所示，小朋友边画边说："这是秦老师，这是桌子，这是电视，那是椅子……"这时，小朋友其实是把秦老师和桌子之间的关系表征出来了。

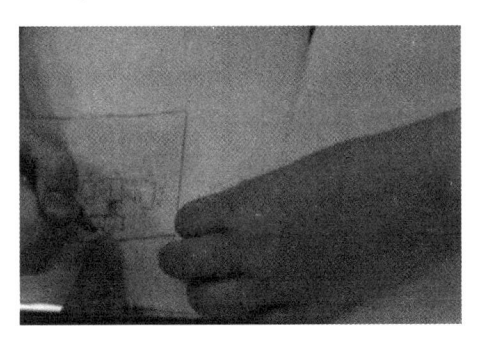

图 8-32　秦老师和桌子

《母鸡萝丝去散步》的活动中，教师除了让学前儿童用身体去表征母鸡萝丝经过的那几个位置之外，还尝试鼓励其把母鸡萝丝经过的路线画出来，如图 8-33 所示。在绘画的过程中，学前儿童会关注到一共有几个地方；这几个地方是什么关系；用箭头该如何表示，这是"经过""跃过"，还是"穿过"呢。当学前儿童不会用笔把母鸡萝丝的路线画出来的时候，教师也可以帮助其降低难度。教师画出母鸡萝丝经过的几个地方，然后让学前儿童贴出来，当他贴不出来的时候，教师先贴好几个地方作为一个参照，然后让他贴其他地方，最后把箭头画出来，如图 8-34 所示。这样通过设置不同难易程度的任务，学前儿童可以选择适宜的方式进行空间表征。

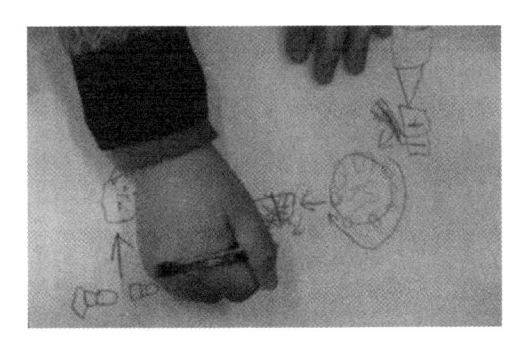

图 8-33　绘制《母鸡萝丝去散步》地图 　　图 8-34　粘贴《母鸡萝丝去散步》地图[①]

---

① 美国埃里克森儿童发展研究生院早期数学教育项目. 幼儿数学核心概念：教什么？怎么教？[M]. 张银娜，侯宇岚，田方，译. 南京：南京师范大学出版社，2018.

空间技能是人类智力的重要组成部分,涉及个人在心理上比较、操纵和转换视觉非语言信息的能力,可以帮助我们编码和转化不同的信息,如走哪条路离目的地比较接近,如何解决高中数学几何问题,等等。[1] 因此,学习好空间技能相当重要。

> **小贴士**
>
> 空间能力的构成要素:
>
> 研究者关于空间能力的研究起源于20世纪。《儿童早期的数学学习和教育》把空间能力分为空间定向和空间可视化两个子能力,一直到今日仍被很多研究者使用。
>
> 空间定向,又名空间知觉,是一种主体可以避开干扰,通过个人的身体的方向感来获得关于空间关系的一种能力。
>
> 空间可视化被定义为运用复杂的多步骤来控制空间呈现信息的能力,是指对表象进行心理旋转、扭曲变化及反转等心理操控的能力,其以图形识别能力为基础。
>
> (资料来源:朱易.3.5—6.5岁儿童空间方位概念与空间可视化能力发展的关系研究[D].华东师范大学,2017:11-15.)

⊙ 案例 8-3:母鸡萝丝去散步 (大班) [2]

活动目标:

(1) 能使用方位词来确定和表述方向,并根据指示向一定的空间方向移动身体。

(2) 能用画图的方式来表征空间关系,并感受为母鸡萝丝设计散步路线图的乐趣。

活动准备:

学前儿童已阅读过图画书《母鸡萝丝去散步》,用于搭建障碍路线的物体:桌子、椅子、栅栏、图形地毯、方形地毯、白纸、水彩笔、大黑板、图钉等。

活动过程:

回顾故事。

提问:还记得母鸡萝丝经过了哪些地方吗?它是怎么经过这些地方的?

(1) 什么叫作绕过?萝丝到了池塘里面吗?

---

[1] 李飞燕,康丹.国外幼儿空间语言发展的影响因素研究述评[J].陕西学前师范学院学报,2019(5):6-10.

[2] 黄瑾.学前儿童数学学习与发展核心经验[M].南京:南京师范大学出版社,2015:337.

（2）什么叫作钻？是从蜜蜂房的上面过去，还是从下面过去？

小结：

萝丝在散步时走过了院子，绕过了池塘，越过了干草堆，经过了磨坊，从篱笆的中间穿过，钻过了蜜蜂房，最后回到了家里。

模仿母鸡萝丝去散步

（1）和学前儿童一起用桌椅等搭建一个简单的障碍路线。

提问：你觉得这些东西像故事中的什么地方？如果你是母鸡萝丝，你会怎样经过这些地方？

（2）教师指定一条散步路线，请个别学前儿童按照路线去"散步"。

（3）请更多的学前儿童按照自己的路线自由散步。

提问：刚才他是怎么散步的？

（4）请两名学前儿童合作，一名先来设计路线，用语言表述母鸡萝丝要经过的地方，然后请另一名根据路线来散步。

观察重点：

（1）学前儿童能否在一定的空间内把方位词和身体移动相联系？

（2）学前儿童是否每次都需要提示，或者会不会完成一个多层次的方位指示？

为萝丝绘制路线图：

给学前儿童提供纸和水彩笔，请他们两人一组，按照刚才故事中的地方为萝丝重新设计一条路线。

提问：

（1）想一想，你有没有办法设计出和刚才不一样的散步路线？

（2）萝丝可以先经过哪里，再经过哪里呢？（画地图时，箭头可以帮助我们知道散步的方向）

观察重点：

（1）学前儿童能通过自己的绘画来表示母鸡萝丝散步的路线吗？

（2）画完后，学前儿童能用语言表述自己设计的散步路线吗？

（3）学前儿童表述的时候是否注意了方位词的使用？

案例评析：这节活动让学前儿童在阅读和理解绘本的基础上运用了语言和身体动作去表征空间方位，除此之外还让学前儿童去创设更多的路线方针，教师在提问的过程中也注意到了方位词的运用，如"萝丝可以先经过哪里，再经过哪里呢？"学习重点紧紧包裹在学前儿童的操作活动中，整个活动既有体验感又有抽象概念的提升。

案例8-4：小动物在哪里（小班）[1]

活动类型：

集体活动。

活动目标：

（1）能用"上""下""里""外"正确地讲述物体的空间位置。

（2）正确感知画面中物体的上下、里外方位，并能按照要求进行操作。

活动准备：

玩具小熊1个，各种小动物若干（数量与学前儿童人数相等，在活动前分别放在活动室中桌子、椅子、玩具柜、钢琴、筐等物体的上、下、里、外位置上）。

活动过程：

1. 小熊在哪里

（1）教师出示玩具小熊，提问：今天小熊想和我们玩"找找在哪里"的游戏，小熊躲起来，请你们去找，找到了要说说它在哪里，说对了小熊自己就会跑出来。

（2）教师请学前儿童闭上眼睛，然后将小熊放在玩具柜上，引导学前儿童寻找小熊藏在哪里，并清楚地说出"小熊在玩具柜的上面"。

（3）教师将小熊放在桌子下面，请学前儿童寻找并清楚地讲述"小熊在桌子下面"。（若学前儿童说小熊在地上教师也应肯定）

2. 找找小动物

（1）教师：还有许多小动物，躲在我们的活动室中，我们每人找一个小动物做朋友。找到后，你要告诉我们，小动物躲在什么地方。

（2）学前儿童在活动室中自由地寻找小动物，教师鼓励其说出小动物躲在什么地方，如什么藏在什么上面（下面、里面、外面）。

（3）学前儿童在集体面前大声地介绍自己找到什么小动物做朋友，小动物躲在什么地方。

3. 藏小动物

（1）教师：小动物还想玩捉迷藏的游戏，我们帮它藏起来。教师说地点，如桌子上面、筐里面等，请学前儿童把小动物放到相应的位置。

（2）每次活动后，教师请学前儿童相互说一说小动物躲在什么地方。

（3）教师表扬在活动中积极讲述的学前儿童，并请他找找活动室某物体的上面和下面都有些什么。

案例评析： 本节活动的目的是引导学前儿童理解上、下、里、外等方位词。活

---

[1] 张慧和，朱珂瑶. 幼儿园领域课程资源数学[M]. 北京：教育科学出版社，2014：79-80.

动过程的3个环节都要求学前儿童讲述清楚小动物的空间方位，与活动目的紧密相连。当学前儿童发现空间方位的相对性时，如小动物在桌子下面和小动物在地上，这两种表述都是可以的，教师及时给予了肯定。此外，我们之前谈到过，学前儿童方位词的学习具有一定的阶段性。第一个阶段是纯描述物体的空间位置，第二个阶段是可以描述物体的相对位置。第一个阶段为小班学前儿童，其可能说不出"在某物体上面"，只能说出"在上面"，教师应根据实际情况进行调整。

单 元 回 顾

⊙ 单元小结

本单元主要讨论了3个问题：

1. 了解空间方位的概念及幼儿空间方位学习的意义。
2. 掌握儿童空间方位能力发展路径。
3. 掌握空间方位教育的基本策略。

本章首先阐述了什么是空间方位，即任何客观物体在空间中均占有一定的位置，并且同周围的物体存在着空间上的相互位置关系，这就是物体的空间方位，空间方位关系具有相对性、连续性和可变性的特点。空间能力不仅是智力的重要组成因素，还可以预测学前儿童今后的数学能力，空间能力优秀的学前儿童往往在今后的数学、科学、工程、技术等方面的学习上有更好的学术表现。

空间方位的发展具有特定的路径，首先从空间方位能力学习的过程来看，学前儿童先学习上后学习下，再学习前后，最后学习左右；其次是以自我为中心到以客体为中心逐渐过渡，其中以客体为中心判断左右方位对学前儿童来说是特别大的一个挑战；最后是从绝对化逐渐过渡到相对化。在空间方位的教育过程中要依据学前儿童空间方位能力的发展路径进行施教；通过感知和判断空间方位、运用方位词表述位置和方向、符号再现空间关系、理解并重现三维物体的不同视角等方式充分表征空间方位；利用日常生活、积木、照片、身体运动游戏、绘画与绘制地图等多种活动激发学前儿童感知和运用方位词。

⊙ 拓展阅读

1. 黄瑾. 学前儿童数学学习与发展核心经验［M］. 南京：南京师范大学出版社，2015：327－365.

2. 张俊. 幼儿园数学领域教育精要：关键经验与活动指导［M］. 北京：教育科学出版社，2015：223–257.

3. 查尔斯沃斯. 3~8岁儿童的数学经验［M］. 潘月娟，译. 北京：人民教育出版社，2007：59–156.

⊙ 思考与练习

一、简答题

试描述一下儿童空间方位的学习路径。

二、论述题

1. 请记录一个学前儿童的空间能力的学习活动并尝试着对其做出分析和评价（认知水平、学习特点、参与状态、学习困难、需要的后续支持等）。

2. 请查找一本蕴含空间能力的绘本故事，并思考如何利用这个绘本开展空间能力概念的活动。

第九单元 学前儿童量的比较与测量的发展与教育

导 言

莉莉和小娟一起玩游戏。她们想让 5 个娃娃睡觉，但是没有小床，于是她们找到了 3 个盒子做小床。莉莉说："床不够。"小娟挑出 2 个留着长头发的娃娃说："她们大了，不需要睡午觉了。"莉莉说："好的。"然后，她将 3 个需要睡觉的娃娃中最大的一个放在了最大的盒子里。小娟试图把中等大小的娃娃放在最小的盒子里，但是放不进去，于是莉莉说："换一换。"然后小娟将最小的娃娃放在了最小的盒子里，中等大的娃娃放在了中等大的盒子里。小娟说："娃娃们，好好睡觉吧。"

妹妹非常喜欢姐姐的一条裙子，想穿着去幼儿园，妈妈告诉她："这条裙子对你来说太长了，不适合你。"但是妹妹执意要穿，当她穿到身上，发现裙子拖地之后才说："等我再长高一点，就能穿了。"

上面的案例都蕴含着量的比较与测量的内容。第一个案例表明两个学前儿童具有初步的量的比较的能力：莉莉把最大的娃娃放到了最大的盒子里，小娟在莉莉的提示下把最小的娃娃放到了最小的盒子里，中等大的娃娃放到了中等大的盒子里。第二个案例中，妹妹经过亲自试穿发现裙子比自己的个子要高，自己再长高一点才能跟裙子更加匹配。

☆ 学习目标

1. 熟知量的比较的核心经验和发展特点。
2. 熟知测量的核心经验和发展特点。
3. 掌握量的比较和测量的教育策略，会设计此类活动。

思维导图

学前儿童量的比较与测量的发展与教育
- 学前儿童量的比较——核心经验
  - 确定属性特征是量的比较的重要前提
  - 语言可用来识别和描述特定的属性特征
  - 量的比较具有相对性和传递性
- 学前儿童量的比较——发展特点
  - 从明显差异到不明显差异
  - 从绝对到相对
  - 从视觉判断——量的可逆性
  - 词语从模糊、不精确到逐渐精确
- 学前儿童测量——核心经验
  - 了解和确定物体的属性特征是进行测量的重要前提
  - 计量单位的大小必须相等，且必须是不间断的或没有重叠的
  - 计量单位的大小与测量出的单位数量之间是一种反函数关系
- 学前儿童测量——发展特点
  - 游戏与比较
  - 使用任意单位进行测量（5~7岁）
  - 认识到标准工具的必要性
- 学前儿童量的比较与测量的教育
  - 学前儿童量的比较与测量的发展要求
  - 量的比较与测量的教育策略

第一节 学前儿童量的比较——核心经验

所谓量,是指事物存在和发展的规模、程度、速度等,即可以用数量表示的规定性,如多少、大小、高低、轻重、快慢等。一般来说,量可以分为连续量和非连续量。连续量有如下特点:它从一种程度到另一种程度是"连续地"变化的,即从一种程度开始,要经过无限多种程度的连续更替才能变化到另一种程度,如长度、质量、体积、速度、时间等都是连续量。非连续量有如下特点:它从一种程度到另一种程度是"跳跃地"变化的,即从一种程度开始,只要经过有限多种程度的逐次更替就能变化到另一种程度。例如,我们数一个班的学生人数时,从1开始,逐次经过2、3、4……最后变化到35,说明这个班的学生是35人。又如,饼干的数量、玩具的数量、幼儿园里足球的数量等都属于非连续量。量的比较是指根据某些具体特征或属性在两个或两组物品间建立关系。由于第六章数概念与数运算中,我们已经讨论过集合的数量比较,即非连续量的比较,因此本章主要讨论连续量的比较。

一、确定属性特征是量的比较的重要前提

量的比较首先要确定的就是比较什么,也就是比较量的哪个维度,因为事物的量有很多维度,如物体的高矮、物体的粗细、物体的薄厚、物体的大小,所以我们首先要清楚到底要比较的是什么。例如,让学前儿童比较图9-1中的事物,但是到底要比较什么呢?是比较水果的大小,还是比较水果的轻重呢?是比较3只小猪的高矮,还是比较3只小猪的胖瘦呢?因此,我们让学前儿童比较之前,必须要先确定比较的属性特征是什么。

量有各种属性特征,我们必须让学前儿童清晰地了解各种属性特征的意义。例如,长短是指物体两端之间距离的长度,高矮是指物体在同一水平线上从下到上距离的长度,粗细是指物体横截面半径或直径的长度,薄厚是指扁平物体上下面之间

图 9-1　确定比较的属性特征

的长度，宽窄是指物体横面边长的长度。

为了让学前儿童明确比较的属性特征，最开始时，应该出示突出某一种属性特征的物体，如出示粗细相同，但是高矮不同的物体时，学前儿童会把比较的注意力自动集中在高矮上；出示高矮相同，但是粗细不同的两棵树时，学前儿童会自动把注意力集中到比较两棵树的粗细这个属性特征上。

二、语言可用来识别和描述特定的属性特征

4~5岁幼儿要"能感知和区分物体的粗细、厚薄、轻重等量方面的特点，并能用相应的词语描述"。因此，用语言来描述量的属性特征及比较的过程和结果是量的比较活动中最基本的要求。因为学前儿童往往能够感知两个或几个量之间的差异，但是无法用语言描述出来，所以我们应该引导其用精确的语言描述出来。例如，学前儿童最初往往会用"大小"笼统地描述各种物体的属性特征，教师应该根据不同的情境对其进行精确化，教师可以提醒："你指的是高和矮，对吗？"

如图9-2所示，《皮皮和莎莎》这个绘本中，学前儿童说："皮皮和莎莎，一个大一个小。"那么教师要引导其进一步说出来，什么地方表明了一个大一个小，他们的高和矮如何，他们的胖和瘦如何，他们的轻重如何，他们的腿粗细如何，等等。

图 9-2　用语言描述属性特征

三、量的比较具有相对性和传递性

量的比较的相对性是指衡量一样事物时有一个标准，但是这个标准是会变的，使得你衡量这个事物时呈相对性，它是有条件的、受制约的、特殊的、可以改变的意思。[①] 量的比较的相对性表现在：因为相互比较的对象的变化，量的属性特征也会随之发生改变。例如，网球跟乒乓球相比是大的，但是跟篮球相比就变成小的了；姐姐跟妹妹相比是高的，但是跟妈妈相比就又变成矮的了。

量的比较传递性，指的是通过与不同对象的量的差异比较可以预测和推断出另外两个物体的量的差异的结果，如 A＞C 和 C＞B，然后根据不等的传递性得出 A＞B 的结论。

如图 9－3 所示，小朋友说："我喜欢小羊，因为小羊比小兔子高！"但是小羊如果跟小熊相比，则变成矮的了。还有小朋友说："小羊比小熊矮，小兔子比小羊还矮，那么小兔子当然比小熊矮了。"进而表现出其已经掌握了量的比较的相对性和传递性。

图 9－3　量的比较的相对性和传递性

第二节　学前儿童量的比较——发展特点

上一节我们讨论了学前儿童应该掌握的量的比较——核心经验，那么学前儿童

[①] 黄瑾. 学前儿童数学学习与发展核心经验［M］. 南京：南京师范大学出版社，2015：205.

在掌握这些核心经验的过程中有怎么样的发展特点,学习路径又是如何的呢?

一、从明显差异到不明显差异

有研究显示,2岁左右的学前儿童就能对不同大小的物体做出不一样的反应,如学前儿童一般都会选择大块的饼干、大的苹果。当他们想要大的苹果、橘子,而成人给他们小的苹果、橘子时,他们往往会表示拒绝。

3岁的学前儿童对量的差异的判别更加完善,他们已经能正确区分差异较大的不同的量,4岁的学前儿童不仅能区别量的差异,还能够进行量的排序,能够从一组物体中找出量相等的两个物体,"同样大"的概念开始出现了。5~6岁的学前儿童,可以对差异不太明显的物体进行比较,并能正确排序。

总体而言,学前儿童是先比较明显的差异再发展到比较不明显的差异的。例如,教师出示如图9-4所示的图片,问学前儿童:"你看到图中的莎莎和皮皮有哪些地方不一样?"学前儿童刚开始的回答是"大小不一样""胖瘦不一样""高矮不一样",而后才会比较"耳朵的长度""衣服的薄厚"等不太明显的差异。教师让学前儿童排列套筒时,其往往把最粗的和最细的挑出来,但是中间的差异不明显的对其来说具有较大挑战。

图9-4 比较量的差异

二、从绝对到相对

相对性的本质是变化,但是由于思维的局限性,年幼的学前儿童往往认为事物是绝对的,如两个学前儿童争吵:"我的鞋子大,我的鞋子大……"时,表明他们头脑中的大小是绝对的,没有思考参照物的问题,不明白这个世界上没有绝对的大和小,最主要的是看跟谁比。但是到了5~6岁,学前儿童开始明白了这种可变性,如我们问学前儿童:"下图中,牛是高还是矮呢?"学前儿童回答:"牛又高又矮,如果跟小鹿相比它是高的,但是跟长颈鹿相比它又变成矮的了。"学前儿童的这种回答表明,他已经变化地看待问题,慢慢理解了量的比较的相对性,如图 9-5 所示。

图 9-5　量的比较的相对性

在学前儿童发展量的比较的相对性的过程中,我们可以发现,同时出现 3 个及 3 个以上物体,才有助于推动其此概念的发展。

三、从视觉判断——量的可逆性

守恒概念是皮亚杰提出的儿童认知发展阶段论中的核心概念之一,皮亚杰著名的"杯子"实验表明,守恒概念是具体运算和形式运算阶段的分水岭。如果学前儿童掌握了守恒概念,则标志着他的思维进入了一个新的发展阶段。年幼的学前儿童往往会受到视觉的提示而影响对量的判断,如学前儿童认为看起来大的东西就重,看起来高的杯子装的水就多。但是随着年龄的增长,有很多研究证明,到了大班阶段,有些学前儿童就能够掌握量的守恒了,中国学前儿童最先掌握的是数量的守恒,如研究者出示数量相等、排列稀疏不同的纽扣,排列紧凑的纽扣看起来短,排列稀疏的纽扣看起来长,但是有些中班的学前儿童就能够通过数数,而不是视觉提示来判断数量大小。对于非连续量的比较,5~6 岁的学前儿童也慢慢开始掌握守恒了。

如图 9-6 所示,教师出示了两个一样大小的东西,但一个是木块,一个是大理石块。教师问学前儿童:"这两个东西,哪个轻哪个重,或者一样重?"很多学前儿童都说:"大理石那个重!"这说明学前儿童不受眼睛看到的一样大这个干扰,而是考虑到了不同材质对质量的影响。但是这一守恒概念的获得是建立在操作的基础上的,因为这块大理石,平时放在区域中的时候,很多孩子玩过,感受过它的质量。

如图 9-7 所示,教师与学前儿童一起用各种材质制作了各种球:有纸做的、有橡皮泥做的,有铁球、有气球、有足球,等等。学前儿童把这些球放在斜坡上,使其滚下，那么，其在游戏的过程中，便能知道有些球看起来很大（气球），但是它很轻，也不能滚得很快；但是有些球看起来不大（铁球），但是很重，就会滚得很快。

图9-6 量的守恒活动

图9-7 不同的球

小贴士

皮亚杰的守恒实验

守恒是指物体从一种形态转变为另一种形态时，它的物质含量既不增加，也不减少。实验的开始首先给儿童呈现两杯等量的水（杯子的形状一样），然后把这两杯水倒入不同口径的杯子里，问学前儿童哪一个杯子的水多（或一样多）。

皮亚杰在实验中发现，对于这个问题，六七岁以下的学前儿童仅根据杯子里水的高度判断水的多少，而不考虑杯子的口径的大小。而六七岁以上的儿童对这个问题一般都能做出正确的回答，即他们都同时考虑水面的高度和杯子口径两个维度来决定杯子里水的多少，如图9-8所示。

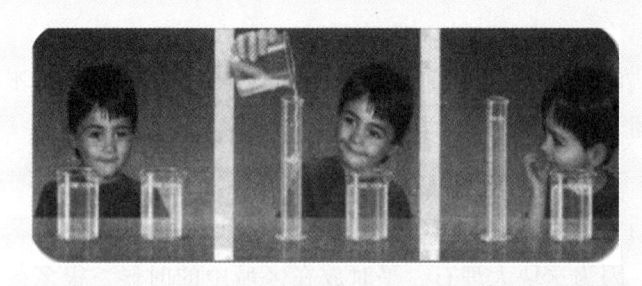

图9-8 皮亚杰的守恒实验

四、词语从模糊、不精确到逐渐精确

语言是思维的物质外壳。[①] 数学语言与数学思维有着密不可分的联系,因为数学语言不仅是数学思维的产物,也是数学思维的工具。无论是用以表达还是接受信息,语言都是一个非常强有力的交流工具。学前儿童要进行数学交流,必须借助数学语言。对于量的比较方面,《指南》指出,学前儿童应该能用语言对物体的属性特征进行描述。

年幼学前儿童在描述物体的属性特征时,往往用词较为模糊,如统统用大小来描述,而不能精确到大小的不同方面,如粗细、高矮、长短等。随着经验的累积,学前儿童对物体的量的判断更为精确,也会运用更为精确的语言来描述物体的量。

第三节 学前儿童测量——核心经验

测量就是把一个待测定的量与一个标准的同类量进行比较的过程。其中,用来作为计量标准的量,叫作计量单位。测量分为非标准测量和标准测量。非标准测量指的是利用自然物(小棒、绳子、手掌、脚)而非标准测量物(尺子)作为测量工具来测量物体的长短、高矮、粗细等。标准测量指的是用标准测量工具(尺子、量杯、秤等)来测量物体的量。

测量是学前儿童数学教育中非常重要的部分,那么学前儿童需要掌握的有关测量的核心经验有哪些呢?

一、了解和确定物体的属性特征是进行测量的重要前提

测量的前提是先确定测量的属性特征,因为物体有很多的属性特征,我们可以

[①] 彭誉慧. 小学数学语言表达能力培养的策略探微[J]. 东南大学学报(哲学社会科学版),2020(S2):153-154.

对其不同的属性特征进行测量。例如，一本书，我们既可以测量它的面积，也可以测量它的薄厚，还可以测量它的轻重。因此，在测量之前，我们必须要确定待测量的属性特征，而且要让学前儿童非常清楚测量的起始点。

如果学前儿童不清楚测量的属性特征及其起始点，则会导致测量的不准确性。如图9-9所示，教师让学前儿童去寻找与自己手掌一样长的物品，其实就是让其把自己的手掌作为计量单位，去测量与自己手掌一样长的物品。但是教师并未讲解清楚，一个手掌长意味着什么，从哪里到哪里是一个手掌长呢？以至于很多学前儿童就估算了。

图9-9 "一掌长"

如图9-10所示，教师在地板上画了一只大鸟的嘴巴，然后在嘴巴的起点和终点画了两条线，让学前儿童用一寸虫去测量嘴巴的长短，但是教师并没有画出起点到终点的线，以致学前儿童并没有沿着垂直的方向去测量鸟的嘴巴。

图9-10 测量鸟的嘴巴有多长

吹炮筒

视频中，学前儿童想测量杯子和发射炮筒地点之间的距离，但是哪里是起点，哪里是终点，并不是非常明确，且炮筒发射的地点也不确定。

二、计量单位的大小必须相等，且必须是不间断的或没有重叠的

在早期，很多学前儿童难以理解在一次测量中不能同时混用两种或多种不同大小的计量单位。使用大小相等的计量单位是准确测量的前提和基础。因此，我们应该让学前儿童掌握测量同一个量的时候，必须用相等的计量单位，只有这样才能得出结果：有多少个计量单位的大小。如图9-11所示，教师让学前儿童合作测量桌子的长度，但是两名学前儿童拿了两个长短不同的一寸虫，"你摆一个，我摆一个"，以接龙的形式来测量，最后学前儿童说一共有10个一寸虫长，那么问题是，到底是哪10个一寸虫的长度呢？

图9-11 不等的计量单位

另一个核心经验是，测量过程中这些计量单位不能间断也不能有重叠，否则测量结果将不精确。在长度测量过程中，教师往往会非常强调此规则。但是在体积测量的时候，教师往往会忽略。如图9-12所示，教师提供了几个瓶子，让学前儿童比较瓶子的大小，即测量容积。教师提供的测量工具是积木，教师引导学前儿童往不同的瓶子里放积木，最后数一数并记录每个瓶子里的积木数量，从而测量比较瓶子的容积。但是这些积木放入瓶子中是有缝隙的，而且由于每次投放的角度不同、缝隙不同，测量的结果也会不同。

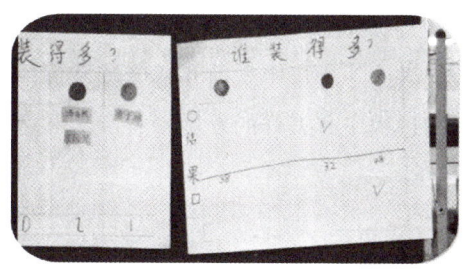

图9-12 计量单位不能间断或重叠

三、计量单位的大小与测量出的单位数量之间是一种反函数关系

计量单位的大小与测量出的数量之间的反函数关系是学前儿童理解数学单位概念的重点和难点。已有研究表明,年幼学前儿童在比较和判断物体的量的时候,严重依赖单位的数量而忽略单位的大小。例如,用大小不同的勺子舀出相等量的水,但是由于小勺子舀的次数多,则大多数学前儿童认为小勺子舀出的水更多。

但是,索菲亚(Sophian)指出,其实学前儿童已经发现了单位大小和数量之间的反函数关系,即同样长度,用短一点的测量工具测量时,测量的数量会多。她甚至认为,只要通过实际操作,把一个量按照不同方法分成若干相等部分后,学前儿童就能很快理解各个小部分的数量与其大小之间的这种反函数关系。[①]

作为教师,我们应该给学前儿童提供感知反函数关系的各种机会,如图 9-13 所示,教师提供了不同长度的一寸虫,让学前儿童去测量同一物体。学前儿童通过比较就会发现,用短一点的去测量,物体有 13 个一寸虫的长度;而用长一点的测量,物体只有 10 个一寸虫的长度。

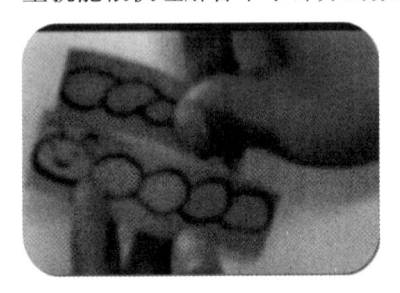

图 9-13 反函数关系

第四节 学前儿童测量——发展特点

上节我们讨论了测量中学前儿童应该掌握的核心经验,那么学前儿童在掌握这些核心经验的过程中有怎样的发展特点,学习路径是如何的呢?

---

① Sophian. Learning about what fits: Preschool children's reasoning about effects of objects size [J]. Journal of Research in Mathematics Education, 33 (4): 290-302.

一、游戏与比较

学前儿童的一切学习都源于游戏和探索,游戏是学前儿童的生存状态,学前儿童在游戏中积累了很多测量的非正式经验。例如,学前儿童在生活中将水倒来倒去,从而感知容积;学前儿童在洗脸的过程中,会感知水的冷热;学前儿童两只手分别拎一拎袋子,会感知袋子的质量,如图 9-14 所示。

图 9-14　测量的游戏

严格意义上说,学前儿童在这一阶段还没有萌发测量的意识,更多的是通过生活中的活动或者游戏来比较物体的量。

二、使用任意单位进行测量（5~7 岁）

大概到了大班,学前儿童开始了非标准测量活动,他们往往会拿一些随手可得的物品来测量一些量,如他们想知道桌布有多大,水管有多长,操场有多大,自己的碗能装多少小米,等等。要想得到问题的答案,就必须选择一些测量工具进行测量,他们可能用曲别针、吸管等测量长度,用方形的垫子测量面积,用水或者小米测量桶的大小。在这些非标准测量活动中,学前儿童也慢慢开始积累计量单位的大小与测量出的单位数量之间的反函数关系,而且这些活动为后续的标准测量奠定了一定的基础。

如图 9-15 所示,这名学前儿童选择用套索方块来测量纸的长度,套索方块可以一个一个插起来,颜色的不同也会让其注意到单位的长度与数量。

图 9-15　用套索方块测量纸的长度

三、认识到标准工具的必要性

大约到了 6 岁之后，学前儿童的生活经验越来越丰富，会慢慢碰到很多运用标准工具测量的情境。例如，妈妈要在网上给孩子买鞋子，就必须要知道脚的准确尺寸，如果告诉商家脚有 10 个套索方块那么长，商家是不能准确提供大小合适的鞋子的；又如，在烘焙过程中，按照食谱需要放 100 mL 牛奶，这时就需要用到量杯，如图 9-16 所示。学前儿童在这种情境下会发现，用标准工具测量会更精确、更便利。

图 9-16 运用标准工具测量的情境

从上述 3 个阶段来看，学前儿童的测量概念经历了从有测量意识、测量的探索，对测量工具和测量单位的认识，到运用标准测量工具的意识的过程。但是这 3 个阶段不是截然分开的，有时候学前儿童的行为是有交叉表现的。而且，我们并不强制要求学前儿童必须掌握标准测量。

第五节 学前儿童量的比较与测量的教育

测量是数学认知能力的重要组成成分，是连接数运算和空间几何两个领域的关键点，它保证了数与量之间一系列的新联系的形成。[①] 测量可以促进学前儿童抽象逻辑思维的形成。首先，开展测量活动有助于学前儿童在空间认知基础上进一步理解事物的各种特性（如大小、面积、长度等）。其次，在真实的测量情境中，学前儿童能够通过实际操作灵活运用已有的数学经验，并逐渐积累解决生活中的数学问题的方法，发展其数学思维。因此，我们必须要支持学前儿童量的比较和测量经验的发展。然而由于教师数学学科教学知识能力的欠缺，幼儿园教师对量的比较和测量应该掌握哪些核心经验、学前儿童概念获得的特点是什么不是十分清楚，导致教师无法及时有效地在量的比较和测量方面给予学前儿童适当的引导。因此，本节将讨论如何就量的比较和测量开展教育。

一、学前儿童量的比较与测量的发展要求

根据《指南》和有关书籍材料，学前儿童不同年龄阶段在量的比较和测量方面的发展要求见表9-1。

表9-1　3~6岁学前儿童量的比较与测量的发展要求[②][③]

	3~4岁	4~5岁	5~6岁
比较	1. 能用直接比较的方法判断两个物体的大小、长短、高矮。 2. 能在比较的基础上给3~4个物体按照量的差异特征排序（如大小、高矮、长短）	1. 会用直接比较的方法判断物体的粗细、轻重、厚薄、宽窄等。 2. 能在比较的基础上给5~6个物体按照量的差异特征排序	1. 能在比较的基础上给7~8个物体按照量的差异特征排序。 2. 能在比较的过程中体验量的相对性。例如，桌子比凳子高，比柜子矮。 3. 能在比较过程中，体验量的守恒。例如，橡皮泥不管是长条还是方形其质量不变
测量			1. 能用生活中的物体作为工具进行简单的测量，如用绳子、手掌、木棒等作为测量工具测量桌子的长度。 2. 会用间接比较的方法测量物体的容积、面积。 3. 了解生活中常见的测量工具的用途，如尺子可以量长度，温度计可以测温度，秤可以测质量。 4. 在测量活动中，学习体验并理解测量单位的大小和测量出的数量之间的反函数关系

[①] 史亚娟. 儿童早期空间测量学习中的核心概念与能力[J]. 学前教育研究，2011（4）：27-31，40.
[②] 陈杰琦，黄瑾. i思考 数学核心经验资源包 教师用书[M]. 南京：南京师范大学出版社，2013：17.
[③] 中华人民共和国教育部. 3—6岁儿童学习与发展指南[Z]. 2012-10-09.

二、量的比较与测量的教育策略

1. 生活中寻找契机

新课程改革提倡尊重学生的生活经验，呼吁数学教育联系生活，于是便有了"数学教育生活化"的提法。我们应该从学前儿童已有的生活经验出发，让其亲身经历将实际问题抽象成数学模型并进行解释与应用的过程。[①]《指南》也提出，我们应该引导幼儿感知和体会生活中很多地方都会用到数学，关注周围与自己生活密切相关的数的信息，利用生活和游戏中的实际情境，引导幼儿理解数概念。

只要我们留心，就会发现生活中蕴含着很多量的比较与测量的机会。如图9-17所示，1岁半的学前儿童拿着两只鞋子，想要比一比哪只大；3岁的学前儿童跟爸爸比谁的脚大；3岁多的大宝羡慕妹妹的摇椅，想占为己有，她在摇椅上睡觉，但是坐了一会儿觉得自己实在太大了不舒服，进而把小毛熊玩偶放在上面，说："小毛熊正合适！"这些都是学前儿童在生活中感知、比较量的机会。成人可以借助于此，展开一些数学对话。例如，要想比一比谁的脚大，应该怎么比呢？从哪里比到哪里呢？

图9-17 生活中感知、比较量的机会

⊙学习活动：

找一找生活中蕴含的量的比较和测量的契机，并尝试设计成适合不同年龄段的教育活动。查找量的比较和测量的绘本，想一想如何设计成测量的教育活动。

2. 运用各种方式，比较物体的量

这里所说的各种方式有两层意思，一层意思是要运用各种感官感知比较物体的量，另一层意思是让学前儿童思考尽可能多的方法去比较物体的量。

---

① 岳欣云，董宏建. 数学教育"生活化"还是"数学化"——基于数学教育哲学的思考[J]. 教育学报，2017（3）：41-47.

学前儿童对物体的量的认识是通过各种感官的参与完成的,所以我们可以让其通过目测来判断绳子的长短、书的薄厚、皮球的大小等;通过触摸来比较不同材质衣服的薄厚、小棒的粗细等;通过运动觉感知物体的轻重,它是由肌肉运动知觉来感受的。如图 9-18 所示,教师在两个相同的袋子里装了不同质量的物体,学前儿童看不到袋子里的东西,不能靠视觉来判断,这时,他就可以拎一拎,感受一下。

除了运用多种感官去比较物体的量,我们还要促进学前儿童运用多种方法来比较物体的量,促进其思维的多元性。如图 9-19 所示,一名学前儿童与同班另一名学前儿童有一双外表一模一样的鞋子,这名学前儿童想知道谁的鞋子的尺码大,她首先用"把两只鞋子的底部对齐"的方法来比较,这时教师对其引导:"除了这种方法,你还能用什么方法来比较呢?"这名学前儿童又想到了看看鞋子上写的码号,还想到了分别用量鞋的尺子来量一量等方法。

图 9-18 拎一拎感知物体的质量　　　图 9-19 谁的鞋子大

3. 运用不同测量工具尝试测量

在测量活动中,学前儿童可以用任何随手可得的非标准测量工具对物体的量进行测量,但是相对而言,如果选择较为合适的测量工具,便会使测量更加方便快捷。例如,我们要测量操场这头到那头的距离(距离比较远),孩子可以用曲别针测量,可以用自己的脚测量,还可以用长一点的木棒测量,那么到底选择什么呢?学前儿童在运用不同的测量工具时,也许会发现,测量距离较远的长度时,选择长度稍微长一点的测量工具会比较方便,且用到的单位数量会少一点,其在选择合适测量工具的同时还会感知反函数关系。

⊙案例 9-1:用物体测量(大班)[①]

活动类型:区域活动。

---

① 黄瑾. 学前儿童数学学习与发展核心经验[M]. 南京:南京师范大学出版社,2015:268.

活动准备：

塑料扣锁；具有同样长度的物体，如纸夹；几个不同长度的小物体，如一根粉笔、一支铅笔、一只蜡笔、一根吸管、一个勺子或一块积木等。

活动过程：

学前儿童在教室里自由选择一个物体，然后再去找另外一个更长、更短或者大约等长的物体，并通过边与边对齐比较长短的方式来验证他们的选择。在比较之后，可以尝试用塑料扣锁来数一下与待测物体等长或等高时塑料扣锁的数量。

也可以让学前儿童用不同的物体作为测量工具，如粉笔、铅笔、蜡笔、吸管等，在操作中感受用不同测量工具测量同一个物体时测量结果的变化。

活动建议：

教师可以鼓励学前儿童在进行测量活动的同时尝试对测量结果进行记录。

案例评析： 我们应该充分认识区域测量活动，提供给学前儿童多种物体作为测量工具，其运用这些长短不同的物体去测量时，会感知不同测量工具的数量与测量本身的长度是呈现反函数关系的。另外，如果想让学前儿童对反函数关系的认识更加深入，最好让其记录测量结果，学前儿童会从测量结果中看到这种反函数关系。

4. 在解决问题的过程中测量

一方面，在传统的数学课堂上，解决问题指的是学前儿童在掌握了特定的数学知识和内容后，针对这些知识内容的练习。在基础教育改革的今天，解决问题已经成为数学教育的核心目标，教师教授相关数学知识，培养学前儿童量的比较和测量的技能，目的不仅是让他们去测量，而且是使学前儿童能够把测量的技能运用到数学或其他相关的情境中解决生活中遇到的具体问题。此外，抽象、机械地让学前儿童去联系首尾相连的测量技能，会让其感到无趣，毫无动机，不利于测量技能的获得。学前儿童在解决问题的情境和过程中运用这些技能，才会更加稳固地获得测量的知识和技能。

然而，传统课堂中，不乏那些让学前儿童机械训练测量技能的活动。如图9-20所示，教师首先展示测量的规则——不能重叠也不能有间隙地测量桌子的长度，然后让学前儿童用吸管、曲别针等测量工具测量自己的小桌子的长度，最后让其将结果记录下来。这样的活动，毫无问题情境，学前儿童为什么要测量桌子的长度呢？只是因为教师让测量就测量了。如果教师创设一个问题解决的情境，如孩子们跳远，若想知道谁跳的远，就有必要测量了。

下面再给大家举一个基于问题解决的案例，如图9-21所示，一个班级的学前

图 9-20 机械训练测量技能的活动

儿童种植了甘蔗,他们每天来甘蔗地看望甘蔗宝宝,一名学前儿童用食指和拇指张开来测量甘蔗的高度,但是其他学前儿童说她的测量办法不太准确,于是他们开始寻找更为适宜的吸管、小棒等测量工具来测量。当某一天他们的甘蔗被偷了一棵时,他们商量要制作一个栅栏把甘蔗围起来,于是又针对买多长的木棍、木棍和木棍之间的距离要多大等展开了活动。

孩子用食指、拇指比了一个高度,来表示甘蔗的高度,但是每次比的都不一样。

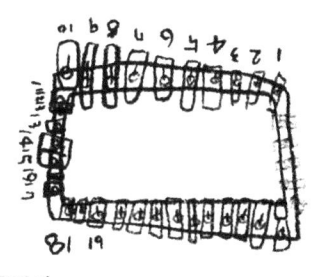

图 9-21 基于问题解决的测量活动

由上述这个案例可知,学前儿童的每一次测量行为都是自发的,都是有内需的,都是要解决问题的:我的甘蔗到底有没有长高,长高了多少?栅栏到底如何制作?学前儿童在这样的情境中能更加投入,且学习更加深入。

⊙案例 9-2:谁家离幼儿园最近(大班)[①]

活动类型:集体活动。

活动目标:

(1)在熟悉自己家庭居住环境的基础上,引导学前儿童关注幼儿园周围的环境,体会城市道路的通畅。

(2)通过探究,学会用自然测量首尾相接的方法比较路途远近。

活动准备:

事先做过从自己家到幼儿园的线路观察记录,熟悉幼儿园周围的环境;自制幼

---

① 黄瑾. 学前儿童数学学习与发展核心经验[M]. 南京:南京师范大学出版社,2015:251.

儿园周围的交通地图一幅；提供各种不同的测量材料如扭扭棒一根，绳子若干，火柴棒两根，方形的积木片两片；铅笔、彩色笔若干，剪刀、记录纸等测量所需的辅助材料。

活动过程：

（1）拿出自制的幼儿园周围道路的交通地图，请学前儿童各自介绍自己上幼儿园的路线。

（2）请学前儿童互相交流各自绘制的交通地图，并正确说出别人从家里到幼儿园的交通路线。

（3）出示一些测量的工具，请学前儿童说出其名称，再尝试用不同的材料进行测量活动。

① 分组进行测量。规则：每组按自己做的交通地图进行测量。测量前小组要商量选什么材料进行测量。

② 教师观察和引导学前儿童用正确的方法测量，重点是测量中的首尾相接。当学前儿童需要辅助材料时，应尽量提供，并提示学前儿童在测量中注意每个单位起始点和终点的首尾相接；可以选同一材料测量3条路，以强化测量中的关键技能。

（4）组织讨论。帮助学前儿童归纳总结各种测量的方法，体会测量工具的多样性及首尾相接的关键技能。

案例评析：首先，每个小朋友从家到幼儿园有不同的路线，谁家离幼儿园近也是小朋友日常讨论的话题。因此，学前儿童的这个测量活动不是抽象的机械活动，而是有问题情境的。其次，这一活动需要学前儿童绘制交通地图，并测量交通地图上的距离，其中又蕴含着空间方位的感知和表征，所以这节活动体现了数学知识的关联性。最后，活动中，教师多次给予学前儿童交流的机会，即介绍自己上幼儿园的路线，交流绘制交通地图的方法，说出测量工具的名称，等等。交流数学观点是学前儿童用来陈述、澄清、组织及巩固自己数学思维的一个方法。在交流的过程中，学前儿童还会发现他人关于数学问题的想法及策略，从而扩展自己对该数学问题的认识。

单 元 回 顾

▶ ⊙ 单元小结

本章第一节呈现了量的比较的核心经验：确定属性特征是量的比较的

重要前提，语言可用来识别和描述特定的属性特征，量的比较具有相对性和传递性。

本章第二节讨论了学前儿童量的比较的发展特点：从明显差异到不明显差异，从绝对到相对，从视觉判断——量的可逆性，词语从模糊、不精确到逐渐精确。

本章第三节呈现了测量的核心经验：了解和确定物体的属性特征是进行测量的重要前提；计量单位的大小必须相等，且必须是不间断的或没有重叠的；计量单位的大小与测量出的单位数量之间是一种反函数关系。

本章第四节讨论了学前儿童测量概念的发展特点：游戏与比较，使用任意单位进行测量（5~7岁），认识到标准工具的必要性。

本章第五节论述了量的比较和测量的教育：生活中寻找契机；运用各种方式，比较物体的量；运用不同测量工具尝试测量；在解决问题的过程中测量。

⊙ 拓展阅读

1. 黄瑾. 学前儿童数学学习与发展核心经验［M］. 南京：南京师范大学出版社，2015：203-272.

2. 李玲. 学前儿童数学教育［M］. 成都：西南交通大学出版社，2013：115-169.

3. 赵振国. 学前儿童数学教育与活动设计［M］. 北京：北京大学出版社，2016.

4. 孙汀兰. 学前儿童数学教育理论与实践［M］. 北京：科学出版社，2018.

⊙ 思考与练习

一、简答题

1. 量的比较和测量的核心经验有哪些？
2. 学前儿童量的比较和测量的发展特点是怎样的？
3. 如何促进学前儿童获得"计量单位的大小与测量出的单位数量之间是反函数关系"这一概念？
4. 罗列生活中蕴含量的比较和测量的教育元素。

二、活动设计

尝试设计一个蕴含量的比较和测量教育元素的问题情境，并尝试设计活动（可以是集体活动也可以是区域活动）。

参考文献

［1］希森. 热情投入的主动学习者：学前儿童的学习品质及其培养［M］. 霍力岩，房阳洋，孙蔷蔷，译. 北京：教育科学出版社，2016.

［2］查尔斯沃斯. 3~8岁儿童的数学经验［M］. 潘月娟，译. 北京：人民教育出版社，2007.

［3］爱泼斯坦. 我比你大，我五岁：学前儿童数学能力的发展［M］. 霍力岩，等译. 北京：教育科学出版社，2012.

［4］常宏. 3—6岁儿童平面几何图形组合能力的发展研究［D］. 华东师范大学，2009.

［5］陈鹤琴. 儿童玩具［J］. 儿童福利通讯，1948（14）.

［6］陈杰琦，黄瑾. i思考 数学核心经验资源包：教师用书［M］. 南京：南京师范大学出版社，2013.

［7］陈杰琦，黄瑾. i思考 数学核心经验游戏包［M］. 南京：南京师范大学出版社，2012.

［8］陈鹤琴. 陈鹤琴教育思想读：儿童游戏与玩具［M］. 陈秀云，柯小卫，选编. 南京：南京师范大学出版社，2013.

［9］程欢. 积木游戏对5—6岁幼儿几何形体认知的影响实验研究［D］. 天津师范大学，2017.

［10］杜林兰. 幼儿数学教育［M］. 海口：南海出版公司，2009.

［11］何洁. 陈鹤琴儿童玩具思想研究［D］. 南京师范大学，2015.

［12］胡娟. 创意游戏之大战新冠病毒［J］. 幼儿教师：儿童大世界，2020（4）：22.

［13］黄瑾. 学前儿童数学学习与发展核心经验［M］. 南京：南京师范大学出版社，2015.

［14］黄瑾. "模式"核心经验概说［J］. 幼儿教育，2016（7）.

［15］黄瑾. 学前儿童模式认知的发展与教育活动设计［J］. 幼儿教育，2012（7）.

［16］黄瑾．学前儿童数学教育与活动指导［M］．3版．上海：华东师范大学出版社，2014．

［17］黄俊．幼儿园教师数学学科教学知识及其影响因素的研究［D］．华东师范大学，2012．

［18］纪德奎，乔虹．主题教学的本质、实施现状及改进路径［J］．教育理论与实践，2021（1）．

［19］贾叶红．让生活环节成为离孩子最近的课程——浅谈幼儿园生活环节的实施策略［J］．贵州教育，2020（23）．

［20］金浩，林泳海，黄瑾，等．学前儿童数学教育概论［M］．上海：华东师范大学出版社，2000．

［21］康静焱，李惠梅，闫明烁，等．3—6岁儿童模式认知能力的发展［J］．教育导刊，2019（20）．

［22］克鲁切茨基．中小学生数学能力心理学［M］．赵裕春，李文湉，杨琦，等译．北京：教育科学出版社，1984．

［23］李朝梅．运用数学绘本进行教学的尝试［J］．湖南教育：D版，2017（4）．

［24］李飞燕，康丹．国外幼儿空间语言发展的影响因素研究述评［J］．陕西学前师范学院学报，2019（5）．

［25］李季湄，冯晓霞．《3—6岁儿童学习与发展指南》解读［M］．北京：人民教育出版社，2013．

［26］李静．基于多元表征的初中代数变式教学研究［D］．西南大学，2011．

［27］李娟，胡娟，李倩倩，等．一种用于空间方向学习的儿童教具：202020887900.3［P］．2020-11-06．

［28］李娟．学前儿童数学教育［EB/OL］．（2018-05-16）［2018-05-16］．https：//www.icourse163.org/course/WZU-1456056166？from=searchPage．

［29］李萌薇．对学前教育专业学生MPCK水平以及受教育情况的考察［D］．河北大学，2018．

［30］李秀梅．大班数学：学习符号">""<"［J］．苏幼教育，2010（2）．

［31］林嘉绥，李丹玲．学前儿童数学教育［M］．3版．北京：北京师范大学出版社，2014．

［32］林泳海，曾一飞．幼儿感知集合的特点及教学［J］．山东教育，2002（C6）．

［33］刘红．教师数学领域教学知识（MPCK）与幼儿数学学习关系的研究

[D]．华东师范大学，2016．

[34] 刘焱．幼儿园游戏与指导［M］．北京：高等教育出版社，2012．

[35] 柳笛，杨纯．儿童数量表征研究评述［J］．华东师范大学学报：哲学社会科学版，2017（5）．

[36] 梅纳新．学前儿童数学教育［M］．上海：复旦大学出版社，2012．

[37] 梅纳新．新编幼儿园教育活动设计与指导［M］．上海：复旦大学出版社，2016．

[38] 美国埃里克森儿童发展研究生院早期数学教育项目．幼儿数学核心概念：教什么？怎么教？［M］．张银娜，侯宇岚，田方，译．南京：南京师范大学出版社，2015．

[39] 闵莅夏．科学活动：森林小客人［J］．儿童与健康：幼儿教师参考，2019（8）．

[40] 彭誉慧．小学数学语言表达能力培养的策略探微［J］．东南大学学报：哲学社会科学版，2020（A2）．

[41] 乔慧，张佳钰，黄瑾．数概念，从孩子学数数说起［J］．为了孩子：2~7岁下，2020（10）．

[42] 史亚娟，庞丽娟，陶沙，等．3~5岁儿童模式认知能力发展的研究［J］．心理发展与教育，2003（4）．

[43] 史亚娟．儿童早期空间测量学习中的核心概念与能力［J］．学前教育研究，2011（4）．

[44] 苏凤霞．高等教育自学考试同步辅导/同步训练 学前儿童数学教育［M］．北京：煤炭工业出版社，2002．

[45] 孙瑾．儿童非正式数学能力发展研究进展［J］．学前教育研究，2003（10）．

[46] 田方，黄瑾．聚焦儿童早期数学模式能力的发展：国际儿童模式能力评估与干预研究述评［J］．外国中小学教育，2019（3）．

[47] 田方．"数概念"核心经验概说［J］．幼儿教育：教育教学，2016（25）．

[48] 王成营．数学符号意义及其获得能力培养的研究［D］．华中师范大学，2012．

[49] 王晴晴．小学数学教学生活化研究［D］．山东师范大学，2014．

[50] 魏晓虹．如何有效支持幼儿运用数数进行集合比较［J］．教育导刊：下半月，2014（2）．

[51] 谢玉萍．浅谈幼儿数学表征能力的培养［J］．教育导刊：下半月，2011（4）．

[52] 严红艳．4—6岁幼儿集合比较及其策略研究［D］．四川师范大学，2018．

[53] 杨峥峥．4—5岁儿童模式与排序能力发展的研究：城市与农村儿童的比较［D］．华东师范大学，2007．

[54] 岳欣云，董宏建．数学教育"生活化"还是"数学化"：基于数学教育哲学的思考［J］．教育学报，2017（3）．

[55] 张慧和，朱琍瑶．幼儿园领域课程资源数学［M］．北京：教育科学出版社，2014．

[56] 张俊．幼儿园数学领域教育精要：关键经验与活动指导［M］．北京：教育科学出版社，2015．

[57] 赵琳，钱丽珍．基于多元表征的幼儿数运算集体教学活动的设计理念：以数学集体教学活动"姜饼人"为例［J］．幼儿教育，2013（1）．

[58] 赵振国．3—6岁儿童估算和数感的发展研究［D］．华东师范大学，2006．

[59] 中华人民共和国教育部．教育部关于印发《3—6岁儿童学习与发展指南》的通知［EB/OL］．（2012 - 10 - 09）［2012 - 11 - 1］．http：//www.moe.gov.cn/srcsite/A06/s3327/201210/t20121009_143254.html．

[60] 中华人民共和国教育部．幼儿园教育指导纲要（试行）［EB/OL］．（2001 - 07 - 02）［2001 - 07 - 03］．http：//www.moe.gov.cn/jyb_sjzl/moe_364/moe_302/moe_309/tnull_1506.html．

[61] 周端云，蔡迎旗，段志勇．幼儿数学教育与活动指导［M］．武汉：武汉大学出版社，2015．

[62] 周欣，王滨．4~5岁儿童对书面数符号的表征和理解能力的发展［J］．心理科学，2004（5）．

[63] 周欣，王烨芳．幼儿园中班数学教育与儿童书面数符号学习［J］．幼儿教育：教育科学版，2006（6）．

[64] 周欣．儿童数概念的早期发展［M］．上海：华东师范大学出版社，2004．

[65] Casey, Andrews, Schindler, et al. The Development of Spatial Skills Through Interventions Involving Block Building Activities［J］. Cognition and Instruction, 2008（26）.

[66] Clements, Sarama. Young Children's Composition of Geometric Figures［J］. Mathematical Thinking and Learning, 2004（2）.

[67] Loewenstein, Gentner. Relational language facilitates analogy in children [C]. 20th Annual Conference of the Cognitive-Science-Society, 1998 (20).

[68] Pruden, Levine, Huttenlocher. Children's spatial thinking: does talk about the spatial world matter? [J]. Developmental Science, 2011 (6).

[69] Fuys, Geddes, Tischler. English translation of selected writings of Dina van Hiele-Geldof and Pierre M. van Hiele [M]. Washington, DC: National Science Foundation, 1984.

[70] 百度百科. 维恩图 [EB/OL]. [2015-05-24]. https://baike.baidu.com/item/%E7%BB%B4%E6%81%A9%E5%9B%BE/9416531?fromtitle=%E9%9F%A6%E6%81%A9%E5%9B%BE&fromid=6309089&fr=aladdin.

[71] 百度百科. 讨论法 [EB/OL] [2015-05-24]. https://baike.baidu.com/item/%E8%AE%A8%E8%AE%BA%E6%B3%95/9909011?fr=aladdin.

[72] 浙江学前网. 中班数学活动：10以内的点数 [EB/OL]. (2011-05-23) [2011-05-24]. http://data.06abc.com/20110523/74940.html.

[73] 于静，郑桂丹. 皮亚杰数学实验室理论 [EB/OL]. (2015-04-22) [2016-04-07]. https://wenku.baidu.com/view/5f7fb2887c1cfad6185fa710.html.

[74] 百度文库. 幼儿园数学集合教案 [EB/OL]. (2019-02-25) [2020-01-14]. https://wenku.baidu.com/view/b312c06e541810a6f524ccbff121dd36a32dc4f0.html.

[75] 百度文库. 幼儿园数学教学活动设计与组织 [EB/OL]. (2018-08-03) [2018-11-25]. https://wenku.baidu.com/view/e422b468dc36a32d7375a417866fb84ae45cc3b7.html.

[76] 豆丁. 教案三维目标范本 [EB/OL]. (2018-02-19) [2018-02-28]. https://www.docin.com/p-2085533688.html.